雪域高原的财产法

—— 藏族财产法史研究

韩雪梅 著

中国社会科学出版社

图书在版编目（CIP）数据

雪域高原的财产法：藏族财产法史研究／韩雪梅著．—北京：中国社会科学
出版社，2013.11

ISBN 978 - 7 - 5161 - 3650 - 8

Ⅰ．①雪…　Ⅱ．①韩…　Ⅲ．①藏族—财产权—法制史—研究—西藏
Ⅳ．①D923.22

中国版本图书馆 CIP 数据核字（2013）第 279041 号

出 版 人　赵剑英
责任编辑　孔继萍
责任校对　刘　娟
责任印制　王炳图

出　　　版　中国社会科学出版社
社　　　址　北京鼓楼西大街甲 158 号（邮编 100720）
网　　　址　http://www.csspw.cn
　　　　　　中文域名:中国社科网　　　010 - 64070619
发 行 部　010 - 84083685
门 市 部　010 - 84029450
经　　　销　新华书店及其他书店

印刷装订　北京市兴怀印刷厂
版　　　次　2013 年 11 月第 1 版
印　　　次　2013 年 11 月第 1 次印刷

开　　　本　710 × 1000　1/16
印　　　张　19.25
插　　　页　2
字　　　数　325 千字
定　　　价　58.00 元

序　一

　　近年来，随着藏学学科的发展，越来越多具有非传统藏学学术背景的青年学者开始将目光转向这一领域，运用多种学科交叉并举的方式开展学术研究，并取得丰硕成果。对藏族传统法制史的研究便是其中之一。藏族法文化历史悠久，特色独具。上至吐蕃王朝时期诸成文法，下至今时今日藏族民间之习惯法，藏族传统法律规范在维持社会稳定、促进和谐发展等方面发挥了极其重要的作用。因此，对藏族传统法制史进行深入研究十分必要。但是，与其他法学研究相比较这于研究者的要求更为严苛。首先，必须具备历史的眼光，对藏族历史有全面的了解和认识；其次，必须具备文化的眼光，对藏族传统文化有深入的理解和感悟；再次，才是法学的眼光，运用法学学科的理论和方法进行研究。三者缺一不可。

　　本书作者韩雪梅生于青海西宁，自小生活在高原，对藏族文化有着深厚的体验。本科及研究生阶段分别在山东大学和兰州大学对法学专业基础理论知识进行了系统、深入的学习，并在兰州大学法学院从事多年教学及科研工作，具有非常扎实的学术功底和丰富的研究经验。博士阶段入我门下从事藏学方向的学习和研究，在系统进行藏族历史和文化的学习之后，远赴西藏、四川、青海等地从事田野调查，积累了大量田野调查资料，将法学研究方法与藏学学科内容相结合，选定藏族财产法作为博士论文的研究对象。为此孜孜以求、笔耕不辍，耗时三年，终于完成了这部《雪域高原的财产法——藏族财产法史研究》。

　　藏族古代财产法是藏族传统法制文化当中一个极具特色的分支，其产生和发展体现着浓厚的地域、民族和宗教文化特点，对其历史发展过程的考察是深入研究的前提。因此，本书对藏族古代财产法的渊源与流变做了系统的梳理和论述，把藏族财产法的发展历史按照史前时期、吐蕃王朝时期、分裂割据时期及教派时期分为四个阶段，依次对应为：藏族社会私有财产的出现和财产规范的萌芽阶段，财产法的初创阶段，财产法的发展阶段，财产法的成熟阶段。这种划分方法符合历史发展的实际，具有其科学性。其中，对藏族古代的物权制度和债权制度进行了阐述和分析是本书的重点所在。本书的最后，作者对藏族古代财产法的特点及影响因素进行了分析和阐释，突出了藏族游牧文化及其移动性和游牧生计方式对藏族古代财产法的主体、物权、债权等方面的影响。

　　本书的写作，拓宽了藏学学科和藏族法制史的研究范围，并使之更为细化和丰富。全书逻辑清晰、富于条理，可读性较高。史料丰富、内容翔实，具有很强的学术价值。尤其着眼于法，取材于财产，落实于史，贯古通今的研究设计与形式，在同类成果中并不多见，具有其独特性。

　　今育桃李于前，他日芬芳以远。为师者，最重人才；为父者，最望成才。祝愿韩雪梅同学越走越远，将所识所学不断传承下去，为国家多育人才，为学术多做贡献！

洲　塔
于兰州大学一分部

序 二

一般认为，中国藏民族是一个重政教、轻经济的民族。史籍和现代著述中，多是"王臣记"、"王统记"、"白史"、"红史"、"家族史"、"佛教史"、"喇嘛传"，而很少见到"经济史"、"财产史"，更难见到财产活动与法律规制的结合所形成的财产法史，这不能不是藏史学的一大缺憾！

其实，任何一个国家、地区和民族的延续、发展，首先离不开生产与交换所形成的经济基础，离不开世俗社会民事财产活动。藏族社会从远古初民时期到吐蕃王朝、再到分裂割据时期，直到归属中华民族大家庭后各地方政权交替时期，生产力的发展和经济、财产状况都是影响王朝兴衰及社会发展的决定性要素。韩雪梅博士以敏锐的眼光，独辟蹊径，选取《雪域高原的财产法——藏族财产法史研究》这一课题作为博士论文，并且修撰成书，反映出作者立意深远，贴近中国藏民族经济社会发展和财产制度演进的根脉，进而准确把握重大社会课题的见识和能力。

该著作坚持忠实于历史真实和言必有据的原则，运用史料分析、历史文化分析、辩证分析、微观定性定量分析等方法，并多次深入甘青川藏等藏族社区进行调研，从丰富的基础性资料中探寻、开掘、阐述藏民族两千余年历朝历代财产法律制度发展演变的基本线脉；分析了由国家涉藏制定法、西藏地方政权固有立法以及部落习惯法、宗教教法、家庭家族法、乡规民约等规范中所反映出的财产法形式渊源体系；特别是财产关系经法律调整后所形成的财产法律制度体系，包括财产主体制度、物权与所有权制度、债与契约制度、侵权制度、诉讼制度等，从而大体完成了对藏族财产法史的构建。同时，也创见性地阐明了藏族财产法史相关概念和思想理论主张，提升了作品的学术价值。还通过对大量案例、事件、人物及财产法活动场景的评析、展示，揭去历史的尘封，使人们能够看到鲜活的历史真实及财产法的实际运作。

　　该书的写作借鉴了西方国家关于财产法制的相关知识与框架，但是更注重于对我国藏民族地区财产法史本土特征的把握与描述。文中关于吐蕃王朝《六大法典》、《三十六制》、《三律》和后世《十五法典》、《十六法典》、《十三法典》，以及元明清各朝代涉藏立法中，关于土地、田产分封、贡赋差役、部落、草场、水源占有经营、寺院财产、庄园经济、工商贸易、茶马交易等民事财产方面的规定；习惯中关于命价赔偿、血价赔偿，生态保护；诉讼审判中的"神判"、"天断"等，无一不是藏族特有的。这是一部充满雪域高原色彩和民族独特性的新作。作者在该书"尾论"中，最后总结出藏族游牧文化背景下财产法的特点及影响因素，实际上也为我国藏民族地区未来经济社会发展和法制进步提供了参考。尽管该书取得的成果尚且是初步的，但其性质属于填补缺失和薄弱环节之作，作者的辛勤付出是值得的。初读全篇，其受启发，特记心得以为"序"。

李功国

2013 年深秋

目 录

引　论

> 我作为自由意志在占有中成为我自己的对象，从而我初次成为现实的意志，这一方面则构成占有的真实而合法的因素，即构成所有权的规定，而财产是自由最初的规定。

——［德］黑格尔

一　选题背景与研究意义

（一）选题背景

财产是人类生产、生活和生存、发展的物质条件和基础，是纷争的动因、实力的展现。"民以食为天"，迄今为止的人类史，始终是向大自然索取物质财富、谋取物质利益的历史，任何国家、任何民族，包括生活在雪域高原上的藏民族，无一不是在土地、草原、森林、水源、矿山以及粮食、牛羊、衣物、房屋和帐篷、生产生活工具、文化宗教用品的供给和支撑下生活的。即使是人的人格和尊严、人的精神和信仰，也离不开经济条件的制约，"财产对人类心灵产生了巨大影响，并唤醒人的性格中的新的因素；财产在英雄时代的野蛮人中已成为强烈的欲望（'booty and beauty'，即'战利品和美人'）。最古老和较古老习俗都无法抵抗它"。[①] 从这一角度看，人的精神生活和宗教信仰，虽然有自性，但仍然离不开物质基础的培育和支持。

财产观念和财产的定义是人类社会一直以来思考和争辩的一个重要问题，也是法学研究的重要内容，"无论怎样高度估计财产对人类文明的影响，都不为过。财产曾经是把雅利安人和闪米特人从野蛮时代带进文

---

① 《马克思恩格斯全集》第 45 卷，人民出版社 1972 年版，第 392—39 页。

明时代的力量。管理机关和法律建立起来，主要就是为了创造、保护和享有财产"。① "无财产即无人格"，罗马法规定，自由民即罗马市民的身份、人格是以财产为前提条件的，罗马帝国的奴隶们由于无财产也便不享有市民人格而成为奴隶主的"财产"。由于财产在人类生活中的重要性，财产关系成为人与人之间最重要的社会关系之一。被民法所调整的财产关系即民事财产关系，则是本课题的研究对象和法域。

财产法是私有制的产物。如果把财产定义为满足人类生存需要的生产资料和生活资料，那么自从人类社会出现，就存在与今天所说的"财产法"相近的原始规范，用以调整个体之间的财产关系。私有财产出现后，这些原始规范逐步打上阶级的烙印，经过漫长的演变，形成财产法。恩格斯在论述法的产生时曾指出："在社会发展某个很早的阶段，产生了这样的一种需要：把每天重复着的生产、分配和交换产品的行为用一个共同规则，概括起来，设法使个人服从生产和交换的一般条件。这个规则首先表现为习惯，后来变成了法律。随着法律的产生，就必然产生出以维护法律为职责的机关——公共权力，即国家。"② 这种"使个人服从生产和交换的一般条件"的"共同规则"是一种以交换为主的规则，实质上就是"财产法"。只要存在私有财产，不同文明就会形成各具特色的财产法文化传统。世界上任何一个民族国家，都存在社会的生活劳动，都以不同形式表现出使个人服从生产和交换一般条件的共同规则。从这个意义上讲，各民族国家都有自己的财产规范，即财产法的"普世性"（普适性）和共同性。同时，基于自然条件、地理环境、历史文化等不同，各国、各地区、各民族的财产法又凸显出各自不同的特点，即民族独特性。

藏族古代财产法既是中国传统民法文化的组成部分，也是藏族传统法文化的重要内容之一。从六七世纪吐蕃王朝最早制定的《法律二十条》、《六大法典》和敦煌出土的《狩猎伤人赔偿律》、《纵犬伤人赔偿律》、《盗窃追偿律》等立法中，就已出现田亩、田界、地租、家庭财产与继承、"财货安分"、"及时偿债，称斗无欺"以及计量、差税、徭役、工商贸易、财产保护、侵权赔偿、民事诉讼等大量民事财产方面的规定。

---

① 《马克思恩格斯全集》第 45 卷，人民出版社 2008 年版，第 377 页。
② 《马克思恩格斯选集》第 2 卷，人民出版社 1972 年版，第 538—539 页。

元明清时期西藏地方政权颁布的《十五法典》、《十六法典》、《十三法典》等制定法和德格土司制定的《十三法律》等地区性法律中，也有关于土地、草场、森林、山水、荒地的占有与经营、债与契约、侵权赔偿、土地草场纠纷处理和诉讼制度等民事财产方面的规定。除制定法之外，藏族社会历来重视习惯和习惯法、部落习惯法、宗教教法、乡规民约和私法等中也有大量关于部落、草场、水源使用和保护、侵权损害赔偿、契约等方面的财产规范。可见，无论是历代王朝的国家制定法，还是西藏历代地方政权的固有法律，以及藏族社会部落、寺院等基层社会组织的习惯法，都包含着丰富的民事财产法律。此外，藏族社会中大量的历史典籍文献、日常生活、风俗习惯中仍然充满了鲜活的民事财产生活，不仅为藏民族经济社会发展和人民生产生活提供制度来源，也为研究藏族古代财产法提供了丰富、生动的素材。

此外，近年来藏族法制史的通史研究和藏族传统法文化研究已有众多成果，这也为本研究的开展和深入提供了可贵的理论和资料。基于以上原因，本书希望通过系统研究，探讨藏族古代财产法中的热点问题和争议问题，以深入和补充藏族法制史学的部门法研究。

（二）研究意义

首先，本书选题的直接原因是藏族财产法史进行系统研究的国内外论著并不多见。已有的藏族法制史研究主要集中在：第一，藏族法制史的通史研究，主要集中在藏族法制通史、藏族传统法文化等方面，但对藏族法制史财产法的专题系统研究则较少；第二，藏族法制史的专题研究主要集中在藏族习惯法方面，成果较为丰富，从最早的刑法适用研究、部落习惯法收集整理，到藏族习惯法与国家制定法的调适与转型研究，再到对藏族部落习惯法的人类学、社会学等多学科交叉研究，藏族习惯法始终是藏族传统法制研究的重点和热点之一，但对藏族习惯法中的民事财产法讨论较少，对赔命价进行刑法、习惯法研究较多而进行民法理论探讨则相对较少。

其次，本书通过分析藏族古代社会的民事财产法规范，构建藏族古代社会民事财产法律制度史的基本框架，以深入藏族法制史的研究领域、补充藏族法制史的部门法研究。藏族古代有《法律二十条》、《六大法典》、《吐蕃三律》、《十五法》、《十六法》、《十三法》等众多立法成果，还有元明清时期中央王朝涉藏立法以及藏族习惯法等，藏族法史学已有藏族法制通史、部落习惯法、法律文化、法典研究以及赔命价、盟誓等众多研究成果。但由于藏族历史上采用诸法合一的立法体例，民事财产法律规范被纳入法典之中，而习惯法中的民事财产法律规范又非常零散，加上语言、文字等因素的限制，尽管藏族古代财产法存在大量素材，但藏族古代刑法史、民法史等部门法史研究尚未形成体系，财产法史的体系也是如此。虽然已有著作和文章涉及藏族古代民事财产法的讨论，但尚未形成藏族古代财产法史的总体构架和体系。本书将对各时期主要法典中的民事财产法律条款和专门民事立法进行分析、阐释，并结合部落习惯法、寺院习惯法、民间法以及历史典籍、文化遗留、民间传统、格言、文艺作品等资料中的民事财产法律规范，对藏族古代财产法的历史、民事主体制度、物权制度、债与契约制度进行研究，以期建立藏族古代财产法史的基本框架。

最后，本书将从法律文化角度对藏族古代财产法进行讨论。"人类是否将继续有能力通过法律、人类学或其他学科和制度去想象这些知识和制度能够实际导向的有规则可循的生活。"[①] 由于财产法与人们日常生活和经济发展结合非常紧密，是引导和规范"有规则可循的生活"的重要法律，因此本书将通过人类学、民族学的相关理论对藏族古代财产法与藏族游牧文化的关联和影响进行考察和分析。同时，藏族古代财产法史是法史学和藏族史学研究的交叉学科，本书将民法学中的财产法理论作为研究方法，分析藏族古代财产法律制度的民法特色。

二　研究路径与研究方法

（一）研究路径

1. 法律文化与法律多元

法律文化与法律多元是法人类学中两种重要的研究路径。英国法史学家亨利·梅因被认为是法人类学的创始人，马林诺夫斯基的《原始社会的犯罪与习俗》被认为是法人类学创始的标志，在他看来，法是一种普遍现象，存在于一切人类社会中，而人类社会的存在与法的现象相伴

---

① ［美］吉尔兹：《地方性知识》，王海龙译，中央编译出版社 2000 年版，第 295 页。

相生；法仅仅是一种规则现象，是人类社会赖以存在、维系和发展需要
的秩序的维护力量，是一种恒久存在的物。因此，不同地区、民族的法
是法律多元视野下不同法律文化的表现。

法律文化研究是法人类学的研究路径之一。"法律是一种文化现象"，
"法律文化"可以笼统指向与法律有关的历史、传统、习惯、制度、学理
和意识形态等众多内容。法律文化研究的价值在于区分不同民族、部落、
国家之间法律文化的差异和特点以及造成这种差异的原因，其理论前提
是对不同文化背景下不同"质"的法的现象的尊重和理解。从 20 世纪 80
年代的"文化热"大环境下，研究者作为"他者"进入不同文化环境下
对不同质的法文化形态进行考察和认知，并加以分析与阐释。中国"法
律文化"研究以梁治平为代表，他认为，法律文化不是一个具有对象化、
实体化内容的概念，而是一种"应用文化解释方法于法律研究"的立场
和方法。从法人类学角度看，法律的背景是社会整体文化，法律文化研
究是通过文化视角对法律进行审视和解释，将法律现象作为一个整体的
有机组成部分，讨论某种法律文化的存在合理性及其价值。

法律文化研究的必然结果是将法拓展到多元视角之下。"依人类学的
理论来考察，'法律文化'的概念和将这一概念拓展为法律多元这一更为
宽泛的概念。"① 法律多元②，是指两种以上的法律在一个国家同时存在
的情形，是法社会学、法人类学的核心概念。从文化多元视角研究法律
多元的方法始于人类学（民族学），学者们认为中国"多元一体格局"是
中国传统法律文化多元性的理论来源。文化的多元性是法文化多元性的
基础，中国是一个多民族国家，少数民族传统文化多元性也是中国多元
文化的表现之一，而少数民族传统法律文化的多元化也是中国多层次、
多元化文化的重要组成部分。

法律文化与法律多元"对法学的贡献在于它提供了一种全新的研究
视野和迥然不同于传统法学的研究方法"③，这也是本书基本的研究路径。

---

① 徐晓光：《中国多元法文化的历史与现实》，《贵州民族学院学报》（哲学社会科学版）
2002 年第 1 期。

② 参见 ［日］千叶正士《法律多元——从日本法律文化迈向一般理论》，强世功等译，中
国政法大学出版社 1997 年版，第 1 页。

③ 陶钟灵、杜文忠：《"送法进城"：中国法律现代化的价值取向——"2003 年中国民族法
文化与现代法治精神研讨会"观点综述》，《贵州财经学院学报》2004 年第 4 期。

中国传统文化的多元性决定了中国传统法律文化也是多元的。只有承认一个社会或国家存在多元文化，预设这个社会或国家的法律文化和法律传统具有多元性，才能在讨论作为"地方性知识"的"法"这一社会现象时，尊重和理解不同文化间法的差异，才能对中国各民族自生自发秩序的法律文化和法律传统的产生、发展的历史背景和演进过程作出独立、客观的分析和评价。在法律文化与法律多元理论之下，藏族传统法文化作为一种地方性知识体系，萌芽、形成、发展、延续的历史过程离不开藏族特有的传统文化、经济、财产意识等文化背景，因此，本书在研究藏族财产法史的过程中，必不可少地会对藏族历史、传统、心理及经济社会发展与藏族传统财产规则、秩序的联系进行论述，将法律与政治、经济、宗教、文化等作为一个不可分割的整体来进行研究，借助于人类学的法民族志说明和分析藏族古代财产法的形成、发展和特点。同时，本研究还要依靠法人类学的田野调查、参与观察等方法，这有助于理解和讨论藏族古代财产法的历史与强大生命力的来源，以生动地说明藏族古代财产法产生的文化土壤和发展的动力源泉。

2. 市民社会与私法自治

市民社会理论自 20 世纪 90 年代以来被引入中国，逐渐成为政治学、哲学、社会学、法学等领域中的新兴理论话语，"市民社会的私人领域、志愿团体、公共领域、社会运动等结构要素和个人主义、多元主义、民主参与、法治原则等价值取向观照了国家与社会的互动关系、治理与善治、大众文化、私人生活世界和多元价值诉求的社会公共领域，反映了全球化时代国家与社会、权利与权力、公共领域与私人领域、普遍利益与特殊利益、经济与文化关系等多元复杂的新变化"。① 市民社会理论主要是对市民社会自治这一国家和私人之外的"第三领域"进行讨论和研究，以寻求市民社会的自生秩序和国家与社会的协调发展。

市民社会思想传统可以追溯到古希腊罗马时期，最初是指相对于政治国家而独立存在的市民社会，17 世纪之后逐渐成为讨论国家和社会分离的理论。近代以来，市民社会理论演变为反对专制主义国家、捍卫个人自由和权利的代名词。20 世纪 70 年代以后，市民社会概念逐渐成为分

---

① 马长山：《中国法制进路的根本面向与社会根基——对市民社会理论法治观质疑的简要回应》，《法律科学》2003 年第 6 期。

析本国历史和现实或探寻建构市民社会的全球性政治思潮和理论热点。
对市民社会理论可分为两类：一类是以政治国家和市民社会二分法为基
础，认为独立于国家但又受到法律保护的社会生活领域及与之相关联的
一系列社会价值或原则就是市民社会，如安东尼·布莱克（Antony
Black）认为，"市民社会指近代西方工业资本主义社会里据认为是国家
控制之外的社会、经济和伦理秩序。从目前的一般用法来看，市民社会
并不具伦理色彩，而是指当代社会秩序中的非政治领域"①。另一类定义
则以国家—经济—市民社会三分法为基础，将介于国家和社会之间的一
个社会相互作用领域及与之相关的价值或原则称为市民社会，如琼·柯
亨（Jean L. Cohen）和安德鲁·阿拉托（Andrew Arato）认为，市民社会
是"介于经济和国家之间的社会互动领域，由私人领域（特别是家庭）、
团体的领域（特别是志愿结社）、社会运动及大众沟通形式组成"②，这
种观点突破以往国家—私人二元主义，以社会为中心，强调保持现代市
民社会的自主性和团结。尽管存在分歧，但是双方都同意，市民社会的
要素之一就是"私人领域"，即私人自主从事商品生产和交换的经济活动
的领域。由于"私人领域"与"官方"、政府、国家的活动和权力领域相
对，所以，国家之外的民间社会被称为私人社会（马克思称为"市民社
会"）。

　　从法律的管理职能来分，调整国家活动、国家权力法被称为"公
法"，如行政法、刑法、诉讼法等；调整国家之外的私人领域的法被称为
"私法"，如民法、商法等。"私法是涉及个人利益的法"③，"是调整城邦
社会生活的规则的总和"④，是保护私权的法，其核心精神和基本原则就
是私法自治。市场机制和私人财产是构成私人领域两大要素，私有财产
（包括劳动力）及其所有权则是私人自主从事经济活动的基本条件。在市
场经济领域，私人的物质生产、交换、消费活动和财产关系不受政治国

---

① 《布莱克维尔政治学百科全书》，中国政法大学出版社 1992 年版，第 126 页。

② Jean L. Cohen and Andrew Arato, Civil Society and Political Theory, Boston: The MIT Press,
1992, Preface, ix.

③ ［意］桑德罗·斯奇巴尼：《民法大全选译·正义和法》，黄风译，中国政法大学出版社
1992 年版，第 35 页。

④ 佟柔：《民法原理》，法律出版社 1983 年版，第 2 页。

家的直接控制，"政治关系与经济关系的界限变得明确起来"①。民法
（Juscivile）是调整私人领域财产和人身关系的法律之一。民法中调整平
等主体间的财产关系的法律，就是财产法。

藏族社会同样存在民间社会这一独立于国家的"私人领域"：首先，
即使是农奴制社会时期，占人口 95% 的农奴和自耕农、手工业者、寺院
贫苦僧尼等也有一定的人身自由和少量牲畜、财产和租种的土地，进行
着一定的社会交往和财产交换，在文化、心理上认同"官"与"民"的
身份差别，在婚姻家庭和社会生活中有着浓郁的亲情、乡情、伦理道德
和习俗礼仪；其次，即便是领主、政府和寺院，除作为"政教合一"体
制下的政治组织之外，也存在维持其自身存在和发展的"私人领域"，从
事着政治生活以外的民间生活和财产生活，是民事财产主体。因此，从
市民社会理论出发，对藏族古代财产法律关系和法律规范进行研究，是
以财产的占有、支配和流转为研究视角，对人和财产的结合（物权）到
财产进入流通后在不同主体之间的交换（债权）进行民法研究和分析，
尽管不可避免地要涉及国家（吐蕃王朝和元明清以后的中央政权及西藏
地方政府）及其带来的人的身份的不平等以及财产占有的不平等，但本
书研究的立场仍是对各种民事主体在私人生活领域的财产法律关系及财
产法律行为进行讨论，而非国家、政治等立场的分析。

（二）研究方法

历史文献法。文献是历史研究的基础，有关藏族财产法的藏汉文史
籍文献非常分散、零散。本书将通过搜集有关藏族财产法的档案、文献、
文物等资料，追溯藏族古代财产法产生的历史根源、发展演变、主要内
容等，探讨在特定地理环境、经济条件下藏族古代财产法的特点及根源。
同时，要注意将史料的发掘整理、历史事实的阐释、学科的交叉有机结
合，尽量做到史料的兼收并蓄，在已有研究成果的基础上，在微观分析
与宏观叙述中寻找研究的突破点。

跨学科研究法。本书将在历史文献基础上，以法学理论，特别是民
法物权和债权理论，对藏族古代财产法进行跨学科研究。在对藏族古代
财产法的历史变迁、法律渊源、主体与财产类型、债权和物权制度等分

---

① 参见俞可平《马克思的市民社会理论及其历史》，《中国社会科学》1993 年第 4 期。

析的同时，结合民族学、文化人类学的相关理论和方法，阐释和分析藏族游牧文化传统下藏族财产法的特点及成因。

田野调查法。鉴于藏族习惯法保留着大量的财产法规范，本书通过收集和整理青海果洛、海南、祁连和甘肃甘南、宕昌等地的部落习惯法和习俗，对调解人、普通百姓及司法人员进行访谈，结合史志、档案资料和法学理论，对所调查的访谈资料加以分析和论证，实证的讨论藏族财产法的内容和特点。

三　核心概念和研究对象

（一）核心概念

1. 财产

法学中，财产有三层含义：第一，指有货币价值的物权客体，即有体物；第二，指对物的所有权，某物归属某人所有即被视为某财产；第三，是指具有货币价值的有体物和对财物的权利的总和，这些权利包括所有权、他物权、知识产权等。大陆法系和英美法系的历史传统及法律用语不同，对财产的理解也不同。大陆法系中，财产有三种含义：首先，从广义上理解，财产是指一切具有货币价值的物，财产是权利的客体而不是权利本身，它既可以成为所有权的客体，也可以成为其他权利的客体；其次，从狭义上理解，财产是指主体对物享有的所有权，在此意义上所说的财产是与没有权利归属的物相对应的，一个没有形成权利而仅仅是被事实上占有的物，并不是财产，因而财产就是指所有权；最后，财产还可以用来指物和权利的总和，它不仅可以指权利客体，而且可以指权利本身。英美法不区分财产、财产权，19 世纪初以前，英美法系中的财产一般指对物的绝对控制的权利，无形财产发展之后，财产的概念已拓宽为法律所保护的具有货币价值的权利，如布莱克法律辞典中，财产（权）（property）一词有两种含义：第一，指占有、使用、享用某一特定物品的权利，也就是指所有权（并非绝对意义上的所有权观念）；第二，占有、使用、享用某一特定物品的权利所指向的对象。《中华人民共和国民法通则》所指"财产"，不仅包括有体物，还包括无体物（知识产权），以及人们支配财产关系的各种权利和义务，因此，财产关系是物权、债权、知识产权等法律关系的上位概念。中国的法律和司法实践往往把财产视为所有权的客体，但并不包括权利。① 综上，狭义的财产概念指资产、财物，如《现代汉语词典》中，财产指"拥有的金钱、物资、房屋、土地等物质财富"②；广义上，"财产"这一概念既包括财物，又包括财产权的集合体。本书所指财产是指广义上的财产。

　　财产的外延随着人类社会的发展不断变化。人类社会早期，财产仅包括简单的生产工具和生活必需品，如旧石器时代个人只拥有很少的物品，这些物品便于在迁移的路途中携带，如武器和工具，新石器时代的卡若遗址已经有大量的打制石器、磨制石器、细石器、骨器等工具及大量陶片，财产种类也随之增加。进入阶级社会后，财产的内容不断扩大和丰富，土地、房屋、奴隶、牲畜、各种物品、债权等都被纳入财产的范围，如《汉谟拉比法典》规定对盗窃货物和奴隶、牛羊、投资、债务进行处罚，古罗马十二铜表法对债务、盗窃及继承等作出规定。中国古代将可以移动的财产称为"财物"、不可移动的财产成为"物业"、"产业"，并将财产区分为田宅、奴婢、畜产以及一般财物③，如《唐律疏议》将"资财"作为一般可移徙的财产的统称。近代以来，伴随人类社会的进步，技术和生产关系越来越复杂，财产的类型也更加多样，出现了股票、债券等金融财产和专利、商标等智慧财产。20 世纪 90 年代后，网络日益进入日常生活，包括网络游戏、社交信息等虚拟财产及其交易、保护日益成为一个重要的法律问题。同时，随着全球环境恶化和资源耗竭，原本并未当作财产的东西，如空气、河流、污染排放指标等，在不久的将来，都可能成为新型财产纳入财产规则调整的范围。总之，随着人类生活的不断发展和技术的不断进步，财产的形式和种类不断更新，新的财产类型不断涌现。

　　法理学中，财产权与财产是密切联系的概念，二者往往是通用的。财产权是指以具有经济价值利益，即金钱价值的利益为客体的权利。④ 一

---

① 高扬瑜、郑杨：《法学大辞典》，中国政法大学出版社 1991 年版，第 763 页。

② 中国社会科学院语言研究所词典编辑室编：《现代汉语词典》，商务印书馆 2002 年版，第 114 页。

③ 参见林旭霞《财产·财产观的历史考察与现实分析》，《福建论坛》（人文社会科学版）2006 年第 9 期。

④ 魏振瀛、徐学鹿、郭明瑞：《北京大学法学百科全书·民法学·商法学》，北京大学出版社 2004 年版，第 88—89 页。

般认为，大陆法系中并没有财产权的概念，调整财产法律关系的部分属于物法，指具有金钱价值的权利的集合体，包括物权、债权、知识产权等，对此学理上称为积极财产，债务属于消极的财产。"物"可以是一张桌子、一所房子、一块土地等物质实体，也可以是一项债务、一项通行权等抽象存在，两种类型"物"的共同要素是"具有经济价值的财产"，"用法权的语言讲，物法包括所有可用货币加以估算的权利"。大陆法系对物法进一步划分为财物法（或者狭义的物法，即相当于后来的物权法）、继承法和债法。① 英美法系中多使用"财产权"的概念，核心是指人对物的权利，包括物、动产、不动产或所有权。英美法系的财产权概念较为灵活，其应用更为广泛，"根据经济的发展，倾向从法律关系、权力和责任，权利和义务诉讼手段的类型的角度，而不是从抽象概念去考虑问题的思想方法"②。对此，有学者认为，财产概念是"一整套的权利"，或"权利的集束"，"财产是一个综合体，即各种权利的总和，并和特定的人相联系，而这个人就是财产的持有人"。③

　　2. 财产法

　　财产法是经济生活中产品生产和商品交换关系的法律确认和表达，法律通过对经济上的财产关系的确认和保护，从而形成了财产法律关系。因此，财产关系是生产关系的法律用语，私有财产的生成及其法律保护是生产力发展的必然产物。反之，以财产关系为基础而建立起来的法律制度，其内容和运行也都离不开经济内容和经济利益，显示出与经济生计方式相适应的特点和价值。恩格斯在论述法律的产生时指出："在社会发展的某个很早的阶段，产生了这样一种需要：把每天重复着的生产、分配和交换产品的行为用一个共同规则概括起来，设法使个人服从生产和交换的一般条件。这个规则首先表现为习惯，后来变成了法律。随着法律的产生，就必然产生出以维护法律为职责的机关——公共权力，即国家。"④ 这一论述阐明了国家与法的起源，指明了人类社会初始法律产

---

　　① 参见［英］巴里·尼古拉斯《罗马法概论》，黄风译，法律出版社 2000 年版，第 100 页。

　　② ［日］我妻荣：《民法大意》，许介麟译，岩波书店 1971 年版，第 42 页。

　　③ ［德］卡尔·拉伦茨：《德国民法通论》，邵建东译，法律出版社 2001 年版，第 410 页。

　　④ ［德］恩格斯：《论住宅问题》，《马克思恩格斯选集》第 2 卷，人民出版社 1972 年版，第 538—539 页。

生的必然性，即世界上任何一个国家和民族都以不同形式在生产和交换中服从一般条件的共同规则。同时，这一论述也阐明财产在人类社会发展中的功能和作用，即财产是人类产生、发展、延续的物质基础和条件，是具有稀缺性、能满足人的生活需要的物。人们在物质资料的生产、分配、交换、消费中形成了以财产为媒介为核心的有经济内容的社会关系，即财产关系。建立在财产的生产和交换基础上的、以财产关系为调整对象的共同规则可以被认为是"财产法"。

"财产法"一词的来源主要是大陆法系和英美法系中对财产关系调整的法律规范。大陆法系和英美法系的差异主要集中在私法领域的财产法律方面。大陆法系将财产法律分为物权法和债法，英美法系则分为财产法、侵权法、合同法。大陆法系没有英美法中严格意义的"财产法"概念，而是通过法典详尽规定了物权法，即对物的保护、物权的确认和物的流转。英美法系的财产法（Law of Property）相当于大陆法系中的物权法，以及债权法的某些部分，是调整人与人之间因物而产生的法律关系①，如赠予、信托。需要强调的是，二者虽然存在差异，但保护私有财产、调整财产关系都是两大法系的核心。

中国法学界对"财产法"的概念并不严格。"财产法"是一个泛称，主要是指调整财产关系的法律，包括：调整静态状态下财产关系（即物权）的法律，如所有权及具有占有、使用、收益处分权利的财产形态的法律；调整动态状态下财产关系（即债权），如有关契约、担保、继承等财产转移、被设定负担的形态及其过程的法律。民法学界一般认为，民法分为财产法与人身法。规范经济生活，以保护财产秩序的法律，为财产法。规范人身、人格关系，为人身法。财产法可以分为两类，一是财产归属法，二是财产流转法。民法的核心是财产法，财产法的核心是物权，而债权是基于物权而发生的财产流转关系。物权法以规范人对物的支配关系为内容，性质上属于财产法。债法是指调整债权债务关系的法律规范的总称。财产法属于民法，是对交换基础上的财产关系进行调整的法律规范。首先，财产法所调整的财产关系，其主体处于平等地位。其次，这种平等地位也决定了当事人意思表示应当是自由的，交易中非经双方协商，均不能达成协议，一方不能将自己的意思强加给另一方。

---

① ［英］F. H. 劳森、B. 拉登：《财产法》，中国大百科全书出版社1998年版，第1页。

再次，这种财产关系是等价有偿的。

（二）研究对象

1. 财产法的研究范式

作为民法史的重要组成部分，财产法史研究首先面临的问题是理论研究范式。根据社会发展的客观规律，凡是有财产流转和商品交换的地方，必然有民事法律制度，只是这种法律的存在形式和发展程度不同而已。[①] 中国古代存在自身实质性民事法律，但"民律"或"民法"等法学术语在清末时才引入。中国古代并无西方近代民法所说的人格平等、所有权绝对等观念和成文化、体系化的民事专门法律，即西方民法典意义上的形式民法，但是，却存在实质意义上的民法规范，即调整主体间财产关系和人身关系的规范。如《大清律·户律》"分列七目，共八十二条，虽散见杂出刑律之中，然所谓户役、田宅、婚姻、钱债者，皆民法也"[②]。20世纪80年代后，李志敏先生、张晋藩先生等前辈，研究按照西方现代民法的传统理论和方法，搭建起中国古代民法的基本框架和主要内容，为中国民法史的学科建设奠定了基础。90年代后，中国古代民法研究开始走向专题研究，如婚姻家庭继承、土地制度、典权和租佃、契约等领域纷纷采用实证方法深入专项研究并取得诸多成果。需要指出的是，借用西方民法理论的分析方法和基本概念，对中国传统社会民法规范进行研究，这种理论选择，是西方民法理论的移植和中国本土民法传统的继承相互妥协的结果。尽管每个文化传统都会生长起适宜于各自土壤的法律文化传统，但西方民法学所提供的一整套民法学科研究方法却可以为中国民法史研究提供清晰、完整的学科研究途径。因此，对西方民法学理论的借用为中国民法史学的构架提供了参照。当然，作为中国本土法律资源的中国古代民法，自然有其独到的存在和价值，这一点是中国古代民法的民族性、自在性存在的基础。在中国语境下，对财产法史的研究需以文献资料为依据，在尊重历史、实事求是的基础上，借用西方现代民法理论和研究方法弥补中国财产法研究理论的局限和研究方法的不足，从而形成中国财产法史研究的基本观点和体系架构。

---

① 孔庆明、胡留元、孙季平：《中国民法史》，吉林人民出版社1996年版，序。
② 胡长青：《中国民法总论》，中国政法大学出版社1997年版，第15—16页。

2. 藏族财产法史的研究对象

人类文明在世界的不同地区出现并发展，无论何种文明，只要存在私有财产，就会有各具特色的财产规范和法律文化传统，藏族古代财产法律制度也是如此。

藏族古代财产法是中国古代财产法史的重要组成部分，同时，在青藏高原特有的地理环境和历史文化传统下，中国藏族古代财产法也形成了别具一格的历史和传统。藏族极富个性的民事财产法文化的形成与青藏高原的地理环境、历史文化和藏族人民生活习惯等密切相关。青藏高原是藏族人民世代居住的区域，地势高峻，地域辽阔，山峦连亘，湖泊遍布，降水量少，冬寒夏凉。这一特殊的地理环境和自然条件下，青藏高原的经济生活以高寒（高原）农业和畜牧业为主导，高原灌溉农业在少部分海拔相对较低、日照充足的河谷地带发展起来，大部分地区为高原畜牧业区，其中，牧区主要是按季节轮流转场放牧的半定居游牧类型，也存在半农半牧的定居游牧及定居定牧类型。这种以畜牧业为主兼营农业的游牧生活方式，决定了与中原农耕文明以土地所有权为基准不同，藏族民事财产法围绕着游牧经济中最重要的财产——畜群展开，更注重可移动财产的所有权和其他权利，将动产和畜群作为最重要的财产类型，草场轮牧、雇工和牧租制度发达，公产、家产相区别，财产的占有和物权的变动方式具有浓厚的游牧文化特征。同时，由于地理环境、气候条件的限制，青藏高原产品品种较为单一，以牧业产品为主，与汉区和周边地区之间区域经济有较强的依赖性、互补性，因此，藏族与周边地区的经济文化交流相当活跃，注重商业贸易的发展，对外贸易在藏区经济中非常重要，许多人都热衷于从事藏地内外大小不等的贸易活动，因此，在商业文化影响下，契约制度也成为藏族古代民事财产法的重要内容。此外，由于藏族古代社会以部落为基本社会结构，整个藏区仍以畜牧业自然经济为主，因此，民事财产法律往往以部落习惯法为主，国家制定法的规制相对较少。

综上，藏族财产法史是研究藏族历史上曾经存在过的财产法律制度，包括民事主体制度、物权制度、债权与契约制度、纠纷处理与侵权责任制度、民事诉讼制度等，以及在藏族古代财产法律制度下的现实的民间财产关系、财产行为的一般规则。前者涉及藏族社会不同历史阶段制定法中涉及民事方面的内容，后者主要是民间的民事行为惯例、乡规俗例。

通过研究其发生、发展、演变的过程，探求其规律，揭示藏族古代民事财产法律制度及其民法文化传统的特色和价值。

四　研究综述和文献来源

（一）文献综述

最早在法制通史中对民法问题进行论述的是杨鸿烈先生的《中国法律发达史》（1936），该书按照历史朝代分章，每章列"民法"专题，其中有"物之法"下分所有权、债、赁贷、买卖等问题，对中国古代民法进行阐述。此后，林咏荣《中国法制史》（1976）、陈顾远《中国法制史概要》（1977）、戴炎辉《中国法制史》（1979）、曾宪义《新编中国法制史》（1987）、叶孝信《中国法制史》（1989）等都按此模式研究古代财产法。20 世纪 80 年代以来，中国法制史研究开始向部门法史方向深入，出现了中国刑法史、行政法史、民法史等成果，是中国法制史学科发展的重要表现。其中，中国古代民法方面的有：潘维和先生的《中国民事法史》（1982）主要研究了中国近代民事法律现状及民法典的立法过程；李志敏先生的《中国古代民法》（1988）较早系统探讨了中国古代民法的物权、契约问题；张晋藩先生的《中国民法通史》（2003）、叶孝信的《中国民法史》（1993）、孔庆明等编《中国民法史》（1996）等按照中国历史发展变迁的脉络对国家出现以来的中国古代民法的基本状况进行阐释，对民法的民事权利主体和客体、物权、债权、婚姻与家庭、继承以及民事诉讼等内容分章节进行论述，勾勒出中国古代民法发展和民法制度的概貌。同时，民法断代史研究成果也不断出现：潘维和先生的《中国近代民法史》（1982）、张晋藩先生的《清代民法综论》（1998）是中国古代民法史断代研究的代表成果，对清代民法成果运用现代民法的理论对其进行观照，通过丰富翔实的资料对清代民事立法、各阶级阶层的民事法律地位、物权、契约、婚姻、家庭、继承及民事诉讼等制度进行归纳和总结，对清代民事立法入关前后的变化、晚清民法的制定及民事诉讼制度的变化等问题进行阐释，还对中国古代民法的发展线索进行梳理。古代民法专题研究中，俞江《近代中国民法学中的私权理论》（2003）对清末民国时期（1900—1949）民法学中"私权"（private rights）的引入和理论进行研究，并阐释其成为中国法学主流学说的过程和影响；郭建《中国财产法史稿》（2005）对中国古代财产法按照现代民法理论对财产的主体、物权和债权进行考察和分析；滋贺秀三的《明清时期的民事审判与民间契约》（1998）考察中国传统法文化，概括了清代诉讼制度的民事法源等。此外，运用档案等材料进行实证分析的法社会学研究成果也纷纷出现，黄宗智的《清代的法律、社会与文化：民法的表达与实践》（2007）为其代表，他对清代乡村地方档案与实地调查资料的精心分析，揭示了清代官方法律文书与民间实际司法操作之间既联系又间隔的逻辑关系，阐述出清代法律、社会与文化间的复杂关系，丰富了中国古代社会史的研究范围，拓宽民法史研究的视野；黄宗智的《法典、习俗与司法实践：清代与民国的比较》是关于中国清代与民国期间的法律与司法实践的研究专著，从民国民事法律的产生发展过程，从典权、永佃权、债权、家庭继承、婚姻等方面对清代与民国时期民事法律制度进行纵向比较，考察了从清代到1949年中国民事法律制度的发展变迁情况。此外，专题性研究也成果辈出，白凯的《中国的妇女与财产：960—1949年》（2007）是对宋代至民国近千年中国妇女财产继承权研究的专著，从宋代至清代女儿、寡妇的继承权、宗祧继承、妾的财产权利等问题进行研究，填补了中国法律史女性研究的空白；眭鸿明的《清末民初民商事习惯调查之研究》（2005）着重解析清末民初两次民商事习惯调查运动的动因及价值，考察了清末民初传统习惯存在的社会机理，回顾了调查运动的启动、进展、地域范围和时间跨度，对调查所设问题进行系统的梳理和分析、考证调查运动对当时立法、司法和人们思想的影响程序，阐述了清末民初的民商事习惯调查运动以及传统习惯对当代中国法制现代的历史启示。

　　中国古代财产法专题研究数量众多、成果斐然。契约是中国古代财产法专题研究的内容之一，早在19世纪二三十年代学者们就已经开始对中国古代契约文书进行收集和研究。20世纪90年代以来，随着中国民法史研究的深入，研究者开始关注古代社会日常生活秩序的规范和习俗，契约研究越来越受到重视。学者们在前人已收集整理的契约文件基础上，对古代契约进行深入的法律分析和文化解读，出现一系列文章，如李祝环《中国传统民事契约中的中人现象》和《中国传统民事契约成立的要件》，陈学文《明清徽州土地契约文书选辑及考释》、俞江《"契约"与

"合同"之辨——以清代契约文书为出发点》、刘云生《传统中国契约权利形态三论》等，对传统社会的契约进行多角度研究。其中，霍存福先生的《吐鲁番回鹘文买卖契约研究》、《吐鲁番回鹘文借贷契约研究》、《古中国与古罗马契约制度与观念的比较》、《论中国古代契约与国家法的关系——以唐代法律与借贷契约的关系为中心》、《再论中国古代契约与国家法的关系》、《敦煌吐鲁番借贷契约的抵赦条款与国家对民间债负的赦免——唐宋时期民间高利贷与国家控制的博弈》、《中国古代契约精神的内涵及其现代价值——敬畏契约、尊重契约与对契约的制度性安排之理解》等成果，通过实证方法分析契约类型及其具体条款、特点以及古代契约与国家法的关系，提出"中国传统社会是'契约社会'"的观点，认为从契约观念和契约精神看，古代中国契约优先于国家法，人们敬畏和尊重契约、遵守契约，将契约视为对权利义务的确定，对双方当事人有"约束"力，指出在经济生活领域，古代中国是一个契约社会，契约是人们的一种生活方式。这一观点是古代契约研究的理论突破，为解析古代中国民间秩序、理解古人行为模式提供全新视角，开创了法律史研究新的研究理论。

除契约以外，侵权法也是法律史研究的热点之一。中国古代并无侵权法学科，经过努力，众多学者对中国古代法中侵权行为的内涵、古代侵权行为法的历史演进、侵权损害赔偿制度成因等进行广泛的分析，中国侵权法史的研究体系、研究方法已经初步形成。陈涛、高在敏的《中国古代侵权法例论要》对中国古代侵权法的历史发展过程、从侵权行为的构成要素、承担民事责任的方式、民事责任的免除等方面，阐明中国古代法例中的侵权行为及其民事责任，总结出中国古代侵权法例的特点与局限①。田振洪《秦汉时期的侵权行为民事法律责任论析》根据秦汉简牍文书研究这一时期国家制定法中的侵权行为法律规范，对秦汉时期侵权民事责任的构成、侵犯财产权和人身权的责任承担方式的区别以及秦汉侵权责任承担的特点进行总结②。徐静莉《试论唐代的侵权民事责任》分析唐律动物致害责任的规定，说明唐律对动物侵权民事责任

_____

① 陈涛、高在敏：《中国古代侵权法例论要》，《法学研究》1995 年第 2 期。

② 田振洪：《秦汉时期的侵权行为民事法律责任论析》，《河南司法警官职业学院学报》2007 年第 3 期。

的构成、免责及赔偿范围，总结唐律侵权民事责任赔偿制度的特点①。此外还有张文勇《宋代的侵权行为法律责任及其对当代立法的启示》和孙季萍《明清侵权行为的民事法律责任问题》等。张文勇的《侵权行为纵横谈——中国古代法与罗马法之比较》对古代中国与古罗马侵权行为法进行比较，对侵害财产与侵害人身的二者侵权行为法的差异进行分析，指出差异存在的原因和根源②。此外，少数民族侵权法研究开始出现：明辉的《游牧部落习俗对正统律典制度之冲击与融合——从古代损害赔偿制度之建构透视中国法律文化传统》从"埋葬银"制度的产生及原因入手，阐明游牧部落习俗与律典制度的冲击、渗透与融合，讨论少数民族法制参与中华法系的建构、形塑中国法律文化传统与法律精神方面的作用与意义③；张群的《元朝烧埋银初探》、《论元朝烧埋银的起源》、《烧埋银与中国古代生命权侵害赔偿制度》等文对烧埋银制度从整体进行梳理，按照朝代对其演变、性质、内容、实施情况、历史地位、局限性及其对近代法制和社会的影响进行系统的介绍。④

少数民族法制史也是中国法律史研究的重要组成部分。20 世纪 80 年代以来，学者们对少数民族法制史研究日益关注，研究视角、材料、内容与方法都有创新。少数民族通史类的有：徐晓光的《中国少数民族法制史》（2002）按时间顺序研究历代民族法律制度及其特点，揭示出中国古代各民族法制发展的概貌；李鸣的《中国民族法制史论》（2008）运用人类学（民族学）的田野调查、社会学定量分析以及法学规范实证分析方法，针对中国民族法制发展历程中的具体法律现象、问题做了细致的分析。刘广安的《清代民族立法研究》（1993）阐述了清代民族立法的主要内容和特点，分析了清代民族立法的发展趋势和特殊作用，总结了清代民族立法与实施的经验。各民族法史研究也有众多成果：曾代伟的《金律研究》（1995）以 12 世纪初至 13 世纪前期中国北部各民族关系的

① 徐静莉：《试论唐代的侵权民事责任——以唐律动物致害责任为典型》，《中山大学学报》（社会科学版）2006 年第 3 期。

② 张文勇：《侵权行为纵横谈——中国古代法与罗马法之比较》，《湖州师范学院学报》2009 年第 8 期。

③ 明辉：《游牧部落习俗对正统律典制度之冲击与融合——从古代损害赔偿制度之建构透视中国法律文化传统》，《政法论坛》2010 年第 1 期。

④ 张群：《论元朝烧埋银的起源》，《历史教学》2002 年第 12 期。

历史演变为背景，对女真法律思想的异化、金律的渊源、地位、立法得失及金朝法制稳定统治、调节民族关系、保障社会秩序、调控经济关系等作用进行多层面探讨，是民族法制史研究的重要成果；奇格的《古代蒙古法制史》（1999）按照蒙古古代法的历史进程，对古代蒙古的法律成果和法制状况进行介绍，认为蒙古族统治者因时、因事制宜制定法律治用以治理所辖地区，探讨蒙古法律条文中鲜明的游牧特点，丰富了中华法制研究的内容；吴海航的《元代法律文化研究》（2000）从法文化角度检视元朝法律现象，考察元代实体法和程序法，探讨元代法律的文化动因；杜文忠的《边疆的法律：对清代治边法制的历史考察》（2004）全面考察清代治边法律、政策的历史过程，用法学、民族学、历史学等视角，概述了历代中央政府对边疆治理的认识，从宏观和微观两方面对清朝的民族立法、司法对民族关系的影响进行考察，提出"文化边疆"的概念，认为清代人口激增引发的大量人口向边疆地区流动造成整个国家"制度供给不足"是影响边疆法律制度、民族政策的主要因素；邓奕琦的《北朝法制研究》（2005）全面系统阐述了魏晋时期北朝法制的源流、发展、成就和历史地位，探索北朝法制从初建到完成的演变规律。

　　藏族法制史研究自20世纪末以来有众多成果。徐晓光的《藏族法制史研究》（2001）以历史进程为线索，运用法理学、人类学、历史学、文化学、宗教学等方法对藏族传统法律文献进行整理、分析，勾画出藏族传统法律发展的线索和特点，是藏族法制史研究的重要成果。杨士宏的《藏族传统法律文化研究》（2004）以藏族传统法文化为视角，不拘泥于时间发展的顺序，对吐蕃法律的文化渊源、吐蕃三律的法律框架及特征、吐蕃法律的流变及蒙古法律对藏族传统法制的影响以及西藏区域性习惯法及其文化内涵进行介绍和分析，强调了吐蕃时期的法律传统对整个藏族传统法文化的深刻影响和文化传承，是藏族传统法文化研究的重要成果。孙镇平的《清代西藏法制研究》（2004）及其与王立艳合作的《民国时期西藏法制研究》（2006）则选取清代和民国为时间节点，从清代和民国时期的"从俗从宜"立法思想出发，对西藏地方法制发展的历程、规律和法制特色、经验进行分析，讨论中央治藏政策与西藏地方立法的影响和相互关系，是藏族法制断代史研究的重要成果。此外，甘措的博士论文《藏族法律文化研究》（2005）对藏族法制史上的成文性法律及各阶段法律文化进行阐释，华热·多杰的博士论文《藏族本土法的衍生与成长》(2009)则从人类学视角,以历史文献和材料分析为基础,以藏族传统法律发生发展的过程为脉络,归纳出藏族传统法文化的历史属性、文化特点及历史价值等,通过挖掘藏文材料和归纳汉文史籍对藏族传统法制作出的深刻而独特的解析和说明,标志着藏族传统法文化研究的深入。

藏族习惯法专题研究成果非常丰富。藏族习惯法资料收集的成果首推张济民的《青海西藏部落习惯法资料集》(1994),该书初步收集整理了青海藏族部落习惯法的内容。之后,张济民先生又整理出版了《藏族部落习惯法研究丛书》(2002),该丛书包括《寻根理枝——藏族部落习惯法通论》、《诸说求真——藏族部落习惯法专论》、《渊远流近——藏族部落习惯法法规及案例辑录》,全面展示了藏族部落习惯法的历史远景、部落组织和行政、军事、刑事、民事等部落习惯法的内容,详细收集、记录了藏族部落习惯法中的刑事、民法、婚姻家庭和继承以及纠纷解决程序等规范,是藏族部落习惯法资料收集及理论分析的重要成果,内容翔实、条理清晰、论述严谨,其学术价值极高。吕志祥的《藏族习惯法及其转型》(2010)对藏族习惯法与国家制定法之间的作用和转型进行了论述。此外,洲塔教授的《甘肃藏族部落的社会与历史研究》(1996)第九章对甘肃藏族习惯法的来源、内容、特点及作用与影响等进行了论述;陈庆英教授的《藏族部落制度研究》(2002)中从宏观角度论及藏族部落的生产规范、民事规范、刑事规范以及藏族部落法律制度的特点;杨士宏教授的《藏族传统法律文化研究》(2004)中设专章对藏族习惯法的文化内涵、特征及对现代中国民主法制建设的影响等问题进行了阐释;星全成教授的《藏族社会制度研究》(2002)中也对西藏传统司法、土地、借贷制度等进行了论述,这些研究成果虽不是藏族习惯法系统研究成果,但将藏族习惯法置于藏族传统文化的整体框架内,将藏族习惯法作为社会历史文化研究的重要组成部分进行论述,有助于对藏族传统法文化的深入考察。

藏族习惯法"赔命价"制度是藏族法制史和习惯法研究的热点之一,文章数量较多。早期多将其视为习惯法并对其司法适用进行讨论,如昊剑平《对藏族地区"赔命价"案件的认识和处理》,徐澄清《关于"赔命价"、"赔血价"问题的法律思考和立法建议》,张群、张松《中国少数民族的"赔命价"习惯法》,南杰·隆英强、孟繁智《藏族习惯法如何适应社会主义法制建设的思考——"赔命价"、"赔血价"谈起》,曹万顺《藏族习惯法中的赔命价刍议》等。近年来,多视角、多学科研究赔命价的成果纷纷出现,淡乐蓉《藏族"赔命价"习惯法与日耳曼民族"赎罪金"制度的比较研究》、曹廷生《恢复性司法视角下的赔命价——以民间法为研究立场》、《关于"赔命价"与现行法律相协调的探讨》①、《浅谈藏族习惯法中"命价"的意义及其适用原则》②、《试论西藏部落习惯法中的"命价"》③、《试论西藏部落习惯法的文化成因及其改革》④、《青海藏族游牧部落社会习惯法的调查》⑤、《论藏族部落的赔偿制度》⑥、《藏族部落纠纷解决制度探析》⑦ 等。对藏族习惯法的渊源、特征、功能和作用机制等论述的如《藏族习惯法赔偿规范的特征》⑧、《藏族习惯法中的神明裁判探析》⑨、《藏族习惯法中的调解纠纷解决机制探析》⑩、《藏族部落习惯法中的财产继承权问题探析》⑪ 等。

(二) 文献来源

1. 出土文物。如"卡若遗址"、拉萨"曲贡遗址"、甘肃"马家窑遗址"等数十处遗址等,是最直接窥见历史真实的依据。

2. 民间传说与故事。民间传说和神话故事是人类文明发展、变迁的记忆,含有人类社会早期的社会状况、思想意识和历史事件等丰富的文

---

① 索端智:《关于"赔命价"与现行法律相协调的探讨》,《青海民族研究》1993 年第 1 期。

② 华热·多杰:《浅谈藏族习惯法中"命价"的意义及其适用原则》,《青海民族研究》1993 年第 1 期。

③ 才仁东智、更太嘉:《试论西藏部落习惯法中的"命价"》,《青海民族师专学报》1999 年第 1 期。

④ 贾晞儒:《试论西藏部落习惯法的文化成因及其改革》,《攀登》1997 年第 2 期。

⑤ 陈玮:《青海藏族游牧部落社会习惯法的调查》,《中国藏学》1992 年第 3 期。

⑥ 何峰:《论藏族部落的赔偿制度》,《青海民族学院学报》1996 年第 4 期。

⑦ 华热·多杰:《藏族部落纠纷解决制度探析》,《青海民族学院学报》1999 年第 3 期。

⑧ 王向萍:《藏族习惯法赔偿规范的特征》,《经营管理者》2009 年第 8 期。

⑨ 后宏伟、刘艺工:《藏族习惯法中的神明裁判探析》,《西藏研究》2010 年第 5 期。

⑩ 后宏伟:《藏族习惯法中的调解纠纷解决机制探析》,《北方民族大学学报》(哲学社会科学版) 2011 年第 3 期。

⑪ 彭毛卓玛、更太嘉:《藏族部落习惯法中的财产继承权问题探析》,《西藏民族学院学报》(哲学社会科学版) 2008 年第 3 期。

化内涵，藏族文学作品的民间故事与传说，如猴子变人的故事、猴鸟故事、天神之子聂赤赞普故事等是不可缺少的研究藏族先民法文化的重要材料。

3. 古今典籍与重要著作。中国法律典籍、中央历代王朝涉藏典籍、历史档案、中国通史与法制史文献等以及藏族典籍、藏族古代经典著作与当代重要著作与文论也是藏族古代财产法研究的重要文献来源。

4. 藏族习惯法资料。目前已经出版的藏族社会历史调查中的相关规定和藏族习惯法资料以及史学界、社会学界和人类学界从不同视角和角度收集了相关的法律素材是藏族古代财产法研究不可或缺的第一手资料。

5. 田野调查资料。本书作者自 2010 年 11 月至 2012 年 8 月，曾五次前往康定、果洛、甘南夏河、卓尼等地，采取座谈、访问、问卷调查、档案资料收集等方式，重点对西藏农牧业生产状况、藏族习惯法、纠纷化解等问题进行了调研，并收集众多材料，丰富了本书的写作内容和写作视野。

第一章

藏族古代财产法的演变与渊源

　　法律蕴涵了一个民族经过诸多世纪发展的历程，[我们] 不能如此对待它，就好像它仅仅包含了一本数学教科书中的公理和推论。为了了解它现在是什么，我们必须了解它过去是什么，以及它将来可能成为什么。我们必须交替参考历史与现有的立法理论。但是，最困难的工作却在于，理解每一时期两者结合而成的新的产物。就现状而言，在任何特定的时期，法律的本质基本上符合当时被理解为适当的东西；但是，法律的形式与体系以及其能够实现预期结果的程度，则在很大程度上依赖于它的过去。①

——奥利弗·W. 霍姆斯

第一节　藏族古代财产法的历史发展

　　关于藏族法制史的历史分期问题，目前有以下几种观点：第一，徐晓光的《藏族法制史研究》将全书分为吐蕃王朝的法律制度、唃厮啰到藏巴汗政权的法律制度（包括宋朝的唃厮啰政权、元朝的萨迦王朝、明朝的藏巴汗政权）、清朝对西藏的立法与藏族地方立法、近代中央政府西藏立法与藏族部落法四编，这种编、章的结构将中央王朝与西藏地方政权的更替综合考虑，其目的是在叙述藏族法制史发展进程的同时将中国历史演进作为远景，强调了藏族史是中国史的一部

---

　　① ［美］霍姆斯：《法律的生命在于经验——霍姆斯法学文集》，明辉译，清华大学出版社2007年版，第82页。

分。需要考虑的是，藏族法制史的发展仍需考虑其历史背景、文化特征等因素的影响，西藏地方政府与历代中央政府的关系在不同历史阶段有重大区别，而藏族法制也受此影响，西藏地方政权制定法和藏族习惯法是藏族古代法律的主体，因此，这种历史分期方法对此没有充分考虑。第二，杨士宏教授和洲塔教授的《藏族传统法律文化研究》一书中，前五章按照历史顺序对藏族法制史进行分期，分为吐蕃法律的文化渊源、吐蕃"三律"的法律框架及特征、吐蕃政权的变迁与社会秩序、"三典"与吐蕃法律的流变、部落习惯法，主要涉及吐蕃法律的起源、吐蕃王朝的法律制度、吐蕃王朝崩溃后西藏法制状况和近代西藏法制状况，其特点在于以"法律文本"叙述藏族历史时期的法律文化，按法律文化发展进程进行分期，不强调西藏地方政权的更替和法律制度的分期。这一划分方法，比较符合藏族历史发展的规律，但对法律制度本身特点讨论较少；强调藏族历史上的成文法，但对成文法以外的习惯法、公法以外的私法领域讨论不足，对了解和分析藏族法制史发展的全貌有一定局限。第三，甘措《藏族法律文化研究》分为藏族早期（包括史前时期和邦国时期）、赞普时期、割据时期、教派时期（包括萨迦、帕竹、第司藏巴、噶丹颇章）四个阶段，这种划分是以藏族法律文化发展进程为视角，综合藏学前辈对藏族文化发展的历史过程和阶段性特点进行分期的①，虽然便于将藏族传统法文化作为藏族文化中的局部进行讨论，对每个时期藏族历史和文化与藏族法文化的关系展开论述，但是作为专门史研究，这种分期方法不足以体现藏族法制本身的历史阶段性和特点。第四，华热·多杰《藏族本土法的衍生和成长》一文中将藏族法制史分为史前社会（原始期和邦国期）、吐蕃王朝、群雄割据、藏族中世纪（萨迦王朝、帕竹王朝、藏巴汗王朝）、噶丹颇章政权五个阶段，这一划分充分考虑到西藏历代政权更替，也反映了各阶段法制状况的史料和法律制度的特点。美中不足的是，史前时期的结束是以公元630年藏文的创制、藏族成文法的制定为

---

① 如丹珠昂奔《藏族文化发展史》将藏族文化分为史前时期、苯教文化时期、藏传佛教文化时期三个阶段，《西藏王臣记》、《藏族通史·吉祥宝瓶》以及《藏族史纲要》中也采纳这一观点。

节点，而藏学研究中对藏文创制的年代存在一定争议①，因此，象雄王国时期是否有成文法也无从确认，故而这一标准不够严密。本书拟采用这一划分标准，将藏族法制史分为史前时期、吐蕃王朝、割据时期、藏族中世纪（萨迦王朝、帕竹王朝、藏巴汗王朝）、噶丹颇章政权五个阶段，与藏族法制史发展的历史进程相呼应，藏族古代财产法律也经历了漫长的发展，大致可分为以下几个阶段。

一　史前时期——私有财产的出现和财产规范的萌芽

藏族财产法史的史前时期大约始于 5 万年前到公元 629 年朗日松赞去世。这一时期，藏族社会经历了漫长的历史发展，由于文字记载较为匮乏、考古资料相当零散，仅就现有材料很难确切对某一类具体的社会关系、社会制度进行细致的分析研究。总的来说，这一时期社会生产力发展缓慢，社会经济结构比较单一，伴随着藏族文明的起源，私有制和私有财产逐渐开始萌芽和缓慢发展，商品交换尚不普及，藏族古代法文化开始萌芽，调整财产及财产关系的习惯、习惯规范也随之萌生。

（一）藏族史前时期私有财产的出现

大约距今 5 万—1 万年前的旧石器时代，青藏高原已经开始出现古人类的活动，从定日县苏热、申扎县多格则等遗址看，这一时期的石片、石器等工具十分粗糙、简陋，反映出藏族先民已经积累一定的劳动经验和劳动技能，主要以采集、狩猎和游牧为生。大约 1.8 万年前到距今 5000 年左右，青藏高原经历了漫长的新石器时代，如卡若文化遗址出土了石锹、石铲、石斧、石锄等生产工具，还有村落遗址、陶器、粟米、石矛、石镞、石球等武器和狐、猪、獐、马、鹿、狍、牛、黄羊等动物骨骼，可以推断出卡若文化以定居农耕为主，此时已经出现原始畜牧业与原始农业的分工，畜牧和狩猎在当时居民的经济生活中占有一定地位。

---

① 藏文的起源是藏学研究的历史谜题之一，对此主要有两种观点：一是认为藏文是吐弥桑布扎按照天竺文创制而来，二是认为藏文由古象雄文演变而来。这种分歧不仅基于学术研究，也有佛苯宗教斗争的因素，详见才让太老师《藏文起源新探》一文。对此作为确定藏族法制史历史分期的标准似有不妥。

大约距今 4000 年，青藏高原开始步入青铜时代。其中，早期青铜器时代距今 4000 年至 3000 年，以曲贡遗址为代表，这一时期的畜牧业已相当发达，驯养动物种类、数量增多，渔猎也是辅助性经济类型。晚期青铜器时代大致距今 3000 年至公元 7 世纪，即"金属时代"或"吐蕃部落时代"①，以加日塘遗址为代表，其经济活动主要以放牧为主、狩猎为辅，青藏高原逐水草而居的游牧经济生活方式已经出现，西藏原始社会进入父系氏族社会晚期，氏族部落中已出现家族和家庭，并出现家族、家庭和个人的私有财产，社会分工和私有财产出现，为国家和法的产生创造条件。

藏文文献也有藏族史前文明的记载。《西藏王臣记》、《贤者喜宴》、《红史》等记载，藏族史前文明经历了"十非人统治"时代（远古—约公元前 24 世纪）、"十二邦国"时代（约公元前 21—前 15 世纪）、"四十邦国"时代（约公元前 16 世纪—前 360 年）、象雄时代（约公元前 21 世纪—642 年）、雅隆部落时代（公元前 417 年—7 世纪）②等阶段。土登彭措先生在《藏史纲要》将西藏史前文明详细分为 13 个阶段：（1）怒金时代（གནོད་སྦྱིན་གྱི་དུས་རབས།），出现弓箭；（2）堆时代（བདུད་ཀྱི་དུས་རབས།），出现石制斧头；（3）森波时代，出现尖形石器、骨刀、骨饰品等；（4）玛尔降拉时代（དམར་འཇང་ལྷ་ཡི་དུས་རབས།），出现矛、刀；（5）穆甲时代（རྨུ་རྒྱལ་གྱི་དུས་རབས།），出现皮绳、套绳；（6）卓卓智时代（གྲོག་གྲོག་འཛིན་གྱི་དུས་རབས།），出现"吾尔多"（抛索）（ཉར་དོ）；（7）九代玛桑时代（མ་སངས་རུས་དྲུག་གི་དུས་རབས།），约公元前 35—前 30 世纪，其统治区域称"蕃康雅株"（བོད་ཁམས་ཡ་གཡུང་།），出现箭袋、盾、占卜及货物分配的骰子和皮制运输工具；（8）鲁赞时代（ཀླུ་དང་བཙན་གྱི་དུས་རབས།），约公元前 30—前 28 世纪，统治区域称"蕃康岭古"（བོད་ཁམས་གླིང་དགུ）），出现引水渠和灌溉工具，种植庄稼，有原始的占卜行为；（9）贡布九兄弟时代（འགོན་པོ་དགུའི་དུས་རབས།），约公元前 27—前 24 世纪，统治区域称"昂玉娜布"（ངང་ཡུ་ནག་པོ）；（10）萨让杰楚时代（ས་རབ་བརྒྱད་དྲུག་གི་དུས་རབས།），约公元前 24—前 21 世纪，统治区域称"东德久杰"（སྟོང་སྡེ་དགུ་བཅུ），出现头饰耳饰，产生了

---

① 汤惠生：《西藏青铜时代的社会经济类型及相关问题》，《清华大学学报》（哲学社会科学版）2012 年第 1 期。

② 恰白·次旦平措、诺章、吴坚、平措次仁：《西藏通史——松石宝串》，陈庆英、格桑益西、何宗英、许德荐译，西藏社会科学院、中国西藏杂志社、西藏古籍出版社 1996 年版，第 16 页。

祭祀、娱乐歌舞、纺织缝衣技术，农牧业出现分工，出现十二生肖与五行术；（11）十二邦国时代（ རྒྱལ་ཕྲན་སིལ་མ་བཅུ་གཉིས་ཀྱི་དུས་རབས ），公元前 21—前 15 世纪，出现藏医理论和四大元素学说，并提出药物学与四大元素的关系学说及与五行相关的宗教仪式；（12）四十邦国时代（ རྒྱལ་ཕྲན་སིལ་མ་བཞི་བཅུའི་དུས་རབས ），公元前 16—前 360 年，出现檀木记事；（13）象雄时代（ ཞང་ཞུང་དུས་རབས ），其中象雄王朝时期（ ཞང་ཞུ་རྒྱལ་རབས ）属史前时期，约公元前 21 世纪—642 年，原始宗教苯教兴盛，象雄文字出现；雅隆部落时期（ སྤུ་རྒྱལ་དུས་རབས ），公元前 417—629 年，从聂赤赞普到朗日松赞，制定法律、修建桥梁、提高冶炼技术、制定农田税和牦牛税、烧制瓷碗、再次厘定度量衡等。

　　藏史记载的藏族史前文明发展过程与考古遗迹大致相当，虽然远古文化遗存还很难与文献记载完全一一对应，但是，可以大体推断出：

　　旧石器时代与"十非人统治"时代到"怒金时代"直至"卓卓智时代"大致相应，原始社会母系氏族阶段。此时人类逐渐学会制造利用和利用弓箭、石斧、骨刀、皮绳、石球等工具进行狩猎活动获取食物，主要以采集、狩猎和游牧为生，人们共同劳动，共同占有生产资料，平均分配，"共寒其寒、共饥其饥"①，实行原始公有制，私有财产尚未出现。

　　新石器时代大致相当于九代玛桑到萨让杰楚时代。卡若文化（约公元前 3500—前 2500 年）大致相当于藏史所记载的九代玛桑时代到贡布九兄弟时代。卡若遗址中，房屋出现简陋与富裕之别，墓葬陪葬品种类、质地和规模也有不同，反映出家庭之间的财富差别。曲贡文化（约公元前 2200—1500 年）大约在萨让杰楚时代、十二邦国时代，此时，成型工具和磨制石器大量出现，陶器广泛应用，出现引水渠和灌溉工具，说明农耕是其主要经济生活方式，剩余财产更加丰富，贫富分化进一步加剧。这一时期，随着生产工具改进和生产力发展，西藏原始社会已逐步过渡到父系氏族社会，已形成家族和家庭，并出现家族、家庭和个人的私有财产和私有制，私有财产不仅数量增多，而且贫富开始分化。

　　青铜时代大致相当于藏史所记载的十二邦国时代到象雄王朝和雅隆部落时期。此时，西藏进入小邦时代，相继出现了"二十五小邦"、"十二小邦"以及"四十小邦"等②。这些小邦是一些分散的、互不统属的

---

① 《尉缭子·治本》。

② 《汉藏史集》，西藏人民出版社 1986 年版，第 81 页。

部落和氏族，如象雄、藏、罗昂、森波、吉、贡、娘、达、亚松等，分布范围很广，几乎遍及青藏高原大部分地区。"这些小邦喜欢征战残杀，不分善恶是非，一旦获罪便投入监狱。四边之王（指汉地、印度、大食、格萨尔）时常侵害……（小邦）战胜不了他们，以至吐蕃地方兵员日减，欲迁往别处，各小邦又不允许，于是只好不住平坦大地而去占据坚实山崖，饮食不济，饥渴难忍，吐蕃地方陷入极度的痛苦之中。"① 反映出青藏高原各氏族和部落之间，为争夺食物、草场和水源、财产、人口等，彼此战争，是私有制进一步强化的表现，是阶级、国家和法律产生的前夜。

公元前3世纪左右，聂赤赞普被拥立为王。他以苯教立国，重视农牧业生产，修建桥梁、提高冶炼技术、烧制瓷碗，制定法律，制定农田税和牦牛税，再次厘定度量衡等，使雅隆部落实力大增，迅速在青藏高原崛起。之后，历代赞普进一步发展经济、建立制度。雅砻部落的政治活动反映出通过公共权力发展经济、提升军事实力，公共权力已经形成，国家管理初步实践，子孙世袭的赞普制度开始形成。藏史中记载，第七代赞普止贡被臣子杀死，次子布岱贡杰夺回王位，为其父举行隆重葬礼、修建陵墓，不仅反映出统治集团内部争权夺利，厚葬和陵墓也反映出私有财产的积累和丰富。此时，部落头人和望族世家有可能占有更多财富，战争也为战胜者提供俘虏和奴隶，藏族原始社会解体，阶级和等级形成，出现公共权力统治和王位世袭制，私有制和私有财产普遍存在，国家与法已经初步形成。

国家与法的出现是私有制产生和发展的结果。恩格斯认为，"希腊人在他们出现在历史舞台上的时候，已经站在文明时代的门槛上了……希腊人的氏族也绝不再是易洛魁人的那种古老的氏族了，群婚的痕迹正开始显著地消失。母权制已让位给父权制；正在产生的私有制就这样在氏族制度上打开了第一个缺口"。② 藏族原始社会也经历了同样的进程，新石器时期中晚期，部落、家族、家庭和个人开始拥有私有财产并出现财富差别，农田、草场、生产工具、牲畜、粮食等生产生活资料是主要的财产形式，产品交换开始出现，规范财产关系的习惯已经出现。

---

① 黄颢：《〈贤者喜宴〉摘译》，《西藏民族学院学报》1980年第4期。
② 《马克思恩格斯选集》第3卷，人民出版社1995年版，第95页。

（二）从习惯到习惯法——藏族古代财产观念和规范的产生

私有制和私有财产是藏族社会进入国家阶段的推动性力量。藏族社会法的产生，尤其是民事财产法的产生，也大体遵循着由习惯到法律的演变过程。习惯与习惯法是调整原始社会社会关系的基本规范，它包括人们在长期生产生活中形成的风俗习惯、祭祀与神灵崇拜习惯、原始宗教习惯与伦理道德规范、生产生活规范和商业禁忌等。习惯包含着具有普遍约束力的权利、义务内容，并与原始图腾崇拜、宗教信仰、伦理道德、风俗禁忌等密切联系，形成对氏族成员行为的调整和规范。首先，禁忌是远古人类生活重要的社会规范，是藏族古代法的渊源和形式之一，是在长期生活中形成的具有强制力规范，实际上起到了法的作用。藏族史前社会经历了长期的氏族社会发展阶段，调整氏族成员关系的是人们在长期生产生活中形成的习惯，而习惯法中保留着大量原始社会的习俗、禁忌。从考古材料、汉藏史料看，藏族史前社会存在类似禁忌的社会规范，如卡若遗址中未见到鱼骨，据专家推测是因为藏族远古人类可能忌食鱼肉，这与今天大部分藏族人不食鱼的禁忌一致。其次，习俗也是藏族古代法的渊源之一。《后汉书·西羌传》记载，当时青藏高原居民"其俗氏族无定，或以父名母姓为种号。十二世后，相与婚姻，父没则妻后母，兄亡则纳寡嫂，故国无口寡，种类繁炽。不立君臣，无相长一，强则分种为酋豪，弱则为人附落，更相抄暴，以力为雄。杀人偿死，无它禁令。其兵长在山谷，短于平地，不能持久，而果于触突，以战死为吉利，病终为不祥。堪耐寒苦，同之禽兽。虽妇人产子，亦不避风雪"。这些习俗为氏族成员所遵守，对社会分工、家庭关系、婚姻关系、亲属制度、财产关系等产生规范作用。

氏族社会晚期，随着私有制、私有财产的出现，原始氏族公社解体，藏族社会向阶级社会转变，随之而来的是调整和规范社会的主要规范由习惯发展到习惯法。藏族社会小邦统治时代的"十二小邦"、"四十小邦"等，各自割据一方，占山为王，"在各个小邦境内，遍布着一个个堡寨"①，"此时西藏仍被小邦统治，不能抵抗四边大王，产生三舅臣四大臣及父民六族，由二位智者顶礼王者"，公共权力、官吏及政治制度开始出

---

① 王尧、陈践：《敦煌吐蕃历史文书》，民族出版社1980年版，第161—162页。

现。《贤者喜宴》记载，"上述诸小邦喜争战格杀，不计善恶，定罪之后遂即投入监狱，四边诸王时而压迫伤害"，说明虽然没有统一完整的法律规范，定罪标准也各自不同，但是，对氏族产生规范作用的习惯法已经出现，氏族首领执行法律，监狱已经出现。

公元前3世纪左右，"吐蕃六牦牛部"推举聂赤赞普为雅隆地方部落联盟的首领，开始制定法律和设置行政机构。据《五部遗教》载，聂赤赞普针对"偷盗者、怒气、敌人、牦牛、毒和诅咒"，采取"对偷者治罪，对怨怒者施以仁慈，对敌人加以压服，对牦牛予以管束，以药除毒以及消解诅咒"等措施治理。《德乌教法史》记载："（王臣于是）到雍布拉康宫，在原本的夏仓（ཕྱག་ཚང་།）——庐（ཞོ）和雅（ཡོག）的基础上，在青瓦达孜宫于九重白布围护中，以神的教义为法，产生了仲、德乌和苯（三者与法相辅相成），各种神奇智慧之想法出现，制定了桑缀南森（གསང་སྟོན་རྣམ་སེངྒེ）的议事会。以两种惩罚形式和五种褒奖方式制定吐蕃的法律，根据王谕分别授予九种告身和八种英雄称号，世上四方的国王于是向聂墀赞普进贡。"聂赤赞普已有辅助执政"夏仓"官员，反映出已初步形成官吏管理制度。赞普还召集众臣到青瓦达孜宫秘密协商制定法律和健全机构等，采纳苯教教义、习惯等为法律，设立刑罚和奖励执行法律，还设立议事会为最高的行政机构和司法机构。赞普是最高权力机构，议事会根据赞普的命令对吐蕃政治、经济、军事、宗教、法律和文化等方面进行研究和管理，议事会内部按职责不同分为三个机构：泽拉康（གཙོ་ལ་ཁང་།）主管苯教祈神驱邪、传承历史（仲）、启发民智（德吾）等宗教和文化事务，还设立管理执行奖惩的行政管理机构和授予告身和英雄称号的军事管理机构。《拉达克王系》也记载："聂赤赞普之时，以四成部保卫赞普，'桂东岱'四十四部征服外敌，'庸东岱'四十四部管理内务，于四哨所设哨卡，并以八队军旅征伐哨所之敌。于容多以二十二甲士保卫仓库，十二商市献来财宝，以好坏之奖品区别智勇，恶者惩罚罪责，杜绝欺诈之源，对于五种贤慧者以金玉及告身奖之，对于五类勇者饰之以狮、虎、五种骑士乘马奔驰。"[①] 这些记载反映出，聂赤赞普时期吐蕃已设立官府、军队等公共权力机构，制定法律、惩治犯罪，管理经济、设立市场，奖励忠勇、惩罚罪责，对外进行战争统一周围诸部，

---

① 群宗:《拉达克王系》，西藏人民出版社1989年版，第27页。

发展农牧业生产，国家已经开始形成并粗具规模，政治、法律和行政管理制度已具雏形。

聂赤赞普之后到松赞干布之前，以宗教、风俗等为主的习惯法仍是藏族社会的基本规范。朗日论赞时期，雅隆部落日益强盛，社会出现许多经济纠纷与社会管理问题，为此，习惯法规范更加丰富：人与人之间、部落之间常用"盟誓"来建立和巩固彼此关系；对危害社会成员财产和生命安全、破坏社会秩序的行为开始处以死刑、监禁、放逐、没收财产等刑罚；开始计算田亩、牲畜并按规定征收赋税。达布聂塞赞普时期，"始有升斗，造量具以秤粮油，贸易双方商议互相同意的价格"①，《隋书》也记载，苏毗"尤多盐，恒将盐向天竺兴贩，其利数倍……时西域诸蕃，多至张掖……交市"②，商品买卖活动日渐频繁，契约、借贷等民事财产行为较为常见。人身赔偿也见诸史料，史载韦氏和娘氏两家族成员因格斗杀人，受害方家属向森波杰提起诉讼，提到"臣之弟为线氏杀害矣，应如何赔偿抵命？"③综上可见，松赞干布以前，雅隆部落已经有了较为成熟的习惯法，其中有关民事财产方面的习惯法开始增多，如买卖、借贷的习惯，将牲畜作为主要财产形式并对其征税，对西藏社会起到了规范作用。

此外，宗教教义也成为习惯法的重要内容。《协玛》记载，"苯教法早于国法"，苯教仪轨和戒律在西藏社会发挥着法的规范作用。《吐蕃王统世系明鉴》记载："自聂赤赞普至墀杰脱赞之间凡二十六代，均以苯教护持国政。"《贤者喜宴》则记载，赞普拉托托日年赞以前"凡27代，均以仲、德、苯三者司政"，即代表寓言、神话、故事的"仲"和代表谜语的"德"以及原始宗教苯教的"苯"三者，在当时经济、社会与政治活动中发挥着举足轻重的作用。所谓以"仲"司政，就是以故事、寓言、神话的形式向人们讲述历史，解释自然社会现象，从而总结经验和教育后人；"德"是以谜语的形式对自然和政治生活中的问题做出解释和预测，以安定民心；"苯"即西藏原始宗教，有一套理论和仪式，用于"下

---

①　黄颢：《〈贤者喜宴〉摘译》，《西藏民族学院学报》1980 年第 4 期。

②　［法］安娜－玛丽·布隆多根据《苯教密咒》的传说写成的莲花生传及其史料来源。

③　陈国光：《青海藏族史》，青海人民出版社 1984 年版，第 112 页。

方作镇压鬼怪、上方作供祀天神、中间作兴旺人家"①。仲、德、苯三者司政，表现出西藏社会中的习惯已转变为习惯法，并与国家强制力结合形成强制性规范。

二　吐蕃王朝时期——藏族古代财产法的初创

吐蕃王朝时期是藏族古代财产法的初创期。从公元 630 年松赞干布建国到 869 年朗达玛被弑，吐蕃王朝经历了 300 多年的风雨。这一时期，吐蕃疆域广袤、国力强盛、政治地位显著，是藏族古代社会、经济和文化发展的重要时期，是藏族古代法制初创和初步发展时期，也是藏族古代财产法的初创期。政治上，吐蕃王室统一青藏高原，建立比较完整的政治、经济、社会、行政、军事制度，通过联姻、会盟等形式与唐朝和其他邻国、政权建立密切的经济与文化交流，为藏族社会的发展与进步奠定了基础；文化上，修订藏文，引入佛教，建立寺院并逐步推广寺院教育，翻译大量佛经，同时，引进印度和汉地的文化，促进了吐蕃文化的发展；法律制度上，吐蕃王朝开辟了制定成文法的先河，国家制定法得到迅速发展，其中，出现了买卖、侵权赔偿等财产规范，藏族古代财产法得以创立并得到初步发展。

吐蕃王朝的立法活动主要集中在王朝初期的松赞干布、芒松芒赞和王朝中期赤松德赞三个阶段，其中有许多有关民事财产的法律规范。另外，传世的历史文献和近年来众多的出土资料为研究这一时期的藏族财产法提供了大量的素材。虽然缺乏系统的、直接的材料对当时财产法进行全方位研究，但是，这些文献也足以说明吐蕃王朝时期藏族古代财产法的基本原则（按时履约）、基本制度（如命价赔偿）等已经形成，并得到初步发展。

（一）松赞干布时期成文法中的财产法规范

松赞干布以前，各部落已经有了各自的习惯法。松赞干布即位后，非常重视立法，认为"昔因无法，众邦离散；而今如仍无法可循，罪行

---

① 刘立千：《土观宗派源流》，西藏人民出版社 1984 年版，第 194 页。

必将猖獗，我民必陷苦海，故立法势在必行"①。他与臣属百姓商议讨论制定法律，《德乌教法源流》记载："以王之救谕作为议商之原则，以集体之言论作为商议之友。"还借鉴周边部落的习惯法规范，"自北方霍尔、回纥取得法律及事业之楷模"，向"北方霍尔及玉恪热等地取效法律及各种政务之施设"②，并结合吐蕃原有习惯法，创制出一系列的法律规范，其中也有关买卖、借贷、赔偿等方面的财产法律规范。

1. 《神教十善法》中的财产规范

《神教十善法》是松赞干布时期颁行的法律之一。松赞干布即位之初采用"安居一宫"、无为而治的策略发展经济、建立制度，对此，臣民不解，松赞干布解释道："往昔吐蕃应立法而未立法，故分裂为十二藩帮。若今后仍无法可依，必将招致罪孽横生、祸患无穷，殃及我甥舅子臣万民"③，为"使善者有所功，恶者有所戒，抑强扶弱，设四部禁卫"④ 制定"十善法"。松赞干布将佛教"十善法"——不杀生、不偷盗、不邪淫、不妄语、不离间、不恶语、不绮语、不贪、不嗔、不邪见纳入《神教十善法》，规定：

> 从今往后，凡我治下臣民，须不杀生，杀人者偿命价千金；不偷盗，偷盗者退赔赃物；不抢人，抢人者偿还原物；不奸淫，奸淫者科以罚金；不妄语；不两舌；不绮语；不贪心；不嗔心；不邪见。但凡有违之者，均科以相应的处罚。⑤

《神教十善法》制定民众行为规范的准则，以佛教所主张的皈依"身、语、意"三宝为精神指导，确立了法律规范"治身"、"治言"、"治心"的要求。有学者认为《十善法》、《十六净法》等带有明显的佛教色彩，可能是后人对吐蕃早期立法的一种附会。尽管如此，《神教十善法》标志着吐蕃社会从部落联盟过渡到国家。其中，"杀人者偿命价千金"、"偷盗者退赔赃物"、"抢人者偿还原物"是侵权赔偿制度的雏形，

---

① 巴俄·祖拉陈哇：《智者喜宴》，民族出版社1986年版，第184页。
② 参见萨迦·索南坚赞《西藏王统记》，民族出版社1981年版。
③ 阿底峡尊者发掘：《西藏的观世音》，卢亚军译，甘肃人民出版社2001年版，第110页。
④ 萨迦·索南坚赞：《西藏王统记》，民族出版社1981年版，第74页。
⑤ 阿底峡尊者发掘：《西藏的观世音》，卢亚军译，甘肃人民出版社2001年版，第110页。

"不贪心、不妄语、不邪见"对买卖、借贷等民事财产行为产生一定的指导和规范作用，确立了藏族古代财产法的基本原则。

2.《法律二十条》中的财产规范

《法律二十条》是松赞干布颁行的第一部比较完整的成文法，对藏族社会各方面进行调整，是历代赞普立法的基础。

针对当时西藏各部落各自为政、分散自立的状况，松赞干布指出："往昔……吐蕃没有统一的法规，各邦、诸侯部落各居一方征战，民不聊生，忍受痛苦。如果现在仍无统一的法律，我的臣民再受痛苦"[①]，为安定社会、巩固统治，"现在必须制定国家长治久安的一条大法"[②]。因此，"以十善为依，于吉学雪玛拉，制订法律二十条"[③]，其内容是：

> 制立善礼，争者罚援；杀人者以大小论抵，窃盗者罚偿八倍，并原物九倍；奸通者，断其肢体，流之异方；谎言者，断其舌。更令饭依三宝，虔敬信解；报父母恩，孝敬侍养；勿忤尊长，以德报德；勿与贤流贵胄争；一切事行，随顺长者；学习正法文字，了达其义；信业、因果，戒绝恶行；心邻互助，勿作侵害；品行端正，如对神明；酒食有度，行为有耻；如期还债，勿用伪衡量器。勿存作非法非礼之念，于定谋时，勿听妇言，要自建立；若值是非难明，应请地抵护法作证，而发以誓言。[④]

《法律二十条》以佛教戒律为指导思想，将佛教教义规范与藏族伦理规范纳入法律，将习惯与禁忌、宗教与道德、刑事与民事、实体与程序等融为一体，是诸法合体的藏族早期法典。其中，规定了对待财产的正确态度和原则——"要钱财知足，使用食物与货物务期适当"；处理买卖、借贷等民事法律关系的基本原则——"要如约还债"；买卖、借贷货物时"要斗称公平，不用伪度量衡"。[⑤] 这些内容反映出，随着经济的发

---

① 恰白·次旦平措：《西藏通史——松石宝串》，陈庆英等译，中州古籍出版社1996年版，第48页。

② 同上。

③ 萨迦·索南坚赞：《西藏王统记》，民族出版社1981年版，第74页。

④ 同上。

⑤ 转引自黄奋生《藏族史略》，民族出版社1985年版，第71—72页。

展和对外交流的频繁，买卖、借贷、诉讼等民商事活动在西藏社会已经较为普遍，吐蕃王朝开始对民事活动进行法律规范。这些民事财产法律条文虽然较为零散、简略，但是，相对于《神教十善法》而言，《法律二十条》已出现刑法、民法、诉讼等部门法的分野，将最为常见的契约、债务和公平原则等民事财产内容纳入制定法之中，是藏族古代财产法的初步发展。

3. 《入教十六净法》中的财产规范

《入教十六净法》也是松赞干布制定颁行的基本法律之一，由宗教戒律、道德规范和原始习惯混合而成，涵盖领域广泛、内容丰富。《入教十六净法》包括敬事佛法、修身养性、崇尚孝道、慈善仁义、尊重知识、积极精进、勤俭节约、知恩当报、取财有道等 16 个方面，对为人处世、宗教生活、家庭关系、邻里关系、社会经济生活等方面提出具体要求，为藏族社会生活提供了一种行为准则和道德标准，对社会生活各方面产生了一定影响力和约束力。其中，"饮食有节，货财安分"提出对待财富的克制和节欲，"及时偿债，秤斗无欺"① 则是买卖、借贷等民事活动的基本准则。

4. "吐蕃基础三十六制"中的财产规范

松赞干布统一吐蕃后，制定以《六大法典》为核心的《基础制》，称《吐蕃基础三十六制》。这次立法是西藏历史上第一次有据可考的大规模立法活动，为此后历代立法的基础。《吐蕃基础三十六制》是一部诸法合体的综合性法典，其内容涉及行政管理法、军事管理法、刑法、诉讼法、度量衡法等，包括六大法典、六大商议原则、六级褒奖、六种标志、六种告身、六种勇饰等六部分。六大法典是该法典的核心，对吐蕃王朝行政区划、军事管理、职官制度、道德规范、度量衡标准、诉讼制度等分别进行规定，包括六六大计法、度量衡标准法、伦常道德法、敬强护弱法、权威判决之法、内库家法等六部分。其中的财产规范有：

第一，度量衡标准法，属于民商事财产法和经济管理法范围。对粮食、酥油、金、银等财物的衡量标准统一规定为升、两、普、掬、钱、分、厘、豆等，以便于规范产品交换的度量标准，对推动吐蕃经济和商业贸易发展、规范西藏社会农牧业、手工业产品交换起到了一定作用。

---

① 阿底峡尊者发掘：《西藏的观世音》，卢亚军译，甘肃人民出版社 2001 年版，第 121 页。

第二，伦常道德法，设定了人的行为规范和道德规范，分法律 15 条、七大法律、在家道德规范 16 条等三部分。其中，七大法律中的不杀生法和断偷盗法是财产法规：

> 不杀生法：杀伤人的刑法，分死命价与活命价两种，相互间发生争斗或骚乱而杀人，或者因其他原因使人死亡，将此类称为"死命价"。杀人者必须赔偿死人的祭礼和墓葬所需的费用，为赔偿亡人之命，必须交付费用弥补亏耗。"活命价"是指在骚乱之中致伤或其他原因造成的伤害，必须交付受伤者医疗费以弥补亏损。在偿付死、活命价时，要参考受伤人的地位高低，然后才能决定赔偿的粗略数额。命价标准、赔偿医疗费标准，规定用金、银，实际成交时允许用银子替代纳金。

> 断偷盗法：即惩治盗匪的刑法，如果偷盗佛殿与三所依（佛像、佛塔、佛经）之财宝，判以百倍赔偿。若盗君臣的财物，以八十倍赔偿。若盗庶民之财物，则赔偿所偷物的八倍。判处聚众骚乱盗窃他物的主犯死刑或流放。①

不杀生法首次通过立法确立命价赔偿制度。规定，伤人或杀人后，受害者一方不得向加害方复仇，而加害人要根据受害人地位高低不同，给予受害人相应的死亡赔偿金或伤害赔偿金，即"命价"制度。同时，该法还规定了命价的支付方法和支付形式。断偷盗法是以惩罚性赔偿对偷盗行为进行处罚的法律，规定根据被盗财产的不同，赔偿的标准也不相同。

在家道德规范 16 条，主要立足于个人道德修养，通过法律维护社会秩序，其中"饮食有节，货财安分、秤斗无欺"的买卖、借贷等民事活动的基本观念。

《吐蕃基础三十六制》是吐蕃王朝初期立法中最完善、最重要的成文法律，其中的财产规范，不仅规定了买卖、借贷等民事契约的基本原则，也确立了人身损害赔偿的赔命价制度，是藏族古代财产法发展的重大成果，为后世藏族财产立法奠定了基础。

---

① 巴俄·祖拉陈瓦：《贤者喜宴》，民族出版社 1986 年版，第 425—426 页。

（二）芒松芒赞时期吐蕃三律中的财产法律规范

松赞干布去世后，芒松芒赞（637—676）即位，大相噶尔·东赞域宋辅政。随着吐蕃疆域扩大，国家管理日趋成熟，法律问题日益增多，为适应新的政治、经济、军事等情况，吐蕃王朝进行了更为细致、完整的立法。《敦煌本吐蕃历史文书》记载："及至兔年（公元655年）赞普（芒松芒赞）居于美尔盖，大论东赞于'高尔地'写订法律条文。"

1. 吐蕃三律中的财产规范

敦煌古藏文写卷中的 P. T. 1071 号《狩猎伤人赔偿律》（简称《狩猎法》，全卷）、P. T. 1073 号《纵犬伤人赔偿律》（残卷）、P. T. 1075 号《盗窃追偿律》（残卷）是这一时期十分重要的法律文书。《狩猎伤人赔偿律》、《纵犬伤人赔偿律》、《盗窃追偿律》，三篇律例文书共两万余字，这三部律例虽发现于敦煌，但从内容上看，是吐蕃王朝制定并在西藏及占领区实施的基本法律之一。律文以法律的形式，对狩猎伤人、纵犬伤人和盗窃行为的损害赔偿进行严格的规定，是藏族古代财产法的重要成果之一。由于吐蕃王朝法律资料大量佚失，敦煌发现的这三份吐蕃王朝重要的律例文献，为研究吐蕃时期法律制度和财产法提供了极有价值的资料。

《狩猎伤人赔偿律》的主要内容有：第一，该律文规定了因狩猎致人死亡、伤残的处罚方法，并按照被害人的身份、地位高低不同规定了九等二十二级，命价从10000两银到50两银不等的赔偿金额，即"命价"。第二，该法规定，对受牦牛伤害者应强制救援，否则要处罚见死不救者，还要对距离受害者最近的人挂狐皮以示其为懦夫，其余的人要按规定处以罚金；同时，规定援救方应根据被援者身份高低不同得到不同的奖励。另外，还规定援救者因救助被牦牛伤害者受伤甚至死亡的情况，被救者家庭应给施救者家庭一定酬答，救人者不因未成功救出被救者而受惩罚，多数人救人时都应得到奖赏。第三，规定猎获猎物的分割标准。该法规定根据猎物的大小及实际射箭的先后次序来决定猎物的分配，还对多人狩猎而产生的猎物分配纠纷进行规定。

《纵犬伤人赔偿律》是关于纵犬使人受伤或死亡，或纵犬惊吓马或牦牛而受到伤害的赔偿规定。该法规定不同身份的当事人因纵犬伤害应按照身份高低不同进行赔偿，还规定加害人性别不同，则赔偿项目和金额也不同。

《盗窃追偿律》是根据盗窃对象身份差异和赃物数量多少规定的赔偿标准，该法确定了对抓贼者的奖励办法，还规定对实施盗窃者依据盗窃的数量及主、从犯不同以及盗窃方式不同，则处罚和量刑各有不同。本法还对盗窃特殊物品，如青稞、佛像等规定了专门的处罚。

从内容上看，这三部律例已脱离佛教教义和道德规范，将吐蕃狩猎、游牧生产方式下的法律关系通过法律规范加以调整，其中涉及禁止性、义务性、许可性和引导性的规范内容；虽然采用成文法的律令形式，但很多规范是从部落习惯法发展而来，保留了一些原始习惯法的特征，如对母系血统氏族头人的尊重，对原始氏族、部落习惯如血亲复仇、神明裁判和宣誓等的保留，严峻残酷的刑罚等。从形式上看，这三部律例采诸法合体的形式，既有刑事法的规范，又有民事法的规范；既有实体法的内容，又有程序法的内容，如《狩猎伤人赔偿律》规定必须有 12 个证人及其本人共 13 人，共同起誓作证。

《狩猎伤人赔偿律》、《纵犬伤人赔偿律》、《盗窃追偿律》，其内容主要涉及与人们最密切相关的生产生活，事关狩猎、牦牛伤人、纵犬伤人、盗窃等基础法律事务，法律条文细致具体，操作性很强。同时，三部立法成果既相互衔接，又表现出动态的发展演进，彰显出藏民族和立法者的高超法律智慧。三部法律补充和细化了松赞干布时成文法的财产规范，对人身损害赔偿的适用情况、不同等级之人的命价赔偿标准进项了详细的列举和说明，可被视为人身损害赔偿的特别法，是藏族古代财产法向前发展的重要标志。

2. 其他法律中的财产规范

除吐蕃本部以外，吐蕃占领区也适用吐蕃王朝制定的法律。吐蕃军队 786 年占领敦煌等地 62 年，将敦煌地区的人民按吐蕃建制编制部落，并使用吐蕃本部的法令。吐蕃写卷文书 P. T. 1077 号《督都为女奴事诉状》中多次提到"吐蕃律令"、"吐蕃法令"，说明"吐蕃在新占瓜沙一带颁行了律条"。另据《敦煌古藏文写卷》P. T. 1047 号、1055 号中"吐蕃卜辞"和 P. T. 1283 号、P. T. 2111 号《礼仪问答写卷》中均提及，对复仇案件"可依复仇律行之"和"仇杀案件处理的律条"，说明在敦煌地区对复仇案件已有专门的法律为依据，这也和《狩猎伤人赔偿律》中提到的"如誓词属实，其处置可与《对仇敌之律》相同"吻合。

（三）赤松德赞时期的财产规范

赤松德赞时期，吐蕃王朝的政治、经济和军事实力达到巅峰，"风俗纯良，国政弘远，王统领了天地之间的疆土，为直立众生与俯行兽类之君长，政绩崇巍，堪为人之楷模也"①。赤松德赞改革内政，进一步完善吐蕃官制，厘定法律，严格等级制度，明确贵族与属民界限，强化吐蕃奴隶制；发展经济生产，仿照唐制设置诸道节度使，屯军耕牧，促进农业畜牧业发展，改善人民生活，大力发展吐蕃医学；他崇佛抑苯，建寺译经，先后两次颁行兴佛诏书，诏令吐蕃全民奉行佛法，还推行"7户养僧"制度，任命佛教僧人为僧相，开僧人参政先例，对藏族社会、文化和历史产生重大而深远影响。

赤松德赞时期，吐蕃王朝法律制度和司法制度趋于完善和成熟。首先，赤松德赞进一步修订松赞干布时的"入教十六净法"和"十善法律"，规定"应将王室与属民加以区分；敬奉三宝；尊敬长者与贵胄；在言谈举止方面应有良好的办事方法及成就；应广泛推行光祖之善业及作为褒扬用的告身等贵族规制"②。其次，赤松德赞还制定"九双木简"、"三喜法"、"没庐氏小法"及"赔偿命价法律"等一系列法律。其中，与民事财产有关的有"医疗赔偿命价标准法"，即所谓"九双木简"。该法在松赞干布"不杀生之法"基础上，对赔命价、赔血价的赔偿规则具体化，确立命价诉讼的程序，即"在裁决诸种命价时，将双方诉讼的起始情况写成文书，并写出真实确切的命价等"③，还具体列举不同身份的人的命价标准。其中，对赔偿命价和医疗费的规定尤为详尽：

> 应大贡伦无以伦比，如果杀之，则当赔偿命价一万一千；次贡伦与大内相两者相同，故各自命价为一万□小贡伦，次内相及决断大事三者相同，故命价均为九千；低级内相与次决断大事相同，其命价均为八千；小噶伦命价为七千；如是，属民至最低属民之间，

---

① 详见巴卧·祖拉陈哇《贤者喜宴》，黄颢译，中国社会科学院民族研究所，1989 年。
② 同上。
③ 同上。

亦逐一确定（命价），并定为法律文书。①

《没卢氏小法》，是王妃没卢氏绛秋制定的法律，"教导男人行男性礼节，教导女人行女性礼节。并令富豪放债、于天地中树立卜石、又规定秋春之间的（季节时间）相等"②。

赤松德赞提出"赞普本身如果不维护法律，那么就不能对庶民执行法律"③ 的开明思想，通过对吐蕃前期财产法律的修订和完善，使"命价赔偿法律"更加具体、规范，是藏族古代财产法的发展阶段。

综上，吐蕃王朝时期，从松赞干布的《十善法》、《入教十六净法》、《法律二十条》和《吐蕃基础三十六制》，到芒松芒赞的《狩猎伤人赔偿律》、《纵犬伤人赔偿律》、《盗窃追偿律》及赤松德赞制定"赔偿命价法律"等成文法律，开创了吐蕃王朝统一法制的历史时代，其中的财产法规范也是藏族古代财产立法的重要内容，对实现吐蕃社会安定、经济发展发挥了巨大作用，是藏族古代财产法的创立并初步发展的重要阶段。

三　分裂割据时期——藏族古代财产法的发展

吐蕃王朝晚期，赞普郎达玛崇苯灭佛，使佛教势力受到沉重打击，郎达玛被杀，战乱导致爆发大规模民众起义，吐蕃王朝崩溃，西藏社会四分五裂。《贤者喜宴》记载："吐蕃本土经历两个派系彼此火并内讧，日趋支离破碎，境内各处每每分割为二，形成了大政权与小政权、众多部与微弱部，金枝与玉叶，肉食者与谷食者，各自为政，不相统属。"④《宋史》也记载："其国亦自衰弱，族种分散，大者数千家，小者百十家，无复统一矣。自仪、渭、泾、原、环、庆及镇戎、秦州既于灵、夏皆有之，各有首领。"⑤ 至13世纪初，西藏境内逐渐形成若干大小不等、僧俗结合的地方割据政权，各自为政、不相统摄、分裂分治，"每条山沟都有

---

① 黄颢：《〈贤者喜宴〉摘译》，《西藏民族学院学报》1980 年第 4 期。

② 同上。

③ 同上。

④ 同上。

⑤ 《宋史·列传》。

一个官、每个官都建造一个强固的堡垒各自管辖当地属民"①。

分裂割据时期，全藏没有统一的政权和法制，各割据政权在沿用吐蕃王朝时期法律制度的同时，大都按照各自的习惯法管理辖区、解决纠纷。第一，卫藏地区除吐蕃王室后裔建立的拉达克、古格、布让和亚泽王朝及雅隆觉沃王朝外，较大的有萨迦、帕木竹巴、直贡、蔡巴等割据政权，"卫藏割据政权，大都是一个教派和一个家族建立起独立王国。在这些小国的势力范围中，衙门又对下属和附属部落首领自主决定各种职权和职位，制定成文或不成文的法律法规。小国所属范围在政治、经济、军事、外交等方面享有很大的独立性"。② 第二，安多地区主要有凉州六谷部、唃厮啰等政权。凉州六谷部政权是以凉州为中心形成的藏族部落联合政权；唃厮啰政权是在宗喀地区（今甘青地区河、湟、洮流域）由吐蕃赞普后裔欺南凌温联合湟水流域的宗哥诸部落建立的部落联盟。唃厮啰政权非常重视法律，"下部汉地是重视法治之地，能秉公执法的那个人，就是那宗喀嘉保"③。第三，康区较大的有白利旺、德格王、囊欠加布、结唐王等地方政权。各政权以部落制度为基础、宗教势力为依托，以习惯法为主要规范。同时，藏区各割据政权逐渐与佛教各教派力量结合，发展出政教合一的政治统治方式，造成地方性法律、世俗习惯法和宗教习惯法并行，形成几乎"一条沟有一套法律"的状况。

吐蕃王朝崩溃后，王室解体、国土分裂，私有土地大量出现，平民和农奴转化为既有土地所有权又有人身自由的自耕农，一些大贵族的后裔，如款氏、阶氏、噶氏、朗氏等占有当地草山、牧场、庄园等则成为领主④。《米拉日巴传》记载，米拉日巴用黄金和货物购买了邻居俄码家一块肥沃的三角地，成为地方上有声望的人家；家里为支持米拉日巴外出学法，将母亲的陪嫁田卖了一半作为学费；米拉日巴的祖父用黄金和其他商品购买了一个名叫倭尔马人"一块最好的三角田和该田旁边的一块可盖造房屋的地基"。⑤ 米拉日巴的姑母请求租种米拉日巴的土地，说"我替你种地，送给你粮食，好吗？"米拉日巴回答，"每月送给我一克青

① 王森：《西藏佛教发展史略》，中国社会科学出版社 1987 年版，第 23 页。

② 得荣·泽仁邓珠：《藏族通史》，西藏人民出版社 2001 年版，第 135 页。

③ 丹珠昂奔《藏族文化发展史》下册，甘肃教育出版社 2001 年版，第 716 页。

④ 王森：《西藏佛教发展史略》，中国社会科学出版社 1987 年版，第 31 页。

⑤ 刘立千译：《米拉日巴传》，四川民族出版社 1985 年版，第 22—23 页。

稞磨成的糌粑,其余的收入归姑母,土地就交给你了",① 这实际是土地租赁契约。《萨迦世系史》也记载,昆·官却杰波在仲曲河谷上部本波山"向地主交涉以摩尼珠贯等作代价",以一匹白骡马、一串珍珠和一套女装购买了"本波山边"一块"色白油润"的土地用以修建萨迦寺。② 这说明,贵族、领主和农牧民的土地可以自由买卖,也可以陪嫁、馈赠、抵押等方式处理给他人,民事法律关系非常活跃。

分裂割据时期,尽管经济发展不均衡,但这一时期的农牧业、手工业、商业等,与吐蕃时期相比仍然有较大发展。③ 伴随经济的发展,商品交换范围进一步扩大,土地、牲畜和土特产品可以自由买卖,在阿里的定日、聂朗和后藏的日喀则、古穆及拉萨形成了一定规模的商贸集市。《米拉日巴传》记载,米拉日巴靠经商积累财富,"儿子多吉森格经营商业,作大买卖时,冬天去南方的尼泊尔,夏天到北方的大牧场;做小买卖时,只在芒域与贡塘之间活动",还有借贷的记述,"舅父把从这块地上收获的青稞,尽量拿去放债,暗暗把它积累起来"。④ 同时,各政权非常重视发展农牧业和手工业、商贸活动,唃厮啰政权的河湟蕃商与西域各国、北宋等开展了频繁的商贸活动,主要商品有丝绢、茶叶、马牛、五谷、珠宝、香药和金银等,以茶、马、粮食交易为大宗,买卖、借贷等民事活动极为发达。由于分裂割据时期藏族法律文献的缺乏,以上记述从一定程度反映出藏族社会丰富的民间生活和经济活动,以及民间买卖、借贷等丰富的民事活动,民事财产法律关系非常丰富,买卖、借贷等藏族民事财产法得到发展。

综上,分裂割据时期,一方面吐蕃王朝制定法中的赔命价、赔血价等民事财产制度继续在西藏沿用,另一方面由于商贸活动和经济的发展,买卖、借贷、租赁、雇佣等民事活动较为频繁,契约制度不断发展,藏族古代财产法继续发展。

① 刘立千译:《米拉日巴传》,四川民族出版社1985年版,第22—23页。
② 王辅仁、索文清:《藏族史要》,四川民族出版社1982年版,第53页。
③ 参见杨惠玲《宋元时期西藏经济研究》,博士论文,暨南大学,2006年。
④ 刘立千译:《米拉日巴传》,四川民族出版社1985年版,第22—23页。

四　教派时期——藏族古代财产法的成熟

教派时代是从萨迦王朝（1265—1349 年）、帕竹王朝（1349—1618 年）、藏巴汗王朝（1618—1641 年）到甘丹颇章政权（1642—1951 年）。这一时期，西藏由分裂逐渐走向统一，各地方势力受到削弱，卫藏地区重归一统，多康等边远地区地方势力仍是当地的重要政治力量。同时，佛教势力取得了藏族社会政治、经济和文化上的绝对地位，西藏地方政府确立了"政教合一"的政治体制，建立了中央政府统一管理和西藏地方政府施政相结合的双层治理模式。与之相应，元明清各代中央王朝根据西藏的实际情况，审时度势，因地制宜，确立和实施了各具特色的治藏政策和法律规范，保障和促进西藏社会秩序的稳定、国家统一和经济社会发展。这一时期，虽然萨迦、帕竹、第司、甘丹颇章等地方政权各自制定、颁布地方性法律，但总的来说，各政权制定的成文法在体系、内容、形式上基本一致，有很强的延续性、稳定性，而藏族古代财产法在这一发展过程中也走向成熟。

（一）萨迦王朝时期的民事财产法律规范

1240 年，西藏纳入元朝治下，结束了分裂割据的混乱局面，走向政教合一的教派统治时代。[①] 1260 年，元世祖忽必烈封萨迦派领袖八思巴为"帝师"，还将西藏 13 万户的政教大权赏赐予他，萨迦王朝建立。元代中央政权将国家立法及司法管辖权限延伸到西藏地方，据《红史》记载："元代西藏执行的法律实际上是元朝的法律。"《朗氏家族史》一书也说："从 1240 年蒙古军队入藏，就开始推行蒙古法度。"《智美更登》记载，智美更登因私自将镇国之宝施舍他人，君臣处理意见不一，说："现有藏与蒙法各一种，一匹马上两个鞍，施舍财物旧法允许今不许"，反映出当时法律深受蒙古法的影响。

蒙古法基本是由蒙古部落时代相沿为习的若干习惯法以及成吉思汗时陆续颁发的《札撒》构成，其中有很多财产规范，其中，"法令类"有税役义务及其豁免的规定；"行政法令"有保障商旅通行与安全的规定；

---

① 达仓宗巴·班觉桑布：《西藏史集》，陈庆英译，西藏人民出版社 1986 年版，第 276 页。

"财税类"有课税、礼品捐助和劳工的规定；刑法类中有保护财产、环境、牲畜的规定；"私法类"有家庭财产与继承的规定；"审判与诉讼程序"中包含民事诉讼的内容。

元朝政府对西藏地方政府的立法与司法活动采取宽活政策，规定西藏可以自行立法，允许西藏建立自己的法律体系与司法体系等。因此，萨迦政权根据西藏实际情况，通过颁布法旨等对西藏地方进行法律规制。其中，一些法令也对西藏财产关系进行规范，如第六任帝师仁钦坚赞在给乌斯藏宣慰使司、文武官员、僧俗大众的法旨规定：

> 经师昆顿、经师辇真班藏卜，所辖艾巴地方寺属庄园、僧徒、施主、弟子辈，诵经为皇帝祈祷，均应依照此先圣旨所谕：其辖下庄园及田、水、草三者，勿论何人，不得强取豪夺，不得破坏寺庙，谋取暴利，不得随意要求上级发给牌票，不得强行放债，不得挑起纠纷，不得强行饲养牛马，不得以农具、驮畜作抵押，不得滥用权力，因赐此法旨。敢有违者，奏知治罪。本寺僧众不得有违。

又如1307年，帝师相儿加思赐沙鲁寺（即霞鲁寺）法旨规定：

> 对于沙鲁寺西寺，不得征收兵差、食物、乌拉、不得征派差役赋税，不得收敛商税，粮税，不得住入佛堂、僧舍，不得征派牛马、乘畜、驮畜，不得抢夺牧口，不得强迫借贷及役雇，不得以农具什物作抵押。原归其所有之田地、水草等，不得侵占、抽调，不得仗势欺凌或挟嫌诬告。①

两件法旨都有"不得强行放债及役雇、不得强行饲养牛马，不得以农具、驮畜作抵押"的规定，对借贷、畜租、抵押、雇佣等财产法律关系进行规范。

此外，萨迦班智达·贡嘎坚赞（1182—1251）所写的《萨迦格言》，通过对人间百态和真、善、美与假、恶、丑的对比，宣扬萨迦派的治国主张、处世哲学、道德观念、佛教教义等，其中包含着许多财产方面的

---

① 《西藏地方是中国不可分割的一部分》，西藏人民出版社1986年版。

内容，如："债务的尾数和残余的敌人，残酷的刑法和恶毒的语言；横暴的家族和堕落的作风，不需倡导也会自然滋生。"其中提到"债务尾数"，说明如果不能即时偿债则会导致债务增多，"欠债还钱"则是天经地义的事；"海中的宝物虽然远也要购买，腹中的疼痛虽近也要治疗"则反映出商品买卖活动的必要性；"攒钱而吝啬的富人，攒钱而乐施的富人，他们本人及其后人，来世将有显著区分。如同医生将药物，配制饮食治病一样；遵循世间之法规，我把神圣佛法宣讲"①，虽然是劝人乐善好施，但也宣扬对待财富的正确态度。

（二）帕竹王朝时期的财产规范

1354 年，帕木竹巴噶举派受明朝政府册封，掌管西藏地方政教大权。帕竹政权建立后，依据吐蕃时期"十善法"，在萨迦政权颁行的法律基础上，整理、厘定地方习惯法，订立"十五约法"，即《十五法典》。

《十五法典》原文已亡佚，目前的史料尚无其内容的详细记载，《续藏史鉴》和《西藏王臣记》等仅记载其篇名。已出版的藏文版《西藏历代法规文献选编》中有两份关于《十五法典》的文献，一份名为《大司徒·绛曲坚赞时期制定的十五法典条目》，是参照萨迦及蒙古法制定的，指出《十五法典》以佛法为指导思想，"根据往昔西藏法王所制定的十善法戒，制定一种必须惩强扶弱、洞鉴真伪、分清皂白的法则"②。其内容包括英雄猛虎律、懦夫狐狸律、地方官吏律、听诉是非律、逮解法庭律、重罪肉刑律、警告罚锾律、使者薪给律、杀人命价律、伤人血价律、狡诳洗心律、盗窃追赔律、亲属离异律、奸污罚锾律、半夜前后律共 15 条。③ 另一份是《霹雳十五法典》，"霹雳"是对《十五法典》的修饰，说明《十五法典》影响之大如雷贯耳。《大司徒·绛曲坚赞时期制定的十五法典条目》和《霹雳十五法典》的条目基本一致，但在排序、内容等方面存在一些差异。《霹雳十五法典》第九条"平衡度量律"、第十条"多少清算律"、第十一条"损失平摊律"三条，主要是调整买卖、借贷

---

①　萨迦班智达·贡嘎坚赞：《萨迦格言》，王尧译，人民出版社 1959 年版。

②　周润年译，索朗班觉校：《西藏历代法规选编》，西藏人民出版社 1989 年版，第 146—184 页。

③　黄奋生：《藏族史略》，民族出版社 1989 年版，第 204 页。

及风险承担等民事财产规范及民事诉讼的相关规定①，反映出帕竹政权对民事财产法律规范的重视，而《大司徒·绛曲坚赞时期制定的十五法典条目》中则没有这几条。

《十五法典》中，"杀人命价律"和"伤人抵罪律"是杀人赔偿命价和伤人赔偿损失的具体规定，"盗窃追偿律"是要求盗窃者赔偿的规定，均涉及民事赔偿及免除责任、风险承担责任等，属于侵权损害赔偿的普通条款。"半夜前后律"是关于农牧生产、商业活动方面的法律，是财产法的特别条款。《十五法典》还对赔命价制度进行宗教阐释，指出"执行死刑是造孽行为，因为佛教认为伤害生命是一种恶行"，"尤其元代蒙古，杀人以命相抵为代表的法律规定使恶业越积越重，因此以先贤法王'十善'的优良传统为依据制定本法，只要求杀人赔偿命价，不允许杀人者偿命，而害死两条生命。为使吐蕃赞普以来的法律传统不受破坏，因此规定对杀人者罚交命价"。②

（三）藏巴汗王朝时期的财产规范

1618 年，藏巴汗政权建立，1621 年，藏巴汗政权被蒙古固始汗推翻。执政期间，藏巴汗政权在《十五法典》基础上，参照佛法、王法、私法和各地方立法并考察各部落习惯法，1631 年制定了《十六法》（也称《十六法典》）。

《十六法典》序言叙述了统治者的五大功业，护持佛法、礼待僧尼、编纂法典、减免力役物税等。正文分为英雄猛虎律、懦夫狐狸律、地方官吏律、听诉是非律、逮解法庭律、重罪肉刑律、警告罚镪律、使者薪给律、杀人命价律、伤人血价律、狡诳洗心律、盗窃追赔律、亲属离异律、奸污罚镪律、半夜前后律、异族边区律等十六部分，强调："事情无论大小，凡违背法律者，不论由谁作法官和中证人，都应毫无偏见地作出公正惩处。以三宝（佛、法、僧）作证，对正直者要给予支持，对狡诈者予以防备，对初犯者要让其安分，对犯罪者要大胆揭发，对无罪者要纵容放任。"③

---

① 参见杨士宏《藏族传统法律文化研究》，甘肃人民出版社 2004 年版，第 88 页。
② 《续藏史鉴》，刘立千译，成都华西大学华西边疆研究所，1945 年。
③ 周润年译，索朗班觉校：《西藏历代法规选编》，西藏人民出版社 1989 年版。

《十六法典》中有大量财产方面的法律规范。首先，《十六法典》通过佛教报应思想宣扬"杀生者寿命短，多行不义者多苦难；偷盗者人财两空"，倡导不杀生、不偷盗，还规定保护民事主体的人身、财产安全不受侵犯，如"杀人命价律"中说："如果命价太少，影响劝戒凶手即起不到惩处之作用；如果命价太多，凶手未能承受得了，地方众人亦会为此而发生争执，互不答理。倘若凶手交付不起，即会把人肉拿来作抵押品，由此会发生不安宁的动向"，因此必须订立适当的赔偿标准以实现惩罚加害人、抚慰受害人的目的。其次，"杀人命价律"、"伤人血价律"、"盗窃追赔律"是有关侵权赔偿的重要规范。"杀人命价律"和"伤人血价律"对侵害人身权的行为按照被害人身份高低规定了上中下三等不同的命价标准，"盗窃追赔律"则对侵害财产权的行为根据被盗窃一方身份高低规定了不同的罚赔标准，如偷盗赞普之财物者罚赔原物之万倍，偷一般人财物罚赔七至九倍不等。再次，"半夜前后律"是财产法的特别条款，涉及的民事财产内容相当丰富。一是借用驮畜、耕畜的交还与风险责任承担。若牲畜归还后前半夜死亡，借用人承担责任；后半夜死亡，主人（出借人）承担责任；过夜而死，主人不可诿罪于借者。就是说，风险责任的承担不是以所借物的交还时间为准，而是有一段观察期（分为前半夜、后半夜、过夜三个时间段）。二是店主在斗称上欺骗顾客，以变质肉食及破损物品出售，则要以物价1/3赔偿或退货并赔偿，而且可以旧账重算。三是烧毁他人之麦秸、木料，或在他人田地里乱灌水及拔青苗、放牲畜入田以及故意放牲口在他人牧场吃草等，均需赔偿并处罚。但昔日有协议者，仅给予象征性礼品费；若系牲畜自行进入草场或田地，则牲畜之主不必赔偿。以上二者，均系藏民在生产生活中经常发生的民事侵权行为。此外，该法还对风险责任承担、产品质量和欺诈、债权责任的追究及生态保护作了规定，如规定"无论马、骡、牦牛等何种家畜被人所借，若牲畜死于借者之手，则要赔付偿金"、"倘若店主在秤斗方面欺骗顾客，店主要以物价三分之一赔偿给顾客"。其法条密切联系实际，规定细致，很具操作性。最后，"异族边区律"对生活在西藏周边地区的珞巴、门巴、霍尔、蒙古等民族发生的杀人赔偿、牲畜伤人、狩猎规则、盗窃追赔等民事行为进行相关规定。

（四）甘丹颇章政权时期的财产规范

1642 年，五世达赖喇嘛建立政教合一的噶丹颇章政权，一直延续到西藏民主改革前。甘丹颇章时期，五世达赖喇制定《十三法典》（全称《五世达赖喇嘛时期的颂词十三法》），是这一时期代表性的立法成果。根据藏族社会发展和统治者需要，在《十六法典》基础上，于公元1653—1654 年间①完成《十三法典》，并一直沿用到 1959 年西藏民主改革前夕。

《十三法典》是西藏古代立法的重要成就。《十三法典》绪论介绍了五世达赖的功业、立法思想，解释了佛法、王法、私法的内涵、功能及法典的制定原因与过程；正文包括 13 种法律条文及解释，包括镜面国王律、听诉是非律、拘捕法庭律、重罪肉刑律、警告罚锾律、使者薪给律、杀人命价律、伤人血价律、狡诳洗心律、盗窃追赔律、亲属离异律、奸淫罚锾律、半夜前后律；结尾强调秉公执法，发挥法典惩治顽凶、扶助良善的作用。五世达赖时代，西藏政局较稳定，武力征服的军法条款已无必要，《十三法典》删除了《十六法典》中的"英雄猛虎律"、"懦夫狐狸律"和"异族边区律"三条；而巩固统治、维护社会秩序等则成为立法重点和紧迫需要。为此，《十三法典》重点对不规范的乌拉差役及官员扰民行为、杀人、伤害、盗窃等进行刑事犯罪与处罚，还对民商事纠纷、地界纠纷、税收、保护生态等作了规定。《十三法典》与《十五法典》、《十六法典》一脉相承，有关民事财产方面的法律规范与《十六法典》一致，但也有不同，如将《十六法典》中关于不同等级人的命价计算标准改为"其命价分别是上一等级命价的一部分"，女性命价由同级男性之半改为"一部分"等。②此外，《十三法》深受佛教思想影响，宣传以"善"为本的佛教思想，强调"对于杀人者抵命这一法规，认为是造下杀害二命的恶业，为不使杀害二命而定为抵赔命价条例等法规"。③

除成文法之外，藏族各地的土司、部落也有许多关于财产的法律规

---

① 参见何峰《五世达赖喇嘛〈十三法〉探析》，《政治学研究》2004 年第 4 期。
② 何峰：《五世达赖喇嘛〈十三法〉探析》，《政治学研究》2004 年第 4 期。
③ 《西藏王臣记》，刘立千译，民族出版社 2002 年版，第 131 页。

范，如青海果洛地区《红本法》中帐营迁布法、农田青苗法、命价赔偿法等，西康地区德格土司也颁布《十三条法律》对土地使用、买卖、借贷及命价赔偿等进行规范。

综上可见，教派时期《十五法典》、《十六法典》、《十三法典》等主要成文法中，财产内容在各部立法中占很大比重。这些财产规范涉及藏族古代财产立法的思想、原则以及财产主体、物权、债权、侵权及诉讼等广泛领域，由此形成了藏族古代财产主体制度，物权、所有权制度，债与契约制度，侵权赔偿制度，命价、血价制度，民事诉讼制度，以及归责原则、风险责任承担制度等，形成自成一体的藏族古代财产法体系。此时，藏族古代财产法走向成熟，为调整藏族社会财产关系、维护各财产主体的财产权利提供了法律保障。

第二节　藏族古代财产法律渊源

法律渊源，又称"法源"，是指法律的形式渊源，即由不同国家机关制定或认可的，具有不同法律效力和法律地位的法的外在表现形式。现代法学理论对法的渊源通常分为习惯法与成文法：所谓"习惯法"，是指不以文字记载而具有法的效力的行为规范，是法的初始发展时期的基本形态；而"成文法"是指以文字表述的法律规范，是法的一般存在形态。[①] 藏族古代财产法的渊源，包括处于不同地位和效力的制定法中的财产规范，部落习惯法、民间惯例、规约等也是藏族古代财产法的重要渊源。[②] 藏族古代财产法的渊源，按照藏族史籍说法，可分为王法、教法、私法"三法"，也可细分为吐蕃王朝制定法、西藏地方政权颁行的法典、部落习惯法、"私法"或"法外法"等，其形式渊源纷繁多样。本书将藏族古代财产法的法律渊源分为两类，即成文法和习惯法。

---

① 李双元、温斯扬：《比较民法学》，武汉大学出版社 1998 年版，第 13 页。

② 李功国：《民法本论》，兰州大学出版社 1998 年版，第 47 页。

一　成文法

（一）制定法

制定法是由国家和地方政权制定，并由国家或地方政权强制力维护其实施的法律规范，具有最高或较高的法律地位与效力。藏族制定法始于吐蕃王朝时期，经历了吐蕃王朝、分裂时期、教派时期的发展阶段。西藏地方政权制定的具有"法典"性质的重要立法，包括吐蕃王朝制定的《法律二十条》、《六大法典》和《三十六制》、《吐蕃三律》等；帕竹政权制定的《十五法典》，藏巴汗政权制定的《十六法》，五世达赖喇嘛制定的《十三法》等，也是西藏古代制定法的骨干部分。

藏族古代制定法中的财产规范极为丰富。从公元六、七世纪吐蕃王朝制定的《法律二十条》、《六大法典》到敦煌出土的《吐蕃三律》等重要立法中，都有关土地、田界、"财货安分"、"及时偿债，称斗无欺"以及计量、贸易、财产保护、侵权赔偿、诉讼等财产方面的规定。吐蕃王朝崩溃后，西藏地方割据政权制定的《十五法典》、《十六法典》、《十三法典》等法典中，也有关于土地、草场、森林、山水、荒地的占有与经营、债与契约、债权赔偿、土地草场纠纷处理和诉讼等财产方面的规定。这些法律规范贴近西藏社会实际，是藏族古代财产法的主要法律渊源，为藏民族经济社会发展和人民生产生活提供了法律保障。

（二）令（圣谕、诏书、敕令）

古代社会中，皇权高于一切，帝王的圣谕、诏书、敕令是藏族古代财产法的重要渊源，具有至高无上的效力。

吐蕃王朝时期，作为神之子的赞普是西藏社会的最高统治者，赞普发布的诏令、训令有无与伦比的绝对权威，是具有最高法律效力的法律文件，是臣民遵行的基本准则，违反诏令者要受到制裁。这些诏令数量众多，涉及领域非常广泛，《五部遗教》便是一部以此为内容的历史著作。藏文史料记载，松赞干布曾发布"六大诏书"，奠定了吐蕃法律制度的基础；赤松德赞为普及佛法，"诏令：若成就佛教，必须有人出家。应让王妃未参政者与尚论之信的儿子出家"①；牟尼赞普也曾发布诏书，三次平均财富；赤祖德赞为弘扬佛法发布诏令："对出家大德等不得以恶指相指，恶眼相视。今后对如此行为之人抉其目，断其指，对辱骂僧人者割其舌，盗窃法器者，以八十倍的财物赔偿。"② 除赞普诏令之外，位高权重的大臣也可以在自己的权力范围内发布政令，这些政令比赞普的诏令效力低，影响范围仅限于自己控制的地区，如赤松德赞幼年继位后，辅政大臣玛尚仲巴杰颁布政令，禁止信仰佛教，打击佛教势力，这一政令被称为"赤木布琼"，意为小子法典，也译作"布琼法典"；又如《敦煌吐蕃文书论文集》中有"大尚论从陇州发出告牒，寄诸安抚大论康计甘于沙州中途还俗时担任了小军帐头目，以所做功绩衡量应赐告身"③的记载，是地方长官在敦煌地区发布的政令。

元代以后，西藏逐步形成政教合一的政治体制，各地方政权发布的诏令、训令、法旨对管理西藏地方事务具有最高的法律效力。萨迦政权对西藏各部发布诏令，要求"尔可令尔所部吐蕃民户善习法规"，以"自觉奉法，邦土叨光"，还告诫各部"法规中无不议擅权之条款，若触及刑律，来此申诉亦难矣，尔等其协力同心焉"。④ 1932 年，达赖喇嘛颁布法旨："为使西藏得到安乐，双方集体利益幸福和繁荣，历辈达赖和历任摄政依次颁布过《取舍布告》，而且每年'日垄洁章'已成定制。但坏人是安乐的破坏者，对政教两方面之法会和全体属民的安宁进行破坏，违反布告，倒行逆施的行为出现很多。今后，无论军政哪方面出现此类情况，此处（指达赖——引者注）详细调查，听到的或地方头人及当事人控告等，立即调查，按当时罪行给予殴打和驱逐出境或没收田产等处罚，决不宽恕。"⑤

元代以后中央政府和皇帝为治理西藏政务也发布数量较多的圣谕、诏书、敕令，与西藏地方政权发布的诏令比，这些诏令具有最高法律效力，如元朝皇帝忽必烈对西藏下达的圣旨《优礼僧人书》具有最高法律

---

① 恰白·次旦平措等：《西藏通史——松石宝串》，西藏古籍出版社 1996 年版，第 141 页。

② 陈庆英、高淑芬：《西藏通史》，中州古籍出版社 2003 年版，第 51 页。

③ 王尧、陈践：《敦煌吐蕃文书论文集》，四川民族出版社 1988 年版，第 113 页。

④ 王辅仁、陈庆英：《蒙藏民族关系史略》，中国社会科学出版社 1985 年版。

⑤ 《西藏社会历史藏文档案资料译文集·法旨·摄政颁令类》，中国藏学出版社 1997 年版，第 55—57 页。

效力。西藏地方政权在发布法旨时，也通过"奉皇帝圣旨"的意思表示认可中央政权旨意的最高效力，如六任帝师仁钦坚赞的法旨中，首先表示"奉皇帝圣旨"①，七任帝师贡噶罗卓坚赞贝桑波在庄园的封文中，也多次使用"奉皇帝圣旨"的字样，以证明其封赐庄园土地的合法性。

此外，摄政的训令、噶厦的令文、部落首领、贵族和上层僧侣等所设"私法"等，也是藏族古代财产法的重要渊源。

（三）盟誓

盟誓是王室与贵族、部落首领以及部落之间结成联盟的重要方式。

吐蕃时期，往往以盟书的形式，通过杀牲告天的仪式来确定王室中央和王室贵戚、诸侯小邦、社稷诸论、大小尚论之臣的臣属关系，以及部落之间、吐蕃与邻国之间、吐蕃与唐朝之间的权利义务。进行盟誓的各方团结为一个整体，各方共同订立制度、发布诏令，约定共同遵守。其中也有大量涉及土地、牲畜、奴户及属民等方面的财产规范。从《敦煌吐蕃历史文书》中看，吐蕃盟誓可分为首领（邦王及赞普）与其联盟成员（臣属）之间的盟誓、联盟成员之间的盟誓、个人间的盟誓三种。如《旧唐书·吐蕃传》记载："其臣下一年一小盟，刑羊狗猕猴，先折其足而杀之，继裂其肠而屠之。令巫者告于天地山川日月星辰之神云：'若心迁变，怀奸反覆，神明鉴之，同于羊狗。'三年一大盟，夜于坛墠之上与众陈设肴馔，杀犬马牛驴以为牲，咒曰：'尔等咸须同心戮力，共保我家，惟天神地只，共知尔志。有负此盟，使尔身体屠裂，同于此牲。'"②《新唐书·吐蕃传》也记载：吐蕃"其君臣自为友，五六人曰共命。君死，皆自杀以殉，所服玩乘马皆瘗，起大屋冢颠，树众木为祠所。赞普与其臣岁一小盟，用羊、犬、猴为牲；三岁一大盟，夜肴诸坛，用人、马、牛、闾为牲。凡牲必折足裂肠陈于前，使巫告神曰：'渝盟者有如牲。'"③吐蕃在与周边政权交往中也多用盟誓达成约定，如公元705—821年的116年间，唐蕃之间大的会盟就有8次之多，其中最有影响的是"长庆之盟"，盟词中都有"约束各封界，无相侵掠"的内容。由于盟誓

---

① 《西藏社会历史藏文档案资料评文集》，中国藏学出版社1997年版，第15页。

② 《旧唐书·吐蕃传》。

③ 《新唐书·吐蕃传》。

的遵守和履行往往依靠国家的强制力作保证，已具备法的特征，实际上起着法律的作用。

　　盟誓也是贵族和部落首领获得土地和财产的重要法律依据。参加盟誓的双方通过誓书记录和履行各自的权利义务：贵族通过盟誓向吐蕃王室表示效忠，同时，王室也承诺为忠诚于王室的臣下及其子孙后代封臣晋爵，并赐予其财产和封地。敦煌文献《吐蕃赞普传记》记载，论赞赞普与论果尔兄弟二人与娘氏、韦氏、农氏、蔡邦氏等人盟誓："自今而后，定将森波杰弃于背后，定将悉补野搂于胸前，决不背叛悉补野赞普，决不使其丢脸，绝对保守秘密。决不把外人当自己人，决不三心二意，决定要英勇献身，决定要拼命忘己，决定要听从赞普命令，决不受他人甘言诱骗，（若有违者，即为违誓。）如此盟誓。"① 如果臣下立有功勋，则赞普要对各同盟成员中的有功者进行土地和财产的赏赐，如敦煌历史文书中记载，囊日伦赞时"赏赐娘·曾古者为念·几松之堡寨布瓦及其奴隶一千五百户。赏赐韦·义策者为线氏撒格之土地及墨竹地方奴隶一千五百户。赏赐农·准保者为其长兄农氏奴隶一千五百户"②；当琼堡·邦色割藏蕃小王马尔门之首级并以土地及两万奴户献给伦赞赞普时，赞普认为"苏孜忠顺可靠，乃将藏番二万户悉数赏赐与之"③。在吐蕃王朝以后的西藏社会中，这样的封赐也给予各地方的佛教僧官，甘丹颇章时期，这种封赐土地和财产的行为甚至扩大到与受封者关系最近的俗家亲戚及其后裔。需要注意的是，这些誓书通常附带着某些禁止性义务，规定如果贵族及其子孙将来背叛赞普，将受到剥夺土地、财产甚至生命的处罚。723 年夏，有论·绮力心儿在扯卜纳地方主持盟会，放逐罪臣岸本郎卓·聂赞恭禄与森奇没陵蒙穷二人，同年冬，又将两人财产转赐予论·绮力心儿和尚·绮力涅门松二人。

（四）佛教教法与寺院法

　　宗教法是法律的重要渊源。亨利·梅因曾写到，在东方和西方，在古罗马、古希腊、古印度，法典都是"宗教的、民事的和纯粹道德的法

---

　　①　王尧、陈践：《敦煌吐蕃本历史文书》，民族出版社 1980 年版，第 130—131 页。

　　②　同上书，第 132 页。

　　③　同上。

令的混合"，"法律与道德、宗教与法律的分离，只是属于精神发展的较后阶段"。① 7 世纪后，佛教传入西藏，在吸收苯教教义和仪式的同时，经过长期的发展，逐渐形成了宁玛派、格鲁派、噶举派、萨迦派等藏传佛教教派。除宁玛派外，格鲁派、噶举派、萨迦派等教派先后在西藏建立过政教合一的地方政权，佛教教法也因此逐步渗透到制定法中。这些政权还颁布了一些涉及以佛教思想为指导有关财产的训令、法旨，而全民信教也使教义和戒律对僧众与民众的日常生活产生一定的调整与规范作用。

佛教思想对西藏古代法律传统产生了深厚和持久的影响，而佛教教义和戒律是藏族古代财产法的重要渊源。教法最初表现为佛教的清规戒律。清规原是指禅宗寺院组织章程及僧众日常行为必须遵守的规则，后来为其他各宗各派所接受。戒律原是释迦牟尼为其弟子制定的日常生活和修行实践的道德规范与行为规则。戒律所反映的是佛教"诸恶莫作、众善奉行、自净其意、是诸佛教"的真精神，将众生平等、慈悲为怀，无我利他和利益众生作为一种理想追求，以自己的善恶标准，严格规定了相应的戒条和修持内容。如《十善戒》是佛教的基本道德要求，指戒杀生、戒偷盗抢劫、戒淫乱、戒说谎骗人、戒挑拨离间、戒恶言伤人、戒说是非语、戒贪欲、戒暴躁怒气、戒背理邪见。持守戒规、苦身自修被认为是通向佛的境界的唯一途径，因而佛教教法及其法规戒律调整对象以佛教教徒为主，对教徒具有强大约束力。同时由于藏传佛教的大众性，教法对世俗社会也起到了一定的规范作用。

同时，寺院也有一定的立法权和执法权，可以设置刑堂、监狱，可以制定成文和不成文的教法和戒律，如西藏哲蚌寺、甘丹寺、色拉寺和青海塔尔寺、甘南拉卜楞寺有比丘尼戒 253 条、沙弥戒 36 条，四川大金寺有教规 280 条。有的寺院还制定了系统的法规，如《哲蚌寺法律条文》、《敏珠林寺法律条文》、《止贡降曲林寺法律条文》、《拉卜楞寺议仓的惩罚条例》等。各寺院寺规更是严格、详尽，如格鲁派主寺噶丹寺寺规、噶举派直贡寺寺规对僧尼、沙弥的等级、僧职、学问区分、行为举止、衣饰仪表、修习仪轨、戒律、考试制度、化缘规程、财物、布施分配、外出留宿、环境卫生、处罚规定等，均十分严格、详尽；触犯教法

---

① 转引自［美］伯尔曼《法律与革命》，中国大百科全书出版社 1993 年版，第 96 页。

即构成犯罪，遭受处罚。如《拉卜楞寺议仓的惩罚条例》规定，在拉卜楞寺设立办公堂，审理属民和属部的纠纷案件；凡是俗人与僧人发生争执引发的诉讼，或是诉讼中牵涉僧人，则该案一律按照教法论处，俗人和官府不得过问；凡冒犯僧人、亵渎宗教者要受到严惩，杀害活佛、喇嘛者，等同于犯下十恶重罪，要受到挖目、刖脚、断手、水淹等刑罚；盗窃寺院或喇嘛财产的，处罚也比世俗法律重。寺院财产的来源、使用、管理各寺院也有详尽的管理规范，如寺院从事宗教活动的必要费用的来源，拉卜楞寺规定要由所属 23 个部落和属民轮流资助寺院每年正月的"毛兰姆法会"、七月大法会以及寺院大小活佛坐床典礼或圆寂超度等各项宗教活动的一切费用。①

（五）西藏地区性法规

有些西藏地区性政权组织也制定了地方性法规，如青海果洛地区的《红本法》是由土官阿什姜丹龙参照历代法典所订立的一部比较系统的果洛地方法规，四川德格土司制定的成文法《十三条》属于德格地方性法规。由于藏民族地区的分散性和地方自治性，这些地方政权组织的立法已经超出了习惯法的范围，成为西藏地方性法规，这些地方性法规中有许多关于命价赔偿、盗窃赔偿、契约、土地买卖和使用、借贷等方面的法律规范。

（六）判例

判例也是藏族财产法史的法律渊源之一。判例是可以援引并作为审理同类案件的法律依据的判决和裁定，是法的渊源之一，其特点在于，其产生是由于特定的案例，但经引用而成为具有普遍约束力的法律规范。松赞干布时期，判例作为藏族古代财产法的渊源就已出现，"基础三十六制"中的"大权决断法"和"宫廷内部法"就是判例：

> 婆罗门优巴坚借了一家主人的黄牛，交还时将牛赶到牛主人的院子里，什么也没说就回去了；牛的主人虽然看见牛被送回来了，却没有将其拴起来，因此，牛从后门走失了。二人向国王梅隆董申

---

① 洲塔：《甘肃藏族部落的社会与历史研究》，甘肃人民出版社 1994 年版，第 410 页。

诉,请求判决,国王判决说:"婆罗门未说牛送回来了,要割舌头;牛主人看见了没有拴起来,应该断手!"以此为例,制定了双方皆受惩罚的"大权决断总法"。

有一家人刚出生的孩子掉到河里被一条鱼吞食,住在山下村子里的另一家主人的仆人捉到了那条鱼,开膛后,发现孩子尚未死去,这家主人便抚养了该孩子,原先那家听说后便来争,于是告到国王处请国王断案。国王判决,孩子由两家轮流抚养,长大后两家分别为他娶亲,生了孩子各自领去。因此,这孩子便被称为"两姓娃"。后来两姓娃为两家各生一子,由两家分别领养。后来,两姓娃出家了,被称为"两姓比丘"。以此为例,制定了双方有理、判得三方欢喜的"宫廷内部法"。

"大权决断法"的法律含义在于确立国王梅隆董的最高司法权,而"宫廷内部法"则通过对孩子尽抚养义务的亲生父母和养父母不因血缘关系在家庭关系、财产继承关系方面享有的平等权利,确立了责任公平承担、权利公平享有的司法原则。尽管这两则判例被认为是来自印度的《贤愚经》①,但是,从法律渊源的视角看,这两个判例确立了司法和婚姻家庭方面的司法原则,为法官和民间纠纷解决提供范式,是重要的法律渊源。

作为判例,"宫廷内部法"的司法应用是有据可查的。据《智者喜宴》记载,赤德祖赞时牟底太子杀死武仁案就采纳了"宫廷内部法"所确立的责任分担原则:牟底太子杀死舅臣之子武仁,根据"王者如杀死属民则如母亲打孩子一样,无法可言"、"赞普如果本身不捍卫法律,那么就不得对属民执行法律"的"三喜法"②,最终赞普的处理结果是:作为处罚,将贵为太子的牟底流放羌塘九年;同时,作为赔偿,将上部的一处地区赐予舅臣那囊氏,这一判决结果使得"双方有理、三方欢喜"。

通过判例确立法律原则的传统吐蕃以后的立法中也有体现。14世纪帕竹政权制定《十五法典》时,对杀生罪、偷盗罪、邪淫罪、妄语罪、

① 详见陆离《吐蕃三法考——兼论〈贤愚经〉传入吐蕃的时间》,《西藏研究》2004年第4期。

② 详见巴卧·祖拉陈哇《贤者喜宴》,黄颢译,中国社会科学院民族研究所,1989年。

绮语罪、离间罪、贪欲罪、慎心罪、邪见罪等通过判例说明原因和处罚①，如盗窃行为通过对嘎吾行窃时没有偷盗敬献三宝的供品而佛的奖励得到金矿成为富人来说明；贪欲罪则规定对贪得无厌者没收其全部财产、挖心并被打入饿鬼道的处罚等来解释。

二　习惯法

习惯法是成文法的补充。习惯法作为惯行于社会生活中的一种行为规范，是指依社会的中心力，被认可为法的规范而得以强制施行的不成文法。② 博登海默认为，"一旦一个家庭、一个群体、一个部落或一个成员开始普遍而持续地遵守某些被认为具有法律强制力的惯例和习惯时，习惯法便产生了"③，也就是说，习惯法的形成无须一个更高的权威对惯例与安排作出正式的认可或强制执行，认为早期社会的法律是从公众所认可的存在于日常生活中的非诉讼习惯之中产生的，指出"习惯法产生于一个民族的社会安排（这些安排是经由传统和习惯而得到巩固的而且是与该民族的法律意识相符合的），而不是源于政府当局的政令"④。

藏族习惯法是藏族古代成文法的补充。藏族习惯法是藏民族在长期的历史发展过程中逐渐积淀而约定俗成的行为规范、心理样态与生活模式，在调整西藏法律关系、化解社会矛盾冲突中，发挥着基础性的重要作用，是西藏古代财产法的基本形式渊源。为解决大量的民事财产纠纷，司法官、部落头人等在诉讼和调解过程中根据实际情况采用成文法以外的习惯、礼仪、乡规民约、宗教伦理中的财产规范，而地方官和部落头人等解决纠纷的原则是以当地习惯为基础，"通过习惯法与国家法的分工与合作，形成更大社会范围内一种相对完整的秩序"⑤，而现实生活中的绝大多数民事纠纷大多依照民间习惯处理。藏族习惯法对社会生活中的

---

① 详见周润年译，索朗班觉校《西藏历代法规选编》，西藏人民出版社 1989 年版，第 46 页。

② 史尚宽：《民法总论》，台湾正大印书馆 1980 年版。

③ ［美］E. 博登海默：《法理学——法哲学及其方法》，邓正来译，中国政法大学出版社 1999 年版，第 381 页。

④ 同上。

⑤ 梁治平：《清代习惯法：社会与国家》，中国政法大学出版社 1996 年版，第 130 页。

买卖、租佃、抵押、借贷等进行规范，使民间社会生活，使社会经济生活显示出勃勃生机的同时又有章可循。

（一）部落习惯法

部落是习惯法的摇篮，从西藏原始社会起，部落习惯和习惯法就成为调整社会关系的基本规范。吐蕃王朝建立后，虽形成完整的国家形态，但其社会结构和军政组织中，仍保留着部落组织形式。吐蕃王朝崩溃后，源于血缘、地域、生产生活方式、军事政治组织等各种形态的部落遍及藏区各地。元明清三朝直到民主改革前，中央政府封给部落首领官职并准许其世代承袭，使部落组织延续下来，并成为藏族传统社会最基本、最重要的社会组织形式。

部落是一个相对独立的社会，规范部落内部的部落习惯法是维持部落的社会秩序的重要规范。部落习惯法的内容涉及政治、军事、经济、宗教、民事、刑事、诉讼等各方面的内容，其中，也有大量有关民事财产规范的内容，是藏族古代财产法的重要法律渊源之一。如部落习惯法规定，为保护土地、草场的合理使用，藏区各地普遍实行草场轮牧，牧区春夏秋冬四季转场、农区春播秋收时，都要依照时令由部落会议或青苗会择吉日而定，不按照时限行动都要受到处罚；贫困户因缺粮而欲提前收割粮食要征得村长或青苗会的同意；一般农区从农历二月二前后下种到收割前，各类牲畜由专人或各户轮流放牧，牲畜进入他人的庄稼地践踏粮田，要对牲畜主罚"前蹄五升（粮食），后蹄一斗"，在田边渠旁割草砍柴也要罚粮；甘南卓尼则规定各类农作物在田间生长期间，家庭、夫妻、邻里之间不得吵架，否则要罚羊1只。①

借贷活动和高利贷是藏族社会经济生活的重要内容之一，部落习惯法中也有此类规定。如青海果洛莫坝部落规定，高利贷以半年计息，利息超过一倍的被称为"黑利"，一倍以内的称为"白利"，要按时还清本息，逾期者利息变为本金，本利一起算息；利息的支付方式与借贷的对象相关，如春季借酥油10斤，秋季还酥油20斤；当年秋借酥油60斤，来年夏天还怀胎牛1头；借青稞3藏克（约120斤），来年还适龄母羊1

① 杨士宏：《藏族传统法律文化研究》，甘肃人民出版社2004年版，第256—257页。

只；借茶叶 1 斤，来年还 2.5 斤酥油；借 1 两银子，一年内还 2 两银子等。①

雇佣关系也是藏族部落习惯法的组成部分之一。青海果洛莫坝部落规定，雇工分为长工、短工和杂工：（1）长工与雇主约定期限是一年，不满一年提前解约的按短工计算报酬；（2）短工以季节或半年为期限计算工资，满 6 个月的以半年计算，不满 6 个月的按季度付工资，短工也可以按照劳动量得到计件工资，如打 1 两银饰得 1 两银子报酬，打 1 块石磨报酬是 1 头 3 岁母牛；（3）杂工从事各种生产生活中的杂活，如背水、烧火、倒灰、拾牛粪、晒牛粪、清理牛圈、挤牛奶、晒曲拉等工作，没有工资，只能以劳动得到饭食；（4）农牧业生产繁忙时，邻居亲朋自愿结合换工、帮工，一般不计报酬或一工抵一工，对孤儿寡母多为无偿帮助，无须还工；（5）雇工时需事先讲好工资、约好期限再去上工，期满时不愿被继续雇用者，可另择雇主，但是，在约定期限中不能中途毁约。②

以赔命价、赔血价为主的侵权损害赔偿是藏族古代侵权制度的重要组成部分，这一类规范在藏族部落习惯法中随处可见。如青海海北刚察部落习惯法规定：打死部落属民，按 99 制赔偿命价，即赔 9 匹骟马、9 头骡子、9 头犏牛、9 头牦乳牛、9 头牦驮牛、9 头犏驮牛、9 头黄牛、9 只羯羊、9 只母羊，共计 81 只（头）牲畜；打死千百户头人，赔偿 81 头牲畜的 9 倍，共 729 头（只）牲畜；如果凶手无力赔偿，则由亲戚帮助或家族摊派赔偿。玉树囊谦部落规定的命价赔偿数额根据受害人身份的不同而不同：打死千百户头人，命价最高为 100 锭银子，次之为 60 锭银子，最少也要 2000 块大洋；若几个部落合伙打死一个头人，则每个部落均要交出 5 户牧民作为死者部落的属民，并要交出 5 条水流区域的草山；打死百长、干布、居本等小头人，命价分别为 70 头牛、45 头牛、38 头牛；打死一般属民，只赔五六头牛，或 1 锭银子（50 两），或 400 块大洋，并刻玛尼石经，念经悔罪；另外，还要向受害一方交 1 支枪、1 匹马、1 把刀。四川理塘部落规定：一般杀人者，首先要吊打 2000 皮鞭，

---

① 张济民：《渊源流近——藏族部落习惯法法规及案例辑录》，青海人民出版社 2002 年版，第 16 页。

② 张济民：《青海西藏部落习惯法资料集》，青海人民出版社 1993 年版，第 155—158 页。

然后赔死者命价 20 锭银子；斗殴致死人命者，赔 18 锭银子。① 甘南宕昌新城子藏族习惯法规定，过失伤人或牲畜伤人要陪血价，赔偿数量由双方商定②。

此外，部落习惯法中还有关于契约、用水等民事财产规范，如果洛地区部落法规规定，农田由其主人所有，可以自行买卖、交换、赠予和租佃等；禁止属民将牲畜卖给异乡人，若要出售牲畜，须征得头人同意，否则罚款。③

（二）习俗与禁忌

习俗与禁忌也是藏族古代财产法的法律渊源之一。法律产生于习俗，"风俗是人类在日常生活中世代沿袭与传承的社会行为模式。在原始社会时，人们之间的相互关系以及共同的生活秩序，最初全靠习俗来调整"④。法律的效力虽然来自人多数人的承认，但从其根源来说则是来自深厚的社会基础所产生的具有特定约束力和强制力的习俗。习俗通过长期的历史发展、社会沿袭和文化传承逐渐内化为每一个人的心理强制，比外在的国家暴力强制要有效得多。从表面上看，法律特别是国家法的执行是由外在的特别是暴力所保障，但实际上，法律更多的是依靠长期形成的社会习俗和内化的社会心理来维系，"假定一个人要公然触犯一项法律，对于他来说，最难的莫过于冲破自己的心理防线；其次是社会公众的谴责，最后才是法律的威慑力"。⑤

作为藏族古代财产法的渊源之一的习俗和禁忌，来自藏族先民在长期历史发展过程中的生产、生活需要和自然人文环境影响。

牲畜是藏族社会中重要的财产之一，而藏族有关牲畜的禁忌很多，如藏历 12 月 1 日为犊年，不可挤牛奶，牛奶要留给牛犊吃；不能虐待或抛弃衰老的看家狗；藏历每年四月十五萨噶达瓦节不能屠宰牲畜；放生

---

① 张济民：《渊源流近——藏族部落习惯法法规及案例辑录》，青海人民出版社 2002 年版，第 45 页。

② 杨士宏：《藏族传统法律文化研究》，甘肃人民出版社 2004 年版，第 258 页。

③ 张济民：《渊源流近——藏族部落习惯法法规及案例辑录》，青海人民出版社 2002 年版，第 35、85 页。

④ 贾春增：《民族社会学》，中央民族大学出版社 1996 年版，第 183—184 页。

⑤ 徐晓光、路宝均：《论吐蕃法律的文化特色》，《重庆教育学院学报》2000 年第 2 期。

的牲畜不准宰杀、剪毛、乘骑等。虽然这些禁忌与宗教有关，但也能从一个方面反映出对牲畜的重视和保护。

所有权是最根本的物权，有关所有权保护的藏族禁忌也很多。如妇女不许走进别人家牛圈，忌讳使用别人用过的餐具、穿别人穿过的衣服；在施舍、缴租、出卖、借用财物时，藏族人忌讳一丝不剩，一般都会象征性地留下一些，以避免守护神的不满，使自己的福运失尽，这些特意留下的财物称为"卡普"（ཁ་འུལ།）；头胎犊母牛第一次产奶时，忌讳让佣人或雇工挤奶，第一次使用新酥油桶忌讳让佣人或雇工打酥油，外人有锅烟的炊具等不许带进帐房，客人带来的口袋一定要问清楚有无此类物品，没有才能进入帐房①；借用的禁忌如忌讳大年三十往外借东西，认为年三十给他人借东西会触犯家神，来年家里的财气会往外跑。这一类禁忌虽然大多数情况下是出于宗教的原因，但也反映出人们对私有财产所有权强烈的确认和保护私有财产的意识，并通过禁忌对人们的行为产生了约束作用。

（三）谚语、格言、俗语、故事等

谚语、格言、俗语、故事等是以口头形式记录、传承民族习俗、道德伦理、习惯法的重要载体。谚语、格言、俗语、故事等通过简洁明快、富有哲理、通俗易懂的语言告诫民众接人待物、识别真伪、处理是非等伦理标准和道德准则。虽然格言等没有法律的强制效力，但由于其内容来源于日常生活，往往成为判断人道德伦理的标准和依据，因此，实际生活中人们也会受到格言、谚语等的影响，间接地对规范人的行为，从而使其成为藏族习惯法的渊源之一。

1. 《礼仪问答写卷》中有关财产的内容

敦煌出土的古藏文《礼仪问答写卷》是记录藏族先民的价值观念、道德规范的重要文献，通过循序渐进、循循善诱的方法从如何对待朋友、奴仆、父母、子女、妻子、财富等几个方面阐述了做人的基本道德标准和伦理观念，反映出藏族先民对善与恶、正义与非正义、光荣与耻辱、公正与偏私的认识与看法，其中不乏有关财产的内容。首先，对待财产

---

① 张济民：《渊源流近——藏族部落习惯法法规及案例辑录》，青海人民出版社2002年版，第101页。

要有正确的态度：

> "应掌握知足之分寸"，只要"肚不饥，背不寒，柴水不断不缺，即可足矣！这些目的达到，富裕而安逸；超过以上财物，不会安宁富裕；财宝役使自己，财宝即成仇敌"。①

其次，财富要适可而止。对待财产的态度不同会带来不同的后果，知足者常乐，成为财产的奴隶会因财受害，贪婪无边、贪得无厌者会受到旁人的鄙视。这种说法的目的在于阐明物质财富并不是道德标准，品德高尚才是长久之道，反映出藏民族重视精神追求、轻物质享受的价值观。

再次，财富必须取之有道、反对浪费。文中提到，需通过五种正当方法获得财富，"不行歪门邪道，又可找到财富：一是立即公开地给别人面子（别人就会相帮自己）；二是公开地发展牲畜；三是公开地去当臣仆；四是公开地做买卖；五是公开地种地"②。同时，对已经获得的财富"非不可缺之物不要珍惜，勿做无谓之浪费"。

最后，财产也是必不可少的生产生活资料，因此，"娶妻要选有财富与智慧者，若二者不兼备，应挑选有财富者，选婿要选有智慧而富裕者"③。

2.《萨迦格言》中有关财产的内容

《萨迦格言》由萨迦班智达（1182—1251）所创，宣扬治国主张、处世哲学、道德观念、佛教教义等，其中包含许多关于财产的内容。如要正确对待财富：

> 愚人只承受积财的痛苦，从来也享受不到它的幸福；
> 经常寻求看守钱财的人，就像一只到处行窃的老鼠……

---

① 王尧、陈践：《敦煌古藏文礼仪问答写卷》，《藏族研究文集》第二期，中央民族学院藏族研究所，1984年，第110—130页。

② 详见英国国家图书馆藏《敦煌卷子 S.2593V》，转引自敦煌研究院《敦煌研究文集》，甘肃人民出版社1982年版。

③ 王尧、陈践：《敦煌古藏文礼仪问答写卷》，《藏族研究文集》第二期，中央民族学院藏族研究所，1984年，第110—130页。

强调对待财富要适可而止、取财有道：

> 靠罪恶和武力得来的财富，哪能算做真正的财富……
> 经常寻求看守钱财的人，就像一只到处行窃的老鼠。

要及时还债，把未清偿的债务比作残余的敌人：

> 把野兽的尾巴给人看，却是无耻地贩卖驴肉。①

3. 《格萨尔》中有关财产的内容

《格萨尔》中包含着不少民事财产法方面的内容，如注重保护神山、圣湖，不得未经许可狩猎，否则要受到严厉的处罚：

> 野兽自由自在走野地，动刀动枪去袭击；
> 野兽筑巢在树枝，捉鸟掏蛋卵石击；
> 山间林中设圈套，捕捉麋鹿麝虎豹；
> 鼠兔相戏草丛间，放出猎狗捕捉还；
> 各色鱼蛙水中游，投毒下钩把命收。

其中，还记载了觉如（格萨尔的乳名）因私自狩猎而被部落驱逐的案件：

> 觉如上山捕鹿，取鹿茸，拿石块打黄羊，用绳索捕野马，打杀周围山上的野兽，然后用尸肉垒屋墙，拿兽头围院落，使兽血汇成海子。

格萨尔被部落驱逐，表明部落内部规定未经许可不得狩猎，否则会给予惩罚。

史诗还提到对雇用他人不支付工钱的，可以到国王那里起诉，请求

---

① 萨迦班智达·贡嘎坚赞：《萨迦格言》，王尧译，人民出版社 1959 年版。

得到保护：

> 权威的国王金座高，有三类事情顶上告。
> 百姓若受人欺凌，不得隐讳去上告。
> 卦师占卜多灵验，得不到卦钱去上告。
> 长工为人做苦力，得不到报酬上告。①

4. 格言、谚语、故事中有关财产的内容

藏族传统文化中还有许多对待财产的格言、谚语、故事等。如藏北桑雄、安多多玛等地对待侵权损害赔偿的俗语有：

> 杀了人的话，人皮要用金子撑开。②
> 上部雅孜王被霍尔所杀，其尸价与黄金等量。
> 下部格萨尔王被丹玛行刺，至今命价尚未偿还完毕。③
> 杀人偿命价，偷盗还赃物。④

佛教故事《智美更登》也提到了对待侵权行为的处罚问题：国王在处置智美更登时众大臣各执一词，一部分大臣主张处死，另一部分认为应监禁起来，而大臣达瓦桑布主张国王之子智美更登施舍国宝的行为认为符合佛教布施无罪的理念，应该释放，最后智美更登被处以流放边地十二年的刑罚。⑤

此外，西藏还有众多关于财产及财产规范的谚语，如对待财产的态度：

> 男人积累财物，女人积累食物；
> 财富的父亲是劳动，财富的母亲是大地

---

① 参见杨士宏《藏族传统法律文化研究》，甘肃人民出版社 2004 年版，第 228—230 页。

② 格勒、刘一民、张建世：《藏北牧民——西藏那曲地区社会历史调查》，中国藏学出版社 2004 年版，第 251 页。

③ 周润年译，索朗班觉校：《西藏历代法规选编》，西藏人民出版社 1989 年版，第 35 页。

④ 张怡荪：《藏汉大辞典》，民族出版社 1986 年版，第 1106—1108 页。

⑤ 瑞贝坚：《智美更登》，青海民族出版社 1986 年版，第 18 页。

有关违约责任：

> 买卖反悔，四角切一。

有关命价赔偿：

> 杀人赔命价，盗窃退赃物，处分肇事者，补上小窟窿；
> 有钱者杀人要穷一下，无钱者杀人要连根拔；
> 国王杀人不偿命，豺狼吃肉不出钱[①]。

有关命价赔偿归责原则：

> 罪过有牵连，命价赔四成一条褡裢两头连着。

有关法的执行及效力：

> 喝了此地水，就守此地规；
> 法律重如山，判案直如箭；
> 诺言如刻碑，碑断文字在；
> 一半人虽已变成恶鬼，另一半人亦应依止法律。[②]

　　"谚语以一种机智又容易理解的形式把社会中的知识凝缩在短短的句子里，具有'权利义务性'含意的社会规范通过谚语的形式表达出来就是法谚，尽管是一种极朴素的方法，法谚在一定程度上确实具有将习惯客观化和实定化的作用。"[③] 这些以口头形式流传的谚语、格言、俗语、故事等，与日常生活直接联系、密切相关，反映出人们对财产及财产法

---

① 藏族习惯法规定，买卖双方款货两清后，反悔者要受罚货款的四分之一。参见张济民《寻根理枝——藏族部落习惯法通论》，青海人民出版社 2002 年版，第 16 页。

② 参见徐晓光《藏族法制史研究》，法律出版社 2001 年版，第 400—409 页。

③ 参见王亚新译《明清时期的民事审判与民间契约》，法律出版社 1998 年版。

律关系的态度和法律意识。有关财产及财产规范的藏族格言、歌谣、谚语、神话、故事等文学作品，多采用朗朗上口的形式流传，更容易为民众所接受、理解和记忆，从而在一定程度上对引导民众的财产法律意识、规范财产法律行为起着一定的指导、规范作用，从这个意义上讲，这些谚语、格言、俗语、故事等也是藏族民事财产法律规范的重要补充。

第二章

藏族古代财产主体及财产分类

那些构成我的人格的最隐秘的财富和我的自我意识的普遍本质的福利，或者更确切地说，实体的规定，是不可转让的，同时，享受这种福利的权利也永远不会失效。这些规定就是：我的整个人格，我的普遍的意志自由、伦理和宗教。[①]

——黑格尔

第一节　藏族古代财产主体

民事财产法律关系主体，简称民事财产主体，是参与民事财产关系，享有民事财产权利，承担民事财产义务的当事人。民事财产主体即是民事财产关系中权利的享有者和义务的承担者，也是财产的占有者和行为的支配者，因此，民事财产主体是民事财产活动中的主导者，是民事财产关系的核心范畴。

西方传统民法一般把民事主体分为自然人和法人。中国古代法和藏族古代法均未使用这一划分，但有个人和团体的划分。团体主要有王室、寺院、部落、庄园等，个人则有赞普、官僚、贵族、农民、手工业者等。需要注意的是，藏族古代社会是等级社会，人们的法律地位、社会地位、政治地位等，因阶级、身份、职务、性别的不同而不同，人们所享有的

---

① ［德］黑格尔：《法哲学原理》，商务印书馆 1961 年版，第 73 页。

权利和承担的义务的多少、大小是与他们的等级地位紧密相连的。对社会地位高的赞普、贵族、官僚、僧侣等，法律明文规定他们享有特权，并保护其特权。

一　赞普与皇帝

（一）赞普

吐蕃王朝是西藏历史上第一个统一的国家，赞普处于社会等级的顶端，尚、伦、元帅、军官等构成了世系相承、享有特权的官员贵族等级。

作为国家的最高统治者，赞普拥有最高的政治地位，享有对群臣任免、差遣、封赏、惩罚乃至生杀予夺的军政大权。同时，赞普也是民事财产关系的主体，是国家财富的最大拥有者，始终保持对王国内土地、牧场和其他重要财产的支配权、处分权，享有完全民事行为能力和民事主体资格。

藏文文献中，关于"赞普"一词赞普最初是指天神之子，代表上天主宰人间。《第穆萨摩崖刻石》记载："初，天神六兄弟之子，尼牙墀赞普来主人间，降临江托神山"；《唐蕃会盟碑》也记载："圣神赞普鹘提悉勃野化现下界，来主人间，为大蕃之王"；《敦煌吐蕃历史文书·赞普世系表》说："天神自天空降世，在天空降神之处上面，有天父六君之子，三兄三弟，连同赤顿祉共为七人，赤顿祉之子即为聂赤赞普来作雅砻大地之主，降临雅砻地方。天神之子作人间之主，后又为人们目睹直接返回天界"。① 赞普一词成为吐蕃王朝最高统治者的代称与建立吐蕃王朝的悉补野家族的崛起和兴盛密切相关。最初，赞普是对悉补野家族首领的称呼，在之后与周边各部落的兼并战争中，赞普逐渐成为吐蕃部落军事联盟的盟主，到松赞干布统一青藏高原建立吐蕃王朝时，赞普已成为吐蕃王朝统治者的代称。《新唐书·吐蕃传》说"其俗谓雄强曰赞，丈夫曰普，故号君长曰赞普"②，《册府元龟》记载："吐蕃号其王为赞普"。

赞普对吐蕃王国境内的土地、山林、湖泊及附于土地上的人口、牛羊等财产享有完全的所有权，可以对其财产进行处分，如将一些土地赏

---

① 王尧、陈践：《敦煌古藏文历史文书》，上海古籍出版社 2008 年版，第 173—174 页。

② 《新唐书·吐蕃传》。

赐、赠予给贵族功臣，《恩兰·达扎路恭纪功碑》碑文记载，"若'大公'之子孙某代或因绝嗣，其所属奴隶、土地、牲畜决不由（赞普）没收，而定举以界其近亲兄弟一支"，"大公之子孙后代手中所掌管之奴隶、地土、牧场、草料、园林等等一切所有，永不没收，亦不使减少，他人不得抢夺"[①]；《谐拉康盟书刻石》中也有"囊桑努贡子孙后裔之奴户、土地、牲畜、草场、园林等，无论绝嗣或受控系狱，赞普均不予没收，亦不赐与他人"的记载，说明赞普对土地、牲畜、人口等享有绝对的支配权，可以将封赐财产的所有权直接转让给有功之臣，他人不得抢夺。

赞普也有权随时收回其赏赐的土地。一般情况下，当接受封赐的贵族绝嗣或犯罪时，赞普有权收回封赐的奴户和土地牲畜等财产。对此，《敦煌本吐蕃历史文书》大事纪年中屡有记载，如 678 年若桑支·彭野芸和库·墀聂蓁松二人获罪，680 年清查库氏与若桑支氏之财产；698 年记载某年冬噶尔家族获罪，699 年在"哲"之"鸟园"内清查获罪家族之财产；713 年努布·墀辗蒙赞身故，其大量财产及民户均转赐给大藏郎官绮力心儿。[②]

（二）皇帝

元明清时期，西藏纳入中央王朝治下，成为中国统一版图的一部分。这一时期，皇帝既是国家的代表和统治者，掌握国家政权的最高权力，又是全国土地、牧场、牲畜等财产的最高所有者，是特殊的财产主体。

皇帝有权对全国土地、牲畜等进行支配和使用。元初，忽必烈先后把西藏地方授予西平王奥鲁赤、镇西武靖王帖木儿不花等皇家子弟为世袭采邑封地；《萨迦世系史》记载，汗王为第一次灌顶所献给帝师的供养十三万户，每一万户有拉德四千户、米德六千户[③]。皇帝还可以将其权利委托他人行使，如忽必烈封八思巴为帝师，委托其代表皇帝管理西藏事务，这一制度成为在元代成为定制，"帝师之命，与诏敕并行于西土"。明朝建立后，朱元璋沿袭元朝的政策，对西藏各部"因俗而治"、"多封

---

① 《恩兰达札路恭纪功碑》。

② 详见王尧、陈践《敦煌古藏文历史文书》，上海古籍出版社 2008 年版。

③ 阿旺贡噶索南：《萨迦世系史》，陈庆英、高禾福、周润年译，西藏人民出版社 1989 年版，第 108 页。

众建"，封赐给各级贵族、官吏、宗教领袖土地、封号、牲畜及人口等。清朝同样对西藏享有最高土地所有权，皇帝授予西藏地方首领土地占有权，如 1728 年清廷将后藏的拉孜、昂仁、彭措林等宗和若干谿卡划为班禅辖区；七世达赖喇嘛之后，清朝皇帝都会将达赖、班禅的父兄封为王公，西藏地方政府要根据这一旨意拨给他们庄园、牧场和属民。皇帝也可以随时收回授予西藏各级官吏、贵族的土地使用权和其他财产，如 1751 年诏令抄没珠尔墨特那木扎勒，1793 年没收沙玛尔在羊八井的寺院庄园，1844 年查办当时任摄政的策墨林活佛并抄没土地等。①

需要指出的是，皇帝是特殊民事主体，雍正帝在颁给西藏地方政府的谕旨中强调："尺地莫非王土，率土莫非王臣，蕃苗种类固多，皆系朕之赤子。"② 这是皇帝对自己集政治权力与民事最高权力于一身的明确宣示，也是对自身民事财产关系主体的确认。

二　官员和政府

（一）吐蕃王朝时期的官员

官僚贵族是藏族古代重要的财产主体，包括吐蕃王朝时期的官员和元代以后的官员。吐蕃王朝初，松赞干布建立系统的职官体系，分为吐蕃王朝中央官员和地方官员两大部分。

1. 中央官员

吐蕃王朝的中央官员是法律地位仅次于赞普的重要财产主体。

松赞干布以前，吐蕃政权尚未建立起完整的行政管理体制，赞普和大臣之间通过结盟建立君臣关系，藏史中记载囊日松赞与娘韦等众臣盟誓成为君臣，有学者对此称为"赞普统一领导下的众臣分治制度"③。此时，大臣职位的高低以是否与赞普结盟、大臣与赞普关系亲疏远近关系为依据，亲密者与赞普结盟，权力越大、地位越高，反之亦然。大臣职位的升迁主要以对赞普的忠诚程度为标准：忠诚赞普者，无功可重用；

---

① 《清代藏事辑要》。

② 《清实录·雍正朝实录》。

③ 端智嘉：《吐蕃时期的行政区划与官僚制度》，佐戈·卡尔译，《西北民族大学学报》（哲学社会科学版）2005 年第 6 期。

不忠甚至背叛者，有功也会贬责。如娘·曾古之子尚囊在与琼波·邦赛苏孜对歌时，尚囊赢得赞普的欣赏，赞普委其以大臣，并颁赐"银字"告身。

松赞干布时期，吐蕃王朝建立起完整的官吏体系。据《西藏王统记》记载，吐蕃王朝建立之初，松赞干布把中央机构的三百名大臣分为三类：谋臣、内相和外相，"斯时，大臣号称为三百人。最极有名大臣十六人，不可或无之大臣四人，彼等乃服侍于王之身口意等及管理内外中一切事宜之人也。以此菩萨苗裔之人为首共有大臣三百人也云"。①谋臣，是赞普领导下的吐蕃政治体系的核心机构，当时主要有吞弥桑布札、噶尔·东赞域宋、止塞汝恭顿、娘·赤桑扬顿等四大臣，其主要职责是议定国家大事，为赞普提供参谋和决断，即"王之身口意"等；内相，共一百名大臣，其中主要有"内臣六桑"，负责执掌王廷内务；外相也有一百名大臣，主要有"外臣六赞"，负责管理吐蕃全境的行政事务。②

赤松德赞时期，吐蕃王朝中央政府官员调整为三大部分：一是贡论系统，主要处理军国大事，负责军事征讨；二是囊论系统，主要"负责内部政务"，掌握财政经济，掌管宫廷内务；三是喻寒波系统，主要"负责监察与司法"。③三大系统分别由大、中、小三位尚论领导，称为九大尚论："贡论包括大相论茝一人，副相论茝扈莽一人，都护一人（称悉编掣逋）；囊论有内大相囊论掣逋，亦曰论莽热，副相囊论觅零逋，小相囊论充，各一人；喻寒波有整事大相喻寒波掣逋，副整事喻寒波觅零逋，小整事喻寒波充。"④另外，赤松德赞时期，由于佛教传播和赞普崇佛措施的推行，政府开始任命僧人为相，称为钵阐布，地位在诸尚论之上，协助赞普管理政务。除行政官员外，吐蕃政权军队的元帅和副元帅等高级将领也是中央官吏体系中重要成员。《唐蕃会盟碑》记载，唐蕃参与这一历史会盟的官吏中就有兵马都元帅、兵马副元帅两人。

囊日松赞时期，中央众臣之间的职位高低和权力大小还无明确规定。松赞干布时期，五大总管和"三舅一臣"地位最高：五大总管分别是管

---

① 《西藏王统记》，刘立千译，民族出版社2000年版，第46页。
② 何峰：《论吐蕃赞普继承制度》，《西北民族研究》2007年第1期。
③ 陈庆英、高淑芬：《西藏通史》，中州古籍出版社2003年版，第29—30页。
④ 《新唐书·吐蕃传》。

理卫藏四茹的噶尔·东赞域松、管理象雄的琼波·本松杰、管理苏毗的霍·恰叙仁波、管理乔的维赞桑伯莱、管理通恰（里域）的觉若·坚赞。① 赤松德赞时期，钵阐布级别最高，其次是九大臣：大、中、小公伦，大、中、小内臣，大、中、小噶禾盖却巴。

　　整个吐蕃王朝时期，作为独立的民事主体，赞普领导下的中央各主要大臣是地位极高、世卿世禄的上层贵族，是吐蕃王室治国的主要政治力量。虽然松赞干布划分行政区域、建立较为完整的职官体系，但是，从松赞干布到朗达玛时期，吐蕃王朝中央一级的主要官员仍沿用由赞普集权领导、众臣分治的职官管理方法。因此，这些高级官吏和顶级贵族的地位仅次于赞普，具有完全的、独立的民事主体资格。吐蕃王室把土地赐予大臣、贵族，作为其在职时的薪俸田或奖励，赞普还将附于土地之上的奴户赏赐予他们，如赐予琼波·邦赛苏孜后藏 20000 户、赐予娘·藏格苏毗 1000 户、韦·耶察在墨竹 1500 户、农·仲波在澎域 1500 户、蔡邦·纳桑在麦喀城堡 300 户、桑廓弥钦在森喀城堡 500 户等，为其放牧、耕作。② 可见，这些贵族大臣是独立的财产主体，拥有一定数量的土地、牲畜和人口，在各自的封地范围内进行独立的民事活动。

　　从法律意义上看，贵族官员的民事主体资格和能力几近不受限制，并享受政治、经济等优待。恩兰·达扎路恭记功碑记载："论达扎路恭之子孙后代，无论何时，地久天长，赐以大银字告身，永作盟书证券，固若雍仲。赞普后世每一代之间，诏令'大公'之子孙后代中一人充任内府官员家臣以上职司，并可常侍于赞普驻牧之地。'大公'之子孙后代果有任官府职司之能力者，必按其能力任命之，且予以褒扬"，"论达札路恭之子孙后代，当其手执盟誓文书，或因绝嗣，或遭罪谴，亦不没收其银字告身"，"苟'大公'之子孙对赞普陛下不生二心，其他任何过错决不处以死刑，若依法科处任何刑罚时，亦予以比原科处减轻一等而加以保护"③。

---

①　端智嘉、佐戈·卡尔译：《吐蕃时期的行政区划与官僚制度》，《西北民族大学学报》（哲学社会科学版）2005 年第 6 期。

②　同上。

③　王尧：《吐蕃金石录》，文物出版社 1982 年版，第 83 页。

2. 地方官员

吐蕃王朝时期的地方官员也是重要的民事主体。据《贤者喜宴》记载，吐蕃王朝地方官员有"七官"，但只列举了六种官吏，《松石宝串》补全为七种①：一为域本，即地方官，其职责是以治理吐蕃王朝治下的各地方；二为玛本，即军事长官，其本职是征服敌人；三为戚本，即司马官，其职责是派遣马差、为王出行作先导之职；四为安本，即度支官，其职责是管理粮食、金银；五为楚本，即牧官，其职责是管理母牦牛、犏牛及安营设帐等事；六为昌本，即法官，其职责是负责审判案件；七为代本，其职责是管理村落事务，即各部落酋长必须完成本村落的事务。此外，还有薪本（农业官）、孜本（会计或审计官）、差本（税官）、囊切巴（内侍）等各级官员。②

另外，吐蕃在占领区也有众多地方官员，如河陇等占领区的地方官员主要有：（1）节度使，节度使府衙是河陇地区的最高军政单位，节度使也就成为当区的最高地方长官；（2）万户长，敦煌古藏文文书中记载，万户长是节度使下的高官，执掌3—5个千户的民户，管理这些千户中军户所涉的民政事务③；（3）将军，其地位相当于卫藏地区的如本；（4）节儿，节儿的称号和职权范围学者们认为属于一城一地的守官，职级大小视具体条件而定，不能一概而论，多是吐蕃占领河陇后派驻的州一级官吏，相当于唐朝州的刺史；此外，还有都护、萨波、岸奔和守备长等地方官员。④

总的来说，吐蕃王朝地方官员体系较为笼统，各级地方官员均明显带有军政合一的特点。⑤ 各级地方官员由中央任免给予"告身"，并分给一定数目的俸田，官员根据自己的职权，在各行政区划内进行军政管理。因此，地方官员也是独立的财产主体。

---

① 巴卧·祖拉陈哇：《贤者喜宴》，黄颢译，中国社会科学院民族研究所，1989年，第41页。

② 恰白、次旦平措：《西藏通史》，陈庆英等译，西藏社会科学院、中国西藏杂志社西藏古籍出版社2003年版，第67页。

③ 杨铭：《吐蕃统治鄯善再探》，《西域研究》2005年第2期。

④ 杨铭：《新刊西域古藏文写本所见的吐蕃官吏研究》，《中国藏学》2006年第3期。

⑤ 陈楠：《吐蕃职官制度考论》，《中国藏学》1988年第2期。

（二）元明清时期的官员

1. 官家

元明清时期，西藏地方政府及各基层机构也是西藏社会特殊的民事主体之一。官家指西藏各级地方政府包括清朝驻藏大臣直辖区衙门；噶厦政府及其机构与各级官员；地方"基巧"、"宗谿"等基层政府及其官员；还包括大呼图克图拥有的"政教合一"的"拉让"、"左巴"、"金佐"和土司等。以达赖喇嘛为首的西藏地方政府包括噶厦政府系统、内侍系统、宗教事务系统、下属基巧级、宗谿级政府系统、谿卡（庄园）组织等。据记载，七世达赖喇嘛执政时期的官员共 350 人（僧俗官员各175 人）；还有班禅管辖区的"班禅拉让及各宗、谿、谿卡"；萨迦法王管辖区"佑巴"政府与法王"拉让"；昌都、呼图克图、土司等各管辖区地方政府及官员。

元明清时期，西藏地方政府受中央政府和皇帝的委托，对西藏地方事务进行管理。元初，中央政府设宣政院统管西藏事务，在西藏设"本钦"，"本钦"下设万户、千户，忽必烈委托帝师八思巴对西藏进行管理。明代沿袭元朝政策，在藏区进一步巩固和发展土司制度，授予各级土官封地和管理辖区的权力。1751 年，乾隆钦命七世达赖喇嘛兼管西藏政务，并在达赖喇嘛之下设立政教合一的西藏噶厦政府。西藏地方政府以皇帝名义管理西藏地方事务，包括西藏的土地、草场、牲畜和属民等，其权限主要包括：第一，对贵族、寺院及高级僧侣领地分封或没收，如七世达赖喇嘛曾给贵族、寺院重新颁发封文授予其使用权，领地变动等事项要根据达赖喇嘛的旨意处理；第二，授予噶厦下属机构的土地经营权，如授予孜恰列空、拉恰列空、颇康列空以及宗、谿等部分土地经营权，并可随时调整；第三，管理和监督各级土地占有者之间领地占有权的转移、变更，如贵族的析产、赠送、布施等协议文件均需禀报噶厦查核档案后批示加印。此外，西藏各基层行政机构也对辖区内的土地、牲畜等事务有管辖权。如清代大呼图克图在其辖区内自行设立拉让，实行独立的政教合一制度，对其领地享有占有权，还可分封陪臣、活佛家属及属寺。

2. 贵族

贵族是王权统治的产物。西藏社会第一位赞普聂赤赞普时，王权开始出现，社会阶层已经出现，贵族也在此时出现。囊日松赞赞普就赏赐农奴、土地给韦·耶察者等贵族。松赞干布时，吐蕃已经出现"尚伦"、"公伦"、"齐伦"等享有特权的贵族阶层，贵族阶级是吐蕃王朝的重要政治力量，如噶尔家族等，这是早期的西藏贵族。吐蕃王朝崩溃，贵族阶层也随之解体。直到17世纪后期到18世纪中期，西藏贵族阶层再次形成，在西藏政治、军事、社会和经济生活中发挥着重要作用。民主改革前，被封为西藏贵族的大约有400家。其中，西藏共有贵族197户，其中大贵族25户，中等贵族26户，小贵族146户[1]，分为四种：

一种是吐蕃王室和大臣及各地大酋长的后裔。如山南加拉里法王是吐蕃王室的后裔；大贵族吞巴是吞米·桑布扎的后裔；大贵族多仁·饶喀夏、夏扎等是古代大酋长的后裔，其先祖不少人在清初被封为"贝子"、"郡王"等爵位。

二是元明清中央政府敕封的公爵、土司的后裔。大贵族霍尔康是元朝皇室的后代；昌都的德格土司、拉多土司等是元明朝封赐的。此外，七世达赖为了扩大喇嘛权力，开始设置了"译仓"，委任僧人担任政府官员，共封了175家僧官贵族。

三是上层僧侣的近亲属。从七世达赖开始，凡达赖喇嘛的家属都封为"公爵"，并赐予大量的庄园和农奴，成为大贵族。七世达赖喇嘛的父亲被雍正皇帝封为"辅国公"，这类贵族处在西藏贵族社会的顶端。此外，还有班禅近亲属、萨迦法王、昌都帕巴拉、察雅洛登协饶和类乌齐庞球等呼图克图的家属及其主要官员，均被封为贵族。这类贵族在其势力范围内建立庄园，从事土地经营。13世纪初叶，萨迦派教主萨班·贡噶坚赞之弟桑擦·索南坚赞，在"在仲堆、仲麦、达托、芒卡寨钦、藏哇普、夏堆麦、大那等地建立庄园；在绛迥、喀索、果斋、客尔普等地建立许多牧场；在热萨等地牧养马匹"[2]。世袭贵族每家都占有一个到十几个庄园，拥有几百克、几千克到数万克土地，如大贵族多仁就占有土地四万多克。

四是允许商人出钱购买贵族头衔，如邦达养壁和桑都任青；还有移

---

① 参见《西藏自治区概况》，西藏人民出版社1994年版，第243—244页。

② 阿旺贡噶索南：《萨迦世系史》，陈庆英、高禾福、周润年译，西藏人民出版社1989年版，第99页。

居西藏的不丹王族后裔，如大贵族多扎·策仁。此外，牧区世袭的千户、百户也属贵族。

3. 土司

土司既是政治、军事组织，又是经济组织和民事财产主体。土司制度源于元代，发展于明清，是元明清时期中央王朝在西北、西南少数民族地区实行的一种特殊的统治制度。通过"土官治土民"，对边远地区各少数民族大首领"封以官位、授以名号"，设立土司衙门，管辖当地各族人民。土官作为王朝命官，其职责是"各统其部落，以听征调、守卫、朝贡、保塞之令"①。

明清时期西藏各地分封的土司对辖区事务享有独立的管理权。除自营外，土司有权将辖区的耕地、牧场分给头人和寺庙，也可分给百姓份地。如德格土司统治四川德格、石渠、白玉，西藏江达、邓柯，青海玉树等地②，对其辖区内土地有权使用、分封，民主改革前德格土司自营地有 666 亩，还封给下属的 44 个大头人和 106 个小头人一定数量的土地、农奴，仅德格县内封给大小头人的耕地数量就有 4614 亩，占全县耕地总数的 16.7%。③ 如果头人对土司不忠，土司有权收回给予头人的土地和农奴。

4. 农奴主代理人

农奴主阶级中还有一个农奴主代理人阶层，主要包括"强巴"、"涅巴"、"谿本"、"谿堆"（为三大领主管理庄园的小官员或管家）；"佐扎"（宗政府管理庄园差税的小头人）；大"差巴"（差巴中转租三大领主土地或庄园而有大量剥削的人）；在农牧区拥有特权的世袭头人，如"根保"、"达桑"（相当于乡长、保长、村长一类地位的人）；大农奴主的亲信佣人，包括"穷堆"和"郎生"出身而担任亲信佣人的；寺院产业由主管寺庙行政事务的堪布和主管全寺财务的喇嘛吉索、负责全寺僧众纪律的格贵等上层喇嘛控制；寺院的庄园则由堪布派大管家"强佐"和小管家"涅巴"去管理，这些人也是庄园的民事长官，有独立的民事主体资格。

---

① 《明史·职官志》。

② 格勒：《藏学·人类学论文集》，中国藏学出版社 2008 年版，第 818 页。

③ 参见《四川省甘孜藏族社会历史调查》，四川省社会科学院出版社 1985 年版，第 84 页。

三　寺院和僧侣

寺院和上层僧侣利用生产资料进行获取财物和民事活动，成为占有大量土地、牧场和财富的农奴主及特殊的民事主体。

1. 寺院

寺院最早出现在松赞干布时期，佛教开始受到重视，西藏开始兴建大昭寺、小昭寺等十余座寺庙。① 此时的僧人多是王公贵族或官宦子弟，他们原本属于有产阶级，占有大量土地和财富②。8 世纪后半叶，赤松德赞先用分封庄园的方法，赐予寺院一定限额的农田、牲畜、财物等供养外，又赐予每名出家人 3 户人丁；并规定供给僧人的生活资料：供给堪布每年青稞 900 克、酥油 1100 两、衣服一套、马一匹、纸 40 卷、墨 3 锭以及足够的食盐；供给大修行者和经师每人每年青稞 55 克、酥油 800 两、马一匹、衣服一套 6 件；25 名学经僧人每人每年青稞 25 克、衣服一套 3 件；其余普通僧人每人每年青稞 8 克、纸 20 卷。③ 还规定僧寺属民均免除差税兵役。对此，赤松德赞会盟誓约，刻石立碑，成为定制，楚布江浦建寺碑记载："作为寺产之民户及产业之上，不征赋税，不征徭役，不取租庸、罚金等项。"④ 此时，寺院有不派差税、不受世俗法律惩处并受臣民供养的特权。吐蕃王室大力扶植佛教，僧人、寺院由王室保障供养："予父子（赞普）均尊为皈依供养之处。……不令颓败，不离不弃，不毁不谤，而供奉之也"，"祖、父、子、孙无论何时，定断作三宝之顺缘者决不降低、减少，不骤不灭，如同寺庙户籍文书诏令之前所言，依之管理行事"⑤。藏王赤热巴巾时，赐予僧人的属民增加到 7 户，史称"七户养僧制"。此时，寺院收入来源单一，主要仰赖王室供给，寺院经济规模很小，尽管如此，寺院已经成为民事财产的主体，并以自己的名义进行经济活动。

---

① 王辅仁：《西藏佛教史略》，青海人民出版社 1985 年版，第 24—26 页。
② 参见东嘎·洛桑赤烈《论西藏政教合一制度》，民族出版社 1985 年版，第 16—17 页。
③ 东嘎·洛桑赤烈：《论西藏政教合一制度》，民族出版社 1985 年版，第 16—17、19、49、60—61 页。
④ 王尧：《吐蕃金石录》，文物出版社 1982 年版，第 161 页。
⑤ 同上书，第 160—161 页。

寺院是拥有大量土地、草山牧场、牲畜和属民的封建经济实体，具有独立的主体资格。吐蕃王朝崩溃后，佛教再度弘传复兴，新兴的地方封建领主大兴寺院，赠送给寺院大量土地，并逐步形成政教合一、割据一方的政治势力。元明清时期，中央和地方政府封给寺院大量土地、牧场、农奴和庄园，贵族也不断向寺院布施土地和财产、属民，并豁免藏传佛教寺院的差税和兵役。萨迦、噶举等教派执掌西藏地方政权期间，曾给所属教派的寺院分封土地；格鲁派（黄教）执掌西藏地方政教大权后，封给格鲁派（黄教）大小寺院不少庄园、牧场和农奴，并给了寺院独立的司法权力。此外，藏传佛教寺院还通过商业贸易和借贷等方式获取财产。

西藏进入教派时代后，随着"政教合一"的不断强化，寺院拥有雄厚的生产资料和一定数量的依附人口。民主改革前，西藏共有寺院2711座，握有经济实权的上层僧侣约4000人。按1959年6月统计，实耕土地为330万克，其中寺院和寺院上层僧侣占有1214400克，占全部耕地面积的36.8%。在牧业区，主要生产资料——草场，寺院占有比例为50%左右。以拉萨三大寺为例，哲蚌、噶丹、色拉三大寺在1959年民主改革前，共占有庄园321个，土地147000余克；牧场261个，牲畜11万头（只）；农、牧、奴4万余人。① 据调查，塔尔寺到新中国成立前夕，寺田达103400亩，佑宁寺有田地49000多亩；玉树、果洛地区等牧业区的寺院，则主要经营畜牧业，如果洛白玉寺有羊5500多只，牛2400多头，马400余匹；海南、海北、黄南等地区的寺院，农牧兼营，如门源仙米寺解放前有耕地600余亩，牧场3处，羊3100只，牛近1000头。

作为独立的民事主体，寺院以自己的名义进行各种民事财产活动，通过出租土地、牲畜，经营商业和宗教活动等方式获取可观收入，从而成为重要的政治力量和民事财产主体。如寺院将牲畜出租给牧民收取畜租，将土地出租奴户、农牧民后收取田租等。此外，寺院还进行商业贸易和借贷、放债等民事财产活动，如塔尔寺常年用于经商的白银达4万两之多；结古寺内设有管家，管理50人组成的商队，配有枪支、马匹，经常来往于西宁、拉萨、打箭炉（康定）等地进行商业经营。②

---

① 丁汉儒：《藏传佛教源流及社会影响》，民族出版社1999年版，第116页。

② 白文固：《明清以来青海喇嘛教寺院经济发展概述》，《青海社会科学》1995年第2期。

2. 僧侣

僧侣也是重要的财产主体。活佛是僧侣中等级最高的，活佛大小等级不同，占有的土地和财产也有不同。以格鲁派为例，据统计，民主改革前，十四世达赖喇嘛家族在西藏占有 27 座庄园、30 个牧场，拥有农牧奴 6000 多人，每年收青稞 33000 多克（1 克相当于 14 公斤），酥油 2500 多克，藏银 200 多万两，牛羊 300 头，氆氇 175 卷。1959 年，十四世达赖喇嘛有黄金 16 万两，白银 9500 万两，珠宝玉器 2 万多件，有各种绸缎、珍贵裘皮衣服 1 万多件，其中价值数万元的镶有珍珠宝石的斗篷 100 多件①。

除达赖、班禅外，活佛分为五类：第一，摄政活佛或大呼图克图一级的活佛，如热振活佛、第穆活佛、济咙活佛和策墨林活佛等约十多人；第二，"朱古朗松"一级的活佛，如洛桑巴、列龙等约二十人；第三是大寺院"措钦"一级的活佛（三大寺的"措钦朱古"比一般寺院的"措钦朱古"地位高，特别是能担任"摄政"的大呼图克图，如济咙、热振、第穆等活佛，他们也是三大寺的"措钦朱古"），十多人；第四，寺院"札仓"一级的活佛，由本寺院的"拉基"批准、备案就可以了；第五，一般的"康村"或小寺院的活佛，他们中很多人的生活一般，在噶厦的"译仓"内也无案可查。前四类活佛都是寺院的大小领主，最后一类活佛的经济地位视其具体情况而定。民主改革前，西藏各派活佛有 1600 多个，前四类大小活佛约有 500 名，他们以级别的不同占有数量不等的庄园、牧场、农奴，有的大活佛的私人庄园和大贵族不相上下，如 1913 年十三世达赖没收丹吉林第穆活佛的土地就有 5 万多克。寺院上层僧侣占有的土地来源，基本分三种情况：其一，皇帝封赐、加赐给呼图克图的辖地，由呼图克图的"拉让"（活佛私邸）直接管理；其二，地方政府封给一些大活佛的领地，叫做"曲谿"（佛和僧的供养地），是免税的；其三，贵族们布施的土地。

除活佛外，僧侣集团中绝大多数是地位较低的普通僧侣。僧侣集团既不是超阶级的佛教徒的共同体，也不是一个阶级的共同体，他（她）们在寺院中所处的地位，绝大多数是和本人家庭的阶级地位相一致的。

---

① 参见"西藏民主改革 50 年"，http://tibet.news.cn/gdbb/2009 – 03/02/content _ 15835607.htm。

民主改革前（1959 年前），西藏地方僧尼总人数为 11 万人，占西藏总人口的 10% 以上。一般说来，贵族出身的僧人，在寺院中处于贵族僧侣的地位，农奴出身的"扎巴"和他们未出家时一样，仍然处于受奴役、受剥削的境地。虽然也有个别农奴出身的僧人，在特殊情况下，或当上了寺院的上层喇嘛，或做了地方政府中的僧官，甚至有个别的当了黄教首席法台——噶丹赤巴，成为农奴主，如 11 世纪时，藏传佛教噶举派创始人玛尔巴（1012—1079）出身洛扎的自耕农家庭，但其从事商业，往来天竺、泥婆罗（今尼泊尔）与西藏之间贩卖黄金及其他土特产品，玛尔巴还要求门徒必须向他献上大部以至全部财产，替他耕地、修房，服多种劳役①，成为农奴主。但总体而言，农奴出身的僧人改变身份的机会很少，实际上，民主改革前的 11 万僧尼中，贫苦喇嘛（扎巴）、尼姑占 95% 以上，仍然是穿着袈裟的贫苦农奴。

四　农牧民

农牧民是西藏古代社会数量最大的民事主体，在财产法律关系中占有重要地位。农牧民具备民事主体资格，拥有一定数量的土地、牲口、生产工具和少量财产，同时，必须向国家承担兵役、赋税和劳役，是国家赋税的重要承担者。

吐蕃时期，农牧民包括个人和以"户"为单位的"奴户"。《狩猎伤人赔偿律》中记载："放箭杀人者被处死之后，另一半奴户，原为何人之奴，何人之民，可听其自愿"，"其奴户，在放箭杀人者被处死后，愿与何人为奴，作何人之民户，听其己愿"。② 奴户不同于奴隶，有一定的人身自由，王朝可以把他们赠给贵族功臣，也可以通过部落进行管理和奴役，其民事主体资格有一定限制。

农牧民可以从部落农田官那里领到一份土地和牲畜，以从事农牧生产，即"分群以牧，分田以耕"。敦煌文书《沙州敦煌县悬泉乡宜禾里大历四年（769）手实》记载，宁和才户有三口人，应受田 51 亩，实受田仅永业田 5 亩 40 步，居住园宅 40 步，有 45 亩 200 步未受；《唐沙州敦煌

---

① 参见桑杰坚赞《米拉日巴传》，刘立千译，四川民族出版社 1985 年版，第 57—83 页。

② 王尧、陈践：《敦煌吐蕃文献选》，四川民族出版社 1983 年版，第 11—12 页。

县慈惠乡开元四年（716 年）籍抄录》载杨法子户四口，为下中户，应
受田 101 亩，实受永业田 20 亩，口分田 19 亩，有 60 亩未受；余善意户
三口，下中户，年纳租二石，应受田 160 亩，实受永业田 20 亩，口分田
7 亩，居住园宅 1 亩，有 132 亩未受。[1] 王忠先生《新唐书吐蕃传笺证》
中引用托马斯《中国新疆发现的藏文文书》中的藏文文书，记载 "兔年
春经商议决定，将小罗布之王田划为五种亩数，按农人人数加以分配"[2]，
说明当时的农牧民可以按照户口分配田地，农民由此得到一份固定的土
地使用权，并受到吐蕃王朝法律保护。此外，《吐蕃简牍综录》所记录的
木简中还出现由农民领受官员受田的事例，如 7 号木简中格来领受先锋
官之田两突，4 号木简中班丹领受资悉波之田地三突、军官体田一突、如
本之新垦荒地一突、副先锋官田一突等记载，表明这种领受关系是受政
府认可的，"是一种指派代耕的形式"[3]，可能是吐蕃王朝给部落中担任官
职的人拨出一部分土地作为封禄田，还指派一些农民为其耕种，收获的
粮食归官员所有作为其担任官职的薪俸，而耕种土地的农民则以此履行
应对政府承担的劳役。敦煌汉文写卷 P3474 号《丑年十二月僧龙藏牒》
也有类似记载："齐周身充将头，当户突税差科并无。官得手力一人，家
中种田驱使，计功年别三十驮"，即齐周因担任 "将头"（部落之下的一
级组织的头领）得到免除本人差税的特权，并由官府指派一人为其耕种
土地，"官得手力" 是指官府指派的为官员耕种的劳役。需要注意的是，
农民除为官府指派的官员贵族耕种外，自己也可从官府领种一份土地，
并向政府缴纳租税，《吐蕃简牍综录》中记载："兔年秋，统计尚论（即
贵族官员）所属民户从事农事者，哪些田赋已交，哪些未交，逋欠者唱
名登记。"[4]

---

①　详见王尧、陈践《敦煌古藏文历史文书》，上海古籍出版社 2008 年版。

②　王忠：《新唐书吐蕃传笺证》，科学出版社 1958 年版。

③　陈庆英：《从账簿文书看吐蕃王朝的经济制度》，中国藏学出版社 1992 年版，第 100—
114 页。

④　王尧、陈践：《吐蕃简牍综录》，文物出版社 1986 年版，第 42 页。

五 桂、庸、耕奴和农奴

(一) 桂、庸、耕奴

桂是吐蕃奴隶中的武士，是专门从事军事战争的职业军人，藏语称为"果"（rgod）。庸是吐蕃奴隶中专门从事农业生产的阶层，属于贵族或官吏私人所有，战时从军，平时从事农、牧业生产或家务劳役。庸是桂的对称。新疆出土简牍载："……伍茹之军帐……驻于大罗布，……请下令区分桂庸"①，其中，"桂"即武士阶级，是奴隶中参加军旅的战斗人员；"庸"为随军提供后勤人员的奴隶。耕奴是专门从事农业大田生产的奴隶，处于奴隶中的最底层。

桂、庸、耕奴本为奴隶，但是，特定情况下，桂、庸、耕奴也可成为民事主体之一，享有一定的民事财产权利，主要表现为：

第一，桂、庸、耕奴可以作为侵权行为中损害赔偿的主体。如《狩猎伤人赔偿律》将庸作为民事主体之一，规定狩猎误伤桂、庸、耕奴时，要支付其一定的命价，"王室民户一切庸及尚论和百姓之耕奴、蛮貊、囚徒等人，被尚论黄铜告身以下和与之命价相同之人因狩猎射中……如受害人中箭身亡，赔偿命价（银）二百两……如受害人中箭未死，赔一百两"②；反之，如果桂、庸、耕奴狩猎射中王室民户、大藏、武士等，也应当按照给付相应的命价，"王室民户一切庸和尚论、百姓之耕奴、庸和蛮貊、囚徒以下之人，因狩猎中箭，赔偿相同……如受害人中箭身亡，赔偿命价（银）五十两……如受害人中箭未死，赔十两"③。

第二，桂、庸、耕奴等可以以自己的名义从政府领得一定数量的田地，并在此土地上耕作和缴税。如敦煌木简中"那松之农田庸奴三人……（领受）农田三突"④、"农田使官拉罗领受属桂之田一突"⑤、"论赞之农田佣奴领受聂拉木以上查如拉（地方）农田四突"⑥ 的记载，说

---

① 王尧、陈践：《吐蕃简牍综录》，文物出版社1986年版，第65页。
② 王尧、陈践：《敦煌吐蕃文献选》，四川民族出版社1983年版，第23页。
③ 同上书，第25页。
④ 参见王尧、陈践《吐蕃简牍综录》，文物出版社1986年版。
⑤ 同上。
⑥ 同上。

明桂、庸、耕奴可以以自己的名义从代表国家的农田官那里领受一定数量的土地。同时，桂、庸、耕奴还要向国家缴税，如《吐蕃简牍综录》58 号木简记载："论努罗之奴仆……已在小罗布，……冬季田租之对半分成于兔年……"①

（二）农奴

农奴是西藏割据时代和教派时代最基本的社会阶层和最主要的民事主体。农奴没有土地所有权和完全的人身自由权，依附在领主庄园的土地上，为农奴主进行繁重劳动，负担沉重差役租税。但农奴也享有一定的人身自由，可以耕种政府公田和耕种官吏及贵族庄田，但只有土地使用权而没有土地所有权。② 此外，农奴还占有少量牛羊等财产。具有民事主体资格的农奴包括"差巴"、"穷堆"（康区称"科巴"）、游民等。

"差巴"，意为支差的人。西藏地区的"差巴"耕种的份地，称差岗地。为取得一份差岗地，"差巴"要向地方政府支应各项差役，并且要为领主的自营地从事无偿劳动。在川西，土司官寨的农奴亦称为"差巴"，头人和寺院的农奴则称为"科巴"。"科巴"，意为需要的人，在社会上又低于"差巴"，相当于西藏的"堆穷"。"差巴"是农奴中社会地位较高的阶层。由于差巴户领有的差地和自己的耕畜、农具有多有少，有好有坏，家中的劳力情况也不相同。差巴户又可以分为三类：第一类是较富裕的上等差巴户，他们领有的差地面积较多（西藏民主改革前，在丁青地区平均每人约有 50 克土地；昌都直属地区在 30 克左右。其中有的大差巴户，拥有的土地已接近头人），土质和水利条件较好，拥有的耕畜、农具较全，在自己参加劳动的同时，也雇用少量的长工或短工，生活条件较一般农奴好。有的大差巴还是当地的小头人，如根波、措本等，是封建领主阶级的代理人。差巴对领主仍然有人身依附关系，还是农奴。第二类为中等差巴户（西藏民主改革前，约占差巴户总数的 20%），一般每人一些较好的差地、耕畜、农具，需支应领主的差役租税。第三类是下等差巴户（西藏民主改革前，约占差巴户总数的 70%），他们领有的差地少、劳动力少、差役重、债务多，经济状况较差，以丁青、察雅、波密

---

① 王尧、陈践：《吐蕃简牍综录》，文物出版社 1986 年版，第 42 页。
② 详见黄奋生《藏族史略》，民族出版社 1985 年版，第 62—63 页。

地区为例，民主改革前人均土地分别只有1.5克、0.5克、0.9克。此外，在江达（旧称同普）有一个阶层叫"革堆"，其含义为私有户。"革堆"户拥有较多的属于私人的土地财产，他们的经济生活和政治地位与差巴户基本相等，有的甚至高于差巴户，也可列入差巴阶层。

"堆穷"意为"小户"，可再分为内差户、烟火户和手工业者三种，是"差巴"的下一等级。"堆穷"不能领种差岗份地，只能依附于领主或富裕的"差巴"，耕种极少量的"耕食地"，为主人服繁重的劳役。"堆穷"可分为三种：第一种"堆穷"户在寺院或贵族、大差巴户家庭中领有很少的租地，除无偿为领主自营地支应劳役外，还需交实物地租，同时又向所属领主交人头税。这种地租，当地人一般称为"堆穷地"、"嘎杂地"、"俄惹地"。民主改革前，"堆穷"户租地面积1—4克不等，丁青地区最多的不超过8克；波密地区不超过5克。昌都直属区许多宗的"俄惹"（意为宗苗的人）就是专指种这种地的堆穷。还有很少一部分"堆穷"拥有少量差地，或是由差巴转为堆穷时遗留而来的，或是由开荒、租佃、抵押而来的，其差地部分须向政府支差，这类堆穷叫"俄惹即交"（意为半俄惹、半差民）。第二种"堆穷"无地耕种，租借寺院、贵族、大差巴户等的房屋居住，靠当雇工度日，每年还要向农奴主缴纳人头税，私有财产很少。察雅宗的"当主达脚"（意为随叫随到）就属于这种不种地的堆穷。第三种"堆穷"是专门从事手工业，用自己的手艺为农奴主支差，如打铁、木工、缝纫等；有的靠外出做手艺谋生或给一些差巴户做短工，每年向所属领主缴纳人头税。"堆穷"是有一定人身自由的财产主体，社会地位低于"差巴"。

"却世若仍"意为固定的乞丐户。他们没有土地、房屋和牲畜，借住于别人的房屋，依靠卖酒、织袜、编头发、缝纫、做工匠等为生。为领主支应背水、喂马、跑腿等差役。

"坐母亚用"，是指一些由破产差巴或因债务而逃亡的堆穷户和罪犯形成的"自由"游民阶层，当地人称其为"坐母亚用"、"邦过"等，其含义为"要饭的人"。他们没有土地、财产和房屋，到处流动；不从事生产劳动，也不承担差役，社会地位十分低下，受人歧视。据调查，色扎宗的一个村，44户住民中，有"邦过"15户；察雅香堆村45户非差民中，有"坐母亚用"6户。这些分散在西藏各地的游民和乞丐，有人身自由但地位低下。

六 部落、部落头人

部落也是藏族古代重要的民事主体。部落是分散的牧业经济中牧民的基本社会组织，在青藏高原严酷的环境中，由于藏族牧业经济共有的草场、河流、森林等资源为基础，草场必须按季节轮转使用，因此，部落对内部成员及公共事务进行管理，如草场等公共资源统一管理、计划使用，成员间的纠纷处理，与其他部落关系的协调等。从这个意义上讲，部落也是重要的民事主体，可以以部落的名义进行民事法律行为并承担法律后果。

部落作为民事主体，其法律行为是由部落头人代为进行。部落头人既是本族（本部落）的族长和代表，又是官府在本地区的执政者，还是部落武装的指挥官，是集政治权利与财产权利于一身的民事主体。部落组织中，血缘氏族领袖占绝对地位，部落头人以部落名义进行各种民事行为，可以对部落共有财产由部落头人和长老商议后进行分配；血族仇杀和草山纠纷由部落头人出面进行协调和商议；个人伤亡损失由部落抚恤赔偿，丧葬及喜庆开支的不足部分部落则负责补偿；以部落名义借贷、赠予等。如青海阿柔部落 1578 年迎请三世达赖喇嘛讲经说法、灌顶，阿柔部落向三世达赖喇嘛供奉马 1000 匹、牛羊 10000 头以及其他财物，1653 年迎请五世达赖喇嘛讲经说法，阿里克部落奉献马 800 匹、黄金 50 两及许多牛羊，上阿柔部落则奉献马 30 匹。[1] 部落头人对外有权代表部落参加部落的军事部落、外务活动，协调、解决本部落与其他部落之间的各种纠纷；对内则可以以部落组织名义占有王朝授予的土地、牧场，组织、分配生产资料给农牧民耕种、放牧，向国家纳税服役，处理日常事务和解决内部矛盾，还经常以部落为单位与外界进行粮食、牲畜、物资交换。

部落头人享有一定公共权力，但部落头人也是部落成员之一，有自己的生产工具、牲畜、畜产品等私有财产，因此，除作为部落的代表进行民事活动外，部落头人自身也是独立的民事主体，可以进行买卖、雇

---

① 五世达赖喇嘛阿旺洛桑嘉措：《一世到四世达赖喇嘛传》，陈庆英、马连龙译，中国藏学出版社 2006 年版，第 233 页。

用等民事行为。相对而言，部落头人占有优质草场和较多的牲畜，如罗马让学部落"甲本"（百户长）协绕罗柱家，即该部落的"甲果阿玛"（百户之首，即部落中牲畜最多的首户），占有的牛羊占全部落牲畜总数的21%，雇用牧工9人。[1] 部落头人对其占有的土地和农奴可世代继承、赠送和转让。

七　手工业者和商人

吐蕃王朝建立前，藏族社会已完成畜牧业与农业的分工、手工业与农业的分工和商业与手工业的初步分工。铜制品、铁制品、金、银制品在吐蕃社会生产和生活中得到广泛使用。《册府元龟》记载：吐蕃"唯以淬砺为业"，《唐书》说吐蕃战士"铠胄精良，劲弓利刃不能入"。文成公主入蕃，带进"十艺十六法"及雕刻匠，后来又请来纸墨工匠，中原的工艺技术，如造纸、制墨、纺织、竹编、造酒、养蚕、碾、水磨、冶铸、奶制品技术不断传入吐蕃，各行业都有一批具有专门技巧的工匠，他们以家庭为单位世代相传，为王室、贵族官僚服务，有的手工业作坊还由吐蕃当局直接管理。他们有特定的地位，享有一定的权利，承担繁重的义务，成为民事主体。同时，由于商品交换和贸易的发展，已出现集市和比较繁荣的小城镇，形成专事商业经营的商人，主要有民间小商小贩，他们的社会地位不高，是具有自由职业的民事主体。

西藏农奴制社会时期，商品经济发展较为不平衡，城镇商业较为发达，广大的牧区和农区的产品交换则相对落后。随着农牧业和手工业的发展以及内外交流的需要，西藏出现了拉萨、日喀则、昌都、江孜、亚东、泽当、那曲等商业贸易较为发达的城镇和市集，还出现了普兰、西宁、康定等与周边地区通商的商贸口岸，进行官营和私营的商业贸易活动，形成了一批以商贸经营活动为生的商人。

贵族、各级政府和寺院常常参与商业活动，三大领主差不多都有专门经营商业的组织和机构，如噶厦的拉恰列空（财政局）和孜恰列空（布达拉财库）在阿里地区派出色本（金官）和雄冲（官商）用茶叶、氆氇等日用品换取从拉达克、克什米尔等地进口的棉布、红糖、木碗、

---

[1]　格勒：《藏北牧民——西藏那曲地区社会历史调查》，中国藏学出版社2004年版。

水果等，又在错那、帕里、定日等地派驻"哲朱"机构从事米、盐、木板等贸易。贵族也纷纷从事商业贸易，如大贵族擦绒靠经商发家。各地领主是地区性商业活动的主要力量，如拉加里每年藏历十一月的霍尔崇庙会是山南地区农牧产品交换的重要市场，拉加里的贵族赤钦、夏江和夏洛三家领主每年投入庙会的粮食换取的货物量占贸易总额的三分之一。此外，寺院也是商贸活动的主体，如大金寺的商业资本总额近 240 万银元，四川西藏寺院商和土司商的资本占当地私商资本的 80% 左右。农牧区也有进行自由职业的小商小贩。据 1956 年调查，拉萨市资本较大的 41户藏族批发商中，贵族、官商、头人、土司等占 23 户，寺院占 9 户，其他的占 9 户。[①] 有的商人通过出钱得到贵族头衔而进入上层；而小商人地位不高，他们都属于比较自由活跃的民商事主体。但与此同时，大部分部落，禁止属民外出经商，也有部落如那曲罗马让学部落允许属民外出从事商业贸易。

　　另外，由于西藏的过境贸易和对外贸易较为发达，大规模的对外贸易往往是由外国商人承担，如尼泊尔人、克什米尔人、亚美尼亚人、莫斯科人、蒙古人等，因此，他们也是重要的民事财产主体。外国商人经常往返于西藏与周边国家之间，还有人定居在西藏，甚至居住多年并拥有自己的住宅和雇员。据《卫藏通志》记载，大约到 18 世纪末，西藏有197 家克什米尔贸易商行，有 40 家尼泊尔商行。《西藏志》记载，18 世纪西藏当地还有"白布回民"和"缠头回民"两种外来商人，"缠头回民"来自中国中原地区，"白布回民"则来自不丹、尼泊尔和印度，他们出售氆氇、藏毯等。1646—1650 年尼泊尔向西藏日喀则发动远征后，加德满都国王与西藏统治者之间达成协议，规定加德满都和西藏共同控制库底和济喉的边境城市，加德满都川地的商人社团可以在拉萨设立 32 家商行，加德满都的宫廷在拉萨可以拥有 1 名商务代表，而在西藏经商的尼泊尔商人被免除任何负担和任何关税[②]。

---

　　① 多杰才旦：《西藏封建农奴制社会形态》，中国藏学出版社 2005 年版，第 88 页。
　　② ［法］布尔努瓦：《西藏的黄金和银币：历史、传说与演变》，耿昇译，中国藏学出版社 1999 年版，第 209 页。

八 家族、家庭

家庭是社会的细胞,是生产生活和进行民事财产活动,享有民事财产权利、承担财产义务的基本单位,也是独立的民事主体。家族则是血缘相连的家庭共同体。吐蕃社会同样是由家庭、家族构成的,不论是王室、贵族世家还是处于不同等级地位的奴户和农牧民一般家庭,总是或多或少地享有一定的生产和生活资料,进行必要的物物交换和商品交换,以维护最低限度的生存与发展。王室和贵族大领主富比连城,占有大片土地、牧场,拥有千百奴户、奴隶和成群牛羊,如藏族历史文献中出现的没庐氏、那囊氏、娘氏、努布氏、韦氏等,均为社会地位较高的贵族家族;农牧民则艰苦度日。需要注意的是,在家庭、家族内部,家长、族长、男人、女人也具有不同的身份、命价和能力、资格,享有家庭共同财产,成为家庭共同体的成员。

第二节 藏族古代财产分类

财产是民事财产关系的客体,是一切财产关系中最基本的要素。藏族古代社会财产的种类繁多,包括土地、牧场、资源、奴隶、牲畜、粮食、房屋、工具、衣物、货币等。

一 土地

土地是万物之母,是人类社会生存发展的总条件,是一切自然资源中的总资源。土地是耕地、牧场、草原、林地、山地、谷底、湿地、荒地等的总称,是社会最根本的经济资源,是人们赖以生存的永久性的生产资料。土地是人类生存之本,是人类社会最重要的、必不可少的物质财富。

土地包括耕地、牧场、草原、林地、山地、谷底、湿地、荒地等的总称。作为民法中的土地,通常具备以下特征:第一,土地为单纯的自然存在物而非经由劳动创造出来的财产;第二,土地所处的位置决定土

地的属性，不同位置的土地因地理、气候等原因会产生不同是所有制形
式；第三，土地大多与其四周的邻地接壤，且绵延不绝；第四，土地是
人生生存的基础，也是人类生活所需的一切财产的来源，因此，土地除
具有一般财产的私有的、独占的特质外，还具有社会的、公共的性质。①

　　土地是民事财产制度中最重要的财产形式，草场和耕地始终是西藏
古代法律的重要内容。由于土地在社会上的重要性及其具有显而易见性、
固定性、安全性等，土地一直成为物权的重要客体②，是所有财产形式中
最重要的一种。各种社会关系都直接或间接地与土地制度有关，围绕着
土地的使用、占有、支配、分配等问题，形成了人与人之间各种各样的
社会关系和法律关系，也是社会分层和等级划分的重要内容。

　　中国西藏、青藏、川藏、甘藏和云南等五大西藏总面积为 229 万多平
方公里，其中，草地总面积为 128 多万平方公里，占西藏土地总面积的
55.9%；森林总面积近 14 万亩，占 6%；耕地主要分布在河谷地带，约
1.17 万平方公里，占全区总面积的 0.51%。因此，在青藏高原特有的地
理、气候条件下，草场和耕地是最主要的土地形式和最重要的生产资料，
是藏族古代政权赋税的重要来源，也是西藏社会生活中最重要的财产
形式。

　　草场和耕地是藏族社会生产资料和文化象征。敦煌藏文 P. T. 1287 号
记载，止贡赞普出生时，耳聋的祖母询问：吉地的扎玛岩是否坍塌，当
玛的牦牛草地是否被烧毁，丹木勒瓦湖是否干涸。旁人回答说：岩未塌，
草地未烧毁，湖水未干，但老祖母却听成岩已塌、草地已烧干、湖水已
干，因此预言这个新生的婴儿将来将死于刀下，便起名止贡赞普。③ 这一
记载以"牦牛草场"是否完好作为预言凶吉的征兆，说明当时人们非常
重视草场在日常生活中的重要地位，反映出草场已经成为藏族先民的精
神和文化中事关血缘延续、家族发展、社会发展的精神源泉。

　　耕地也极受藏族文化重视。传说雪域高原第一块青稞地，在雅隆部
落的发祥地泽当萨拉村，这里地形开阔、气候温暖、土质肥沃，宜农宜
牧，这一说法农业是雅隆部落崛起、吐蕃王朝兴建的经济支柱，而耕地

---

① 梁慧星、陈华彬：《物权法》，法律出版社 2007 年版，第 152 页。
② 王利明：《物权法论》，中国政法大学出版社 2003 年版，第 27 页。
③ 参见王尧、陈践《敦煌本吐蕃历史文书》，民族出版社 2010 年版，第 20—23 页。

则是重要的生产资料。藏族人民非常重视土地，据《苯教历算法》等资料记载，从5世纪末布德贡杰赞普时，为确保粮食丰收，藏王带领属民进行祈求"天"保丰收的"望果"宗教活动，《唐书·吐蕃传》载："其俗以麦熟为岁首"，由于重视土地、重视农业，藏族文化将麦熟时节作为年终节庆，祈求丰收。

中国历代封建王朝都把土地制度视为治国安邦最基本的制度之一，藏族社会也不例外。吐蕃王室、各地方政权执政者、贵族、寺院等财产主体，控制划分土地并掌握土地之上的牲畜、奴隶等财产。松赞干布时期，吐蕃根据六大法典中"以万当十万法"将王朝疆域划分为乌如、要如、耶如、如拉、苏毗如五大区域，并且规定："乌如雪钦属赞普王室，颇章尼切归父王属臣，雅垄索卡属科族和酿族，羊卓岗钦归格仁五部。琼瓦琼域属于郭和努，加乌地界归章洁五父，宅和雄巴划归那南，上下扎任划归才邦族，上下藏归卓与琼波族。陇学南波属竹和修参，澎域属于卓和马部，娘若仲巴属于哲和节，香与勒其归于日和勒。大小永瓦为展噶地，辖格三部分与论布贝，南若恰贡归于章和恰，当雄嘎姆分给恰与饶，多康多钦属于军队八千部。以上共划分十八领地。"① 应当说，松赞干布划分的18块领地，不仅是吐蕃王朝的行政区划和管理机构，也是吐蕃王室和各大部落、各大氏族所拥有的最重要的财产。此后，西藏地区各政权都沿用这一做法，将土地作为最重要的财产赐予或封赏给功臣、贵族、首领、寺院、属民等，如787年吐蕃占领敦煌地区，对敦煌地区的汉人按照吐蕃制度编为部落，对汉人部落"计口授田"，征收赋税。据S.3774号《丑年十二月僧龙藏牒》记载，吐蕃"计口授田"是与首次划分部落（790年）同时进行："齐周身充将头，将户突税差科并无。官得手力一人，家中种田、驱使，计功年别三十驼。从分部落午年，至咋亥年，计三十年，计突课九百驮，尽在家中使用。"②

藏族古代法律非常重视对土地的保护。1646年，五世达赖和固始汗封赏给玉树囊谦王阿牛"毛旺仁钦安家"的称号，还颁给其管理土地、寺院、属民的锦缎文册："辖区之内，寺院三座，尔为寺主，妥为经营，

① 参见陈庆英、高淑芬《西藏通史》，中州古籍出版社2003年版，第48—72页；陈庆英《藏族部落制度研究》，中国藏学出版社1991年版，第210页。

② 池田温：《中国古代籍帐研究》，中华书局1984年版，第540页。

以弘佛法；僧俗人等，汝之属民，善行治理，以安秩序；山川土地，尔之封疆，邻近各部，不得侵犯；派之内差，索之外利，一切收入，均归汝用；倘属民为非作歹，不得按律施以刑罚……种种权限，准其世袭。"这一文册尽管未详细说明管理土地、寺院及属民的具体办法，但是规定：土地之上的寺院、属民、赋税等自然归其所有，寺院妥为经营、属民善行治理、赋税归其所用、土地不得侵犯，可见，中央王朝许可囊谦王阿牛对囊谦部落的统治，并下令保护他对部落土地的所有权和管理权。再如元朝帝师桑杰贝给夏鲁寺的封文中写道："夏鲁寺所属寺庙百姓……彼原先所有之庄园、土地、水草一律不准侵占、抽调……特颁发此执照以为凭证。"① 可见，吐蕃王朝和之后的西藏政权对合法分得的土地给予法律保护。

二　牲畜

牲畜是藏族社会生产生活中最重要的生产要素，也是日常生活中仅次于土地的财产形式。西藏地区的牲畜主要有牦牛、犏牛、绵羊、山羊、马匹等，这些牲畜是藏族古代法律中一类重要而特殊的财产。

牲畜是西藏社会生活中最为重要的两大财产之一。游牧是青藏高原主要的经济形态，牲畜与藏族先民生产生活密不可分，敦煌藏文写卷P. T. 1286 号在谈到聂赤赞普降生时，就记载"在快马可以奔驰的辽阔大地上，化为人身降世"②，可见，马与藏族文化息息相关。牲畜数量的多寡往往成为衡量财富和社会地位的标准和象征，新石器时期的齐家文化遗址的一座墓葬中就有 68 块猪颚骨，这显然应该是一种地位的象征③。

西藏地区，牲畜的私有应早于土地和房屋，藏文史料中记载最早生活在雅隆河谷的六个部落联盟被称为"吐蕃六牦牛部"，《汉藏史集》记载，聂赤赞普来到雅隆地方有"十二名聪明少年在此处放牧牲畜，与王

---

① 扎西旺都：《西藏历史档案公文水晶明鉴·藏文》，民族出版社 1989 年版，第 200—202 页。

② 参见次旺《从吐蕃墓葬的动物丧葬习俗探吐蕃王朝时期的畜牧业》，《西藏大学学报》2003 年第 1 期。

③ 张传玺：《中国古代史纲》，北京大学出版社 1985 年版，第 31 页。

子相见"①,《后汉书·西羌传》也记载"河湟间少五谷,多禽兽,以射猎为事,爰剑教之田畜,遂见敬信,庐落种人依之者日益众",这都反映出藏族远古先民在部落游牧生活中已经将牦牛作为私产。作为私有财产的牲畜,所有权人对此有绝对的支配权,敦煌藏文写卷记叙止贡赞普与属民罗昂达孜决斗时,说"罗昂达孜以金矛二百支,拴在一百头健牛背上,牛背皆驮以灰囊,牛群相互搏击,灰囊崩散灰尘弥漫,罗昂达孜趁此时机向赞普攻击"。②

牲畜这一财产形式被认为是特殊的物权客体,其原因在于:

第一,牲畜是动产的一种。民法中以是否可以移动、移动是否会损害其价值为标准将财产分为动产和不动产两种,从这个意义上讲,牲畜是活物,可以自由走动,应将其纳入动产的范围。与金银、货币、服饰、日用品等相比,牲畜的移动固然需要人的协调或指挥,但牲畜本身也有自我移动的能力,这一点与其他形式的动产又不相同。

第二,牲畜能够产生天然孳息。孳息,"原物"之对称,指由原物所产生的额外收益。孳息分为天然孳息、加工孳息、法定孳息三种:天然孳息,指依物的本性天然生长,不需要人力作用就能获得的孳息,如天然牧草等;加工孳息,又可称为人工孳息,指需要人力加工才能获得的孳息,如种植收获的果实谷物等;法定孳息,指物因某种法律关系所产生的收益,如租金、利息等。牲畜和畜群是原物,牲畜所产之仔畜、羊毛、羊绒、牛奶、羊奶等应视为天然孳息。需要注意的是,鉴于牲畜所产的仔畜,一般被视为天然孳息,但是如果母畜走失,拾得人在牧养一年之内所生之仔畜,由牧养人所有。

第三,牲畜和畜群都可以作为财产权的客体。根据物是由一个还是多个独立物组成,民法上将物分为单一物和集合物:单一物是指在形态上能够单独的、个别存在的物;集合物,是指一物与他物结合时各自未丧失其经济上的独立性。③ 集合物又可分为事实上的集合物,为由当事人的意思或经济上的作用而集合为一体的集合物,如畜群;法律上的集合

①　参见次旺《从吐蕃墓葬的动物丧葬习俗探吐蕃王朝时期的畜牧业》,《西藏大学学报》2003年第1期。

②　参见王尧、陈践《敦煌本吐蕃历史文书》,民族出版社2010年版,第25—26页。

③　王利明:《物权法论》,中国政法大学出版社2003年版,第40页。

物，为法律上认其为一体的多数物及权利，如继承人的继承财产等。藏族古代财产法律对此，既承认单个牲畜的个体物权，也承认畜群的集合物权，在整个畜群上设定用益物权时，畜群整体作为财产权的客体，是一种集合权，而对从畜群中分离出来的单独牲畜进行交易、设定用益物权时又将其视为单一物。作为单一物，在单独的牲畜上可以设置所有权或者用益权，由所有权人占有、使用、收益。而畜群由多个牲畜组成，可被视为集合物，因此，对整个畜群也可设定所有权和用益权，如牧民中的畜租——"协"，即寺院、贵族、活佛、堪布、宗本、宗政府、牧主、牧民、喇嘛和商人等把一部分牛羊租给没有牲畜或者牲畜不足的牧民，这些牧民每年向"协"主缴纳事先商定或规定数量的畜产品；租牧的牧民将租来的牲畜与自家的牲畜一同放牧，有较大的自由。①

三　奴隶

奴隶是西藏古代特殊的财产形态。藏族古代一般是将没有或丧失人身自由、受主人控制的人视为奴隶。奴隶没有生产资料和人身自由，处在等级森严的社会最底层，不具有独立的法律人格、法律地位，要承担繁重的苦力、差役、缴纳赋税种种义务。从《六六大计》对庶民和奴隶的划分可以看出，赞普统治下的庶民分为豪奴和训奴，训奴分高、中、低三个等级。《六大法典》中特别规定"奴不反主法"，要求庶民和奴隶必须遵守各自主人的统治，不能叛离主人和进行反抗起义。对"死命价"和"活命价"，要依受害人身份的高低决定赔偿数额。盗窃、奸淫等犯罪，以及狩猎伤人、纵犬伤人等，也要依受侵犯人的不同身份，处以相差数倍、数十倍、上百倍的不同处罚。特别是妇女地位低下，在牦牛伤人时，"被救者应以其女或妹尝给救人者"。对于奴隶的反抗和其他犯罪，都规定了严厉的以生命刑和身体刑为主的刑事制裁。

奴隶很少有生产资料，没有丝毫人身权利，不具备民事主体资格和行为能力，而属于被主体支配的客体。他们受农奴主的绝对支配，农奴主可以把他们当作私有财产作为礼品赠送给亲友，或者当作陪嫁随同农

① 格勒：《藏北牧民——西藏那曲地区社会历史调查》，中国藏学出版社2004年版，第128页。

奴主的子女入赘或出嫁；或者像牲畜一样标价出卖。

　　奴隶可分私有和公有两种："私有奴隶耕种的主要是各级贵族和赞普的私田，有的也耕种自由民中富人的私田，同时奴隶还要为他们服家庭劳役；有奴隶耕种的是王朝公有的田地，种子、耕牛和农具都由王朝供给，产品除留少量口粮外，全部归公。同时，奴隶还要利用生产间隙时间，为王朝服各种劳役"①，如"致……指挥官长官：（许多）代替人已来到。那里没有一个女人可以与男人作伴，要求总管（ᅙ，即节儿）长官立即送来若干女仆"，② 这里所说的女仆应为政府所有的奴婢。吐蕃时期，王室、贵族和官员等除占有王朝所封赐的土地、牲畜外，还拥有相当数量的私人奴婢，包括家内奴婢和战争中掠来的俘虏。如敦煌文献P. T. 1071 号《狩猎伤人赔偿律》中提到的蛮貊、囚徒等都属于奴隶，该法规定"蛮貊、囚徒等人，被尚论黄铜告身以下和与之命价相同之人因狩猎射中……如受害人中箭身亡，赔偿命价（银）二百两……如受害人中箭未死，赔一百两"③、"蛮貊、囚徒以下之人，因狩猎中箭，赔偿相同……如受害人中箭身亡，赔偿命价（银）五十两……如受害人中箭未死，赔十两"④，虽然蛮貊、囚徒有一定的命价，但是，由于不能以自己的名义进行相应的民事行为，如受田，因此，蛮貊、囚徒没有独立的民事主体资格，是民事财产法律关系的客体，《狩猎伤人赔偿律》中规定的命价也是基于对奴隶主私有财产的保护而设定的赔偿金。段成式《酉阳杂俎续集》卷七《金刚经鸠异》记载："（代宗）永泰初，丰州烽子暮出，为党项缚入西蕃易马。蕃将令穴肩骨，贯以皮索，以马数百蹄配之。经半岁，马息一倍，蕃将赏以羊革数百。"⑤ 这些材料说明，吐蕃贵族将战争抓获的战俘作为奴隶，并让奴隶（丰州烽子）为其牧马、劳役，从文献看，这种私有奴婢数量并不多，但是，他们却是民事财产法律关系中的客体，即被视为财产，形同畜产，可以由主人自由买卖。

---

　　① 黄万纶：《西藏经济概论》，西藏人民出版社 1986 年版，第 63—64 页。

　　② ［英］F. W. 托玛斯：《敦煌西域古藏文社会历史文献》，刘忠、杨铭译，民族出版社2003 年版，第 375 页。

　　③ 王尧、陈践：《敦煌吐蕃文献选》，四川民族出版社 1983 年版，第 23 页。

　　④ 同上书，第 25 页。

　　⑤ 《酉阳杂俎续集》。

民主改革前西藏社会阶层中的农奴，除"差巴"、"穷堆"具有有限的民事主体资格外，农奴中的"郎生"等则完全没有民事主体资格，被视为民事财产关系的客体。"郎生"，意为家奴，民主改革前占西藏总人口的5%。藏区各地称法各异，如寺院称其为"塔娃"，农区称其为"娃子"，牧区称其为"才约"（意为终身服劳役者）。这些家奴没有生产资料和人身自由，终身无偿从事各种沉重劳动，他们不具有法律人格，即被视为农奴主的财产，是民事财产关系的客体而不是主体，农奴主可以对其占有、使用、转让。

除"郎生"外，被视为财产的奴隶还有以下几类：（1）"正约"，又称枯巴，意为哑巴。据1963年对昌都地区的桑昂曲宗的调查：察隅附近的寺庙及居民中，每十户中有一户为"枯巴"，他们是寺庙的一种特殊佃户，可以被买卖和任意赠送，终生从事家务和土地劳动，没有任何人身权利；婚姻、行动完全听命于主人，没有民事主体资格。（2）"羊可"，是破产的差巴、堆穷投靠其他领主形成的一种阶层，他们有的属寺庙，也有的属贵族。多从事家庭劳务，世代为仆役，没有自由，也没有任何社会权利，地位低于堆穷。枯巴与羊可的区别只是后者不能任意买卖和赠送，其余基本相同。（3）"差约"，意为差奴，即政府的奴隶。他们是给宗本和往来官员烧饭、背水、喂马、送信、点灯等支应一切人力差役的负担者，但不纳实物租税，种少量的差地。差约在边坝宗叫"下约"，沙丁宗叫"提然拉约"。"正约"、"羊可"、"差约"、"却世若仍"等阶层的子女与他们的父母命运相同，祖祖辈辈为奴隶，他们的人身完全为农奴主所占有，终生听从主人的驱使；主人可任意赠送、交换；男女奴隶经主人允许才可以结为夫妻，基本没有独立的家庭经济，只允许在为主人劳动之余租小块地自种，或买一两只（头）牛羊寄养在主人牲畜群中，作为改善生活的补充。

值得注意的是，藏族文献中提到的奴隶，有时并非法律意义上的奴隶，如松赞干布时期，根据六大法典中"以万当十万法"将奴隶视为贱民之一，其中，"'庸'或'坑'是从事平民事务的称呼，所谓'养坑'即奴隶的奴隶，和奴隶的奴隶所役使的奴隶。其中包括努族酋长斯巴等九酋主；马牧罗昂等七牧夫；噶热等六鞍夫；汉茶商贩等五官商：达氏管帐蓬者等三执事，这些都是奴隶。奴隶的奴隶和奴隶的奴隶所役使的奴隶，共同完成王之所需"。① 可见，"庸"或"坑"是法律上的贱民，但不是没有独立人格的奴隶，仍然被视为财产的主体——人，而不是财产。

四　其他财产

除土地外，西藏古代财产法中的财产还包括山、河、湖泊、草原、森林、湿地、矿藏、野生动植物等自然资源，奴隶，粮食、房屋、账房、农具、布匹、衣物等生活用品，工具、银器等手工制品；以及项链、耳环、头饰等装饰品等。财产强调经人力加工或者能够为人们所控制的物件才能成为私人拥有的财产，因此，山、河、湖泊、矿藏等大型资源属共有财产，归西藏政府和国家所有。此外，奴隶归奴隶主所有。其他财产属私有财产，各归其主。

（一）一般财产

藏族日常生活中常见的财产，种类繁多、功能各异，可分为食器、家具、衣物、地毯、饰品、工具、宗教用品等众多类型，皮毛类有皮子、毛线、帐篷、氆氇、毛毡、毛毯、皮袄、皮袋、皮筏子、皮靴、狐皮帽、毛绳（拴牲畜的缰绳或做他用的绳索）等；木器有马鞍、牛驮鞍、酥油桶、背水桶、挤奶桶、木碗、炒面箱或面盒、帐篷杆子、帐篷橛子等；银器分为两类，一是生活类，有银碗、银勺、银筷、银壶、银盘子、银烟瓶等，二是首饰，如银耳坠、银耳环、银发卡、银戒指、银锁、银项链、银盾、银奶钩、银带环、银刀具等；宗教用品有酥油灯、净水壶、银塔、银佛盒等；石器有磨炒面的小石磨、茶窝、茶窝石头、柱顶石、碌碡等；铁器有狗铁绳、抓狼夹脑、羊毛剪刀、牛绒椠子、刷马刷子等等。其中，较为独特的有藏式餐具如酥油茶筒、奶茶壶、奶茶碗、糌粑盒等，还有藏式家具、藏毯、氆氇、藏刀、金银器皿、藏式饰品等。这些财产是藏族人民生活的必需品、常见品，不仅凝结了藏族人民的智慧，也是藏族文化的重要物质形态，是藏族历史发展的重要见证，如敦煌简牍中可见："交付哲篾悉腊衣著：汉地织成披风一件、白山羊皮披风一

---

① 参见陈庆英、高淑芬《西藏通史》，中州古籍出版社2003年版，第48—72页。

件、羚羊皮短披肩两件，锦缎裘袍一件，羚羊皮上衣一件，美哲缎裙一条，新旧头巾两块、丝带五条等……"其中，仅衣服一项，就出现了汉地披风、山羊披风、披肩、裘袍、上衣、缎裙、头巾、丝带等名目，说明财产种类的丰富。

（二）货币财产

货币是充当交易媒介的通用财产。货币在法律上是物权的客体，是一种特殊的财产。与普通财产相比，货币具有特殊性。金本位制度下，金属货币本身就是实际的实物财产，具有使用价值和价值，在这种情况下，货币财产与其他财产没有本质区别，区别仅在于货币是固定充当一般等价物的财产。

西藏货币从材质上区分大致可以分为四大类：黄金、白银、铜材、纸材。西藏的货币种类繁多，既有中国历代政府、官督监办的货币，又有西藏地方政府自铸钱币；既有金币、银币，又有铜币、纸币；既有藏文货币，又有藏汉文货币；既有手工打制货币，又有机器制造货币；既有中国货币，又有外国代铸货币。民主改革前西藏流通的货币主要"藏币"（即地方政府所造货币）、外币（以印度和尼泊尔币为主）和内地货币。

青藏高原出现原始农业时，传统的农牧交换开始出现，货币也从此出现，"货币形式……或者固定在本地可让渡的财产的主要部分如牲畜这种使用物品上，游牧民族最先发展了货币形式，因为他们的一切财产都具有可以移动的因而可以直接让渡的形式，又因为他们的生活方式使他们经常和别的共同体接触，因而引起产品交换"[1]。藏文ནོར，既指"牛"，又有"钱"、"财产"、"财富"的含义，可以推测，西藏远古阶段最初充当商品交换媒介的一般等价物的很可能是牛。据藏、汉文文献记载，在吐蕃王朝初期，金银等贵金属已被吐蕃王室作货币使用。如松赞干布派人"携多金，前往印度，学习文字"[2]，为迎娶文成公主，松赞干布"遣使献黄金器千斤以求婚"[3]，《敦煌古藏文历史文书·编年史》记载："及

---

① 《马克思恩格斯全集》第23卷，人民出版社1972年版，第107页。
② 索南坚赞：《西藏王统记》，刘立千译，西藏人民出版社2001年版，第26页。
③ 《旧唐书·太宗本纪下》。

至猴年（708 年），对'平民'征集黄金赋税颇多"①。此外，金沙、银、丝绸、食盐也是重要的货币形式。元、明、清时，中央政府在经济给予西藏地方政府大量资助，内地的白银、制钱不断流入西藏，元帝给西藏的赏赐多用白银、"金子、毛子、哈丹、缎匹等物"②，明代对高僧的赏赐动辄以数十万贯计，清代除特殊赏赐外，"康熙帝并规定，由打箭炉税收项下，每年拨给达赖白银五千两，作为僧众养赡"③，表明此时西藏流通的货币主要是白银。16 世纪后，西藏委托尼泊尔铸造银币，并流行于西藏。1742 年，西藏与尼泊尔因铸币发生银钱纠纷，此后，清政府建立正规币制，制造乾隆宝藏银币并流通于西藏。清末，由于清政府势衰，西藏市场银币日见稀少，不能满足市场需要，为解决财政困难，西藏地方政府另铸一种叫"章噶"的银币，银质含量少，质量较差。

---

① 王尧：《敦煌古藏文历史文书》，上海古籍出版社 2008 年版，第 40 页。
② 《元典章·新集》。
③ 牙含章：《达赖喇嘛传》，人民出版社 1984 年版，第 23 页。

第三章

财产的支配——藏族古代物权制度

没有任何事物像所有权一样，如此普遍地激发想像力而又触动人的情怀；也没有任何事物像所有权一样，让一个人对世界外在之物得为主张与行使独自且专断的支配，并完全排除其他个人的权利。然而却只有极少数人愿花费心力，去思考此项权利的起源与基础。[①]

——［英］威廉·布莱克斯通

第一节　概述

一　西藏古代财产法中的物权

物权是最重要、最基本的权利，是民事财产权的核心。物权制度是划分财产权的边界、确立财产（物）的取得和归谁所有、由谁使用、如何进行民事保护的财产制度，其核心在于确认和保护财产。西藏古代法律特别注意保护财产。如元代帝师桑杰贝在 1307 年颁发给夏鲁寺的封赐法旨中说："为使其安居乐业，特颁发此执照以为凭证。自法旨颁发之日起，仍然违反者，定禀报皇上，追查判处。"[②] 明朝中央政权也非常重视对土地的保护，公元 1408 年，朱棣下谕强调，赐给瞿昙寺的土地不受侵

---

① 王泽鉴：《民法物权·通则·所有权》，中国政法大学出版社 2001 年版，第 151—152 页。

② 中国社会科学院民族研究所民族学室：《西藏农奴制藏文资料译稿》之二。

犯，"一应寺宇、田土、山场、园林财产，孳畜之类，诸人不许侵占骚扰"①；1418 年，朱棣再次下谕："所有佃户人等供给寺内一应使用，及本寺常住所有孳畜、山场、树木、园林、地土、水磨、财产、房屋等项，不许诸人侵占搅扰。"② 这两次谕旨在结尾处都写有"若有不遵联命，不敬三宝，故意生事，侮慢欺凌以诅其教者，必罚无赦"，强调对封赐土地的保护。

虽然当时西藏并没有"物权"一词，物权制度从吐蕃王朝初期就已初步形成，经过割据时期和教派时期的发展，逐步形成了以中央和地方立法与习惯法为依据，包含所有权、用益物权、担保物权以及物权登记造册和物权保护等内容在内的一个比较完备的物权制度体系。

二　物权的取得和行使

（一）物权的取得

所谓物权的取得，是指基于法律行为和事实行为而取得物权。③

藏族古代社会中，物权的取得方式有：

1. 封受取得

吐蕃王朝时期，赞普将奴户和牲畜封赏给贵族，如《敦煌本吐蕃历史文书》记载："后，南木日伦赞执划地界之鞭分勋臣，赏赐娘·曾古者为念·几松之堡寨布瓦及其奴隶一千五百户。赏赐韦·义策者为线氏撒格之土地及墨竹地方奴隶一千五百户。赏赐农·准保者为其长兄农氏奴隶一千五百户。赏赐蔡邦·纳森者为温地方孟氏堡寨、奴隶三百户。……斯时也，娘氏、韦氏、农氏三族，以及蔡邦氏、戚族之四大家族最为忠诚，遂赏赐众多奴户，广袤土地，并任之为赞普之论相也。……此后，伦赞赞普以苏孜忠顺可靠，乃将藏蕃二万户悉数赏赐予之。"④ 敦煌文献中还有授予平民奴隶的记载："在大斗军（ དད་རྒོད ），墀札、穷空和桑空三人已经分到了奴隶（ བྲན ）。并为由他们领取的奴隶及

---

① 谢佐：《瞿昙寺》，青海人民出版社 1982 年版，第 30 页。
② 同上。
③ 王利明：《物权法论》，中国政法大学出版社 2008 年版，第 18 页。
④ 王尧、陈践：《赞普传记，敦煌本吐蕃历史文书》，民族出版社 1992 年版，第 161—162 页。

其家庭，登记了各自的名字，以及如何纳税（或受惩罚，或强制服役），均写于一份共同的契约中……"① 说明国家分配也是重要的财产取得方式。

需要指出的是，元代以后，西藏贵族和地方势力仍以中央王朝的封赐作为物权取得的重要方式。《朗氏家族史》记载了司徒达玛坚赞进藏时处理雅桑与帕竹双方就领地、属民产生的诉讼时，帕竹将"以薛禅皇帝颁发的封赐帕竹领有直拉山以内地方之封诰为代表的圣谕、令旨、命令、劄付、文件和封地文书等呈现于司徒座前，供其审查，以便对证。司徒瓦朗、巡使和译师等人惊愕地说：'有如此完整的封诰，岂容争辩，（雅桑）应退还直拉山以内的领地。'经前藏人们商议后，（司徒达玛坚赞）将热木藏谢、修地及秋斯等地判给雅桑，我们保持直地、策崩、塞卡等地以及纳木、哲木，由宣政院发给劄付，前藏诸首领签订了和解书，今后不再争夺有争议的诸属民，谁不遵守和解书，违犯甘结，就要交纳金子五升、银子十升和交付驿站的马一百匹，等等"。② 从这件纠纷处理的过程及结果看，皇帝的封诰文书不仅是西藏地方割据势力占有土地、属民的重要法律依据，也是土地、属民纠纷进行诉讼时效力最高的证据形式，领地界内的耕地、建筑物、牧场、森林、荒地、山、河，以及附属于这块领地上的属民，全部由持有封地文书的领主占有，绝对不许买卖，任何人"都不能动其一根毫毛"③。

2. 孳息取得

如牲畜的仔兽、粮食的收成等在缴纳赋税后剩余的、部分归农牧民所有，又如由于"奴生子"的父母是奴隶主的奴隶，因而奴生子世代属于奴隶主。

3. 裁判取得

即根据诉讼取得的财产所有权。如《狩猎法》中对射箭杀伤人、他人受牦牛伤害而见死不救者，根据不同等级的"命价"将责任承担者的

---

① ［意］F. W. 托玛斯：《敦煌西域古藏文社会历史文献》，刘忠、杨铭译，民族出版社2003年版。

② 大司徒·绛求坚赞、赞拉·阿旺：《朗氏家族史》，余万治译，西藏人民出版社2002年版，第109页。

③ 西藏日喀则地区贵族文书译文，转引自藏族简史编写组《西藏简史》，西藏人民出版社1985年版，第216页。

奴户、财产、牲畜给付给受害人作为死亡或伤害的赔偿，规定"大尚论本人与大尚论命价相同之人，被大藏以下，平民百姓以上射中无论死亡与否，除本人、子孙处死外，全部奴户、库物、牲畜归受害人和告密人平分，若无告密人，全部归受害人"①。

4. 继承取得

奴户、牲畜、财物、草料等均可由死者亲属以继承的方式取得，如《狩猎法》对射箭伤人处死后，留下的牲畜等可由亲属继承，规定"奴户、库物、牲畜之一半，若有子交其子，无子则交其父，若无父子，则库物、牲畜之半数给其兄弟、近亲"。②

5. 以物易物和货币交换取得

西藏社会早期交换时多以物易物，牛羊等牲畜曾作为交换的媒介。吐蕃政权建立时，赤松德赞赞普的大臣娘赤桑亚拉统一度量衡，并倡导用货币作为交换媒介，促进了藏族商业经济发展和商业贸易的发展。此时，金（金沙）银等贵金属既是一种财富，也在高价值商品交易时作货币使用，如《敦煌吐蕃历史文书》有"金矛二百丈"的记述，此金矛应是一种货币；银也起货币的作用；墀祖德赞时期，贸易中也使用铜币、桑拉铜币。

此外，对于拾得物的处理，藏族古代财产法也有明确规定，如《十六法典》规定，拾得人应将拾得的财物归还他人，否则以"比捡坏和比偷好"原则对拾得人进行处罚，即"对拾得他人财物不归还失主者、将财物隐匿他处者，须对彼等以退赃和赔新等方法进行惩罚"，同时，对拾得他人财物、积极返还的人，还要由失主给予一定的物质奖励，"失主须将所盗之物的一半作为奖品赐予此人；捡到财物能在集市或大庭广众之中叫喊认领者，失主须将财物的三分之一作为奖赏品赐予此人；捡到财物原封不动者，例如捡到马或毛驴未上鞍鞯，捡到羊毛剪羊毛，一年后归还失主，失主须将财物的四分之一赐予此人"，还规定对普通捡物者还要以饮食和酒类款待。③

① 王尧、陈践：《敦煌本〈吐蕃法制文献〉译释》，《甘肃民族研究》1983 年，第 1—17 页。

② 同上。

③ 周润年译，索朗班觉校：《西藏历代法规选编》，西藏人民出版社 1989 年版，第 53 页。

（二）物权的行使

根据所有权主体的不同，西藏古代社会所有权的行使分为以下几种。

1. 自营

吐蕃王朝时期，王室将部分土地、牧场、园林作为自营地，由管家、内臣、家丁管理，由奴户、奴隶耕种、放牧，获得全部或大部分产品和利益，赞普王室以保有其对土地、牧场的处分权而转移其占有、使用、收益之权的方式。吐蕃王朝崩溃后，土地和牧场的所有权转移到封建领主手中①，封建领主通过出租、自耕、买卖等方式行使其财产所有权。

2. 赏赐

吐蕃王朝时期，王室赏赐给贵族、功臣土地、牧场、奴隶、牲畜等，贵族要负担向国家缴纳赋税和向贵族缴纳地租的义务；赐予官员土地，收成归官员作为其薪俸。贵族、官员、功臣得到土地、牧场后，即享有占有、使用和收益权。

元明清各朝，皇帝将土地封赐给西藏地方政府，受赐者获得所赐土地、庄园的使用权。如元朝帝师桑杰贝给夏鲁寺的封文就说：

> 秉承皇帝圣旨帝师桑杰贝所颁布之法旨，通告军官、军人、司法官、金年使、地方官、地方守卫、驿站头目、信使、来往收税运输人员、世俗部众一体知晓。皇帝圣谕：不得向其征派兵差、食物、乌拉……。彼原先所有之庄园、土地、水草一律不准侵占、抽调。不得对彼仗势欺凌和诬告陷害。为使其安居乐业，特颁发此执照以为凭证。自法旨颁发之日起，仍然违反者，定禀报皇上，追查判处。该寺庙也不得凭借此文书，行违法之事。②

清初，清朝敕封蒙古和硕特部首领固始汗管理西藏地方政权，并册封五世达赖喇嘛和五世班禅额尔德尼。乾隆十六年（1751），清朝正式授权七世达赖喇嘛领导建立的西藏地方政府（噶厦）管理西藏地方的政教事务。1793 年，清朝又明确规定，所有西藏政教事务，都置于达赖喇嘛、

---

① 参见徐晓光《藏族法制史研究》，法律出版社 2001 年版，第 60 页。

② 《西藏地方是中国不可分割的一部分》，西藏人民出版社 1986 年版，第 55 页。

班禅额尔德尼和驻藏大臣的共同管辖之下。达赖喇嘛和班禅额尔德尼分别管理自己辖区政教事务，拥有自己辖区的土地所有权和再分封给下属贵族、寺庙土地的权力。

3. 分配

吐蕃时期，王室将土地、牲畜分配给贵族、官员和平民。以土地为例，吐蕃各级政府设有专管土地事务的"农田官"，农牧民可以通过"农田官"领到一定数量的土地、牧场和牲畜，"农田官"所分土地由政府登记造册，并据此征集赋税，如敦煌木简中就有"农田长官多贡之佣奴农户，专种蔬菜的零星地……突。税吏开桑和则屯有差地一突"[①] 的记载。

农牧民对分配的土地、牧场和牲畜等享有占有权、使用权和一定的收益权，所获产品除缴纳赋税、地租外，其余少量产品归己。敦煌木简中就有 8 世纪末至 9 世纪中叶吐蕃占领时期敦煌土地制度的分配、领受、课税等情况的记载：

　　……论本二人领受，零星农田一突，通颊……好田一块，右茹茹本田一突，门笃……田一突茹玛达一突田附近，茹本农田主渠对面，田一突一并领受；

　　门穹俸禄田一突；

　　论玉协尔青稞田两突半。允奈青稞田三突。……阿彭青稞田……突。[②]

从以上简牍可以发现，吐蕃王朝的全部土地归王室所有；王室通过赏赐、授予等形式，将土地分配给军政官员、贵族、功臣、部落、佣农、属民、信使、告身者、汉人、粟特人等，他们对王室授予的土地享有使用权；所授田亩以"突"为计量单位，经清查丈量、登记造册，国家要按地亩征收税负，并由政府和农田官进行管理。敦煌汉文写卷 S. 9165 号是一份户口地亩册，详细地记载了吐蕃对统治下的汉人部落按人口授田的情况：

---

① 王尧、陈践：《敦煌本吐蕃历史文书》，民族出版社 1992 年版。
② 同上。

元琮，十二口，宜秋东支渠五突半一亩十畦，都乡东支渠一突三亩三畦，孟授渠二亩一畦，宜秋西支渠三突半六畦，阶和渠半突四亩三畦，员家图渠半突六畦，计一十二突。

武朝副两户九口，都乡渠一突一亩七畦，又树渠，半突一亩王畦，宜秋西支渠七突四亩十六畦，计九突一亩。

令狐英彦七口，曲家渠二突一亩七畦，阶和渠一突半二亩四畦，员家渠三突二亩十四畦，计七突。

石元俊三口，宜秋东支渠一突三亩说畦，城东灌进一突半二亩，共张都督妻重籍。

辛兴国九口，凡渠二突五畦，员家突渠七突三十五畦，计九突。

白光进五口，双树渠二突半三亩四畦，都乡二亩一畦，宜秋东支渠二突四畦，计五突。

白光胤二口，双树渠一突四畦，员家渠一突四畦，计二突。

陈英奴五口，双树渠一突三亩六畦，员家图渠三突九畦，阳开一突三畦，计五突三田。

张华奴五口，双树渠三突半七畦，员家渠三亩五畦，宜秋东支渠一突三畦，菜田渠二亩一畦，计五突。

宋大娘五口，阴安渠四突十九畦，双树渠一突三畦，计五突。

吕兴奴七口，大垠渠三突八畦，宜秋西支渠四突八畦，计七突。

史皈汉五口，宜秋东支渠一突半十五畦，洄渠三突半十畦，计五突。

周文卿五口，河北渠半突二亩三畦，寺底渠二突二亩十畦，员家染半突四亩三畦。夏交渠一突四亩七畦，计五突二亩，

索子云四口，河北渠一突三亩八畦，神农渠二突十一畦，夏交渠半突二亩四畦，计四突。

苏阿建九口，员家渠七突半二十八畦，信同渠一突四亩七畦，双树渠一亩，计九突。

张渐进五口，阶和半突一亩一畦，宜秋东支四突四亩十二畦，计五突。

侯文奴四口，员家图渠地四突二十一畦。

李进益七口，员家图七十亩十三畦。

翟宜来四口，夏交渠地四突十一畦。

高茂新四口，夏交渠地四突十四畦。①

西藏农奴制社会时期，三大领主对土地、牧场的所有和占有，主要以庄园的经营管理方式、寺院的经营管理方式和部落的经营管理方式实现。

西藏地方政权的执政者将土地（包括庄园、牧场、森林、建筑物、荒地、山水、河流等）连同依附于这块领地之上的农奴（属民）进行分封，任何人都不得侵占受封者的利益，分封对象包括哲蚌寺、甘丹寺、色拉寺等拉萨三大寺、扎什伦布寺等，以维持僧侣生活和支应各种繁缛仪式的花销，充实寺院集团的经济基础；再有，赐给政府官员、世俗封建主、贵族阶层土地、草场，这些人再将受封的土地租赁给属民耕种，并且派管家（庄头）管理。此外，留作地方政府直接掌管的庄园、牧场交付下属行政机构和宗、谿管理，所得收入用于政府行政开支及宗教活动。

元明清时期，贵族、寺院、政府等农奴主占有大量土地：贵族占有的土地、庄园绝大部分是由西藏地方政府封赐的，分为祖业（世代承袭）、新增拨地增封地、官员"薪俸地"和向政府或大贵族租佃的庄园四类；寺院和上层僧侣占有的土地、庄园，其来源有皇帝封赐、加赐给呼图克图的辖地，由呼图克图的"拉让"直接管理；地方政府封给一些大活佛、大寺院的领地，其中一部分叫"曲谿"（佛和僧的供养地）免差，另一部分新封赐或新增加的差地（包括贵族赠送给寺庙的土地）要向地方政府支差；贵族布施给寺院的土地，这种布施地经过封建地方政府批准转换文书后，即由寺院占有，但寺院要负担这个庄园原来的差役。

贵族和上层僧侣对占有的土地，可采取自有或出租等形式经营并有世袭权，可以短期典当、抵债或将庄园用于布施、馈赠、陪嫁，一般严禁买卖。但是贵族出卖庄园的事还是有的，如清代后藏贵族拉日孜巴就把自己的庄园卖给了班禅的经师拥争，拉孜宗贵族拉日孜巴的文书写道：

我拉日孜巴祖辈给政府做过许多事情，政府封给我很多"傲

---

① 参见王尧、陈践《敦煌本吐蕃历史文书》，民族出版社1992年版。

布"、"墩",母谿和子谿有很多封文。但因我福分很小,在我父亲时就慢慢贫穷下来,欠了很多账,谿卡收入不够支出,欠债与年俱增,因此将拉古、龙木切、尼布、雄着等傲布地和墩地、牧民、房子、草、木柴以及盖日(人)、列布(地)、古路(牲畜)使用权和收入,还有现在有人的差地及人逃跑后留下的差地,从今年(土猴年)春天开始起,完全卖给拥争所有。以后我拉日孜巴和我的百姓、亲戚、朋友不得再认为这些地、人、畜为我的,即使私下也不得议论。以上这些事情,已经班禅批准,如有后悔,赌黄金五十两作罚金,因此这个建议永远有效。

拉日孜巴扎西彭措盖章

普才达儿盖章

百姓代表金赞旺堆盖章

班禅批示:

贵族拉日孜巴的土地:拉古、龙木切、尼布、雄着作所有财产归拥争世世代代所有,我已经知道了,并且给予批准。

拉日孜巴全家商量后,写来的文约永远有效。

土猴年三月五日①

前藏也有出卖谿卡的,如贵族贡堂把贡堂庄园一度卖给贵族擦绒;贵族噶金把林庄园卖给达赖经师;彭波贵族才登岗巴把谿卡出卖给孜仲洞布。拉鲁在拉萨的一栋房子就是用一个庄园换的。

同时,这些土地文书还表明,达赖喇嘛不仅对封赐的土地享有占有权,而且又可将自己占有土地的一部分分给属下、亲戚,形成了层层封赐、授予的两级、三级或多级土地占有权,成为具有民族独特性的西藏农奴制社会土地制度。如1729年,清朝封为郡王的颇罗鼐给一户贵族的一道谕文中写道:

贵族拉日孜巴在龙木切、森措、那古、里龙等主要庄园和分庄

---

① 《雅隆宗教源流》,转引自《西藏自治区概况》,西藏人民出版社1984年版,第259页。

园的土地、人、草、水、森林、牧场等收入之所有权力,原系后藏
王(藏巴皆普)、拉孜羌王(酋长羌达巴)给予,以后五世达赖和登
真曲杰(固始汗)曾予以承认,并多次晓谕,因此我再重申,各界
人士不得侵犯以上权力,拉日孜巴索那旺杰可永享其业。

土鸡年①

再如 1646 年,五世达赖和固始汗封赏给玉树囊谦王阿牛"毛旺仁钦
安家"的称号,并颁给一件锦缎文册:"辖区之内,寺院三座,尔为寺
主,妥为经营,以弘佛法;僧俗人等,汝之属民,善行治理,以安秩序;
山川土地,尔之封疆,邻近各部,不得侵犯;派之内差,索之外利,一
切收入,均归汝用;倘属民为非作歹,得按律施以刑罚……种种权限,
准其世袭。"这一文册承认囊谦王阿牛对囊谦部落的统治,也认可他对部
落土地的所有权和管理权,土地之上的寺院、属民、赋税等自然归其
所有。

三　物权保护方法

物权保护方法包括确认所有权、停止侵害、排除妨碍、消除危险、
恢复原状、返还财产、赔偿损失等形式。吐蕃时期对土地、牧场和其他
财产所有权、占有权的保护是严格的。对部落之间抢占草山、水源、牛
羊的,多数通过确认所有权、停止侵害、返还财产、赔偿损失等形式处
理。属于不当得利的,则应返还财产。

英国人托马斯 1951 年出版的《中国新疆发现的藏文文书》中收录了
一份吐蕃在小罗布分配土地的文书:

兔年春经商议决定,将小罗布之田划为五种亩数,按农人数加
以分配,由旺波(地方官)及掌分配田地之管事执行,并(将分配
之数)统计唱名登录。有权势者不得多占田土和空地,小块土地亦
应按人数分配,不得越界耕种和违反规定。田块之间应树立堆垛标
记,有超越分配之数违制占田及越界耕种者,将其田地如鸟翼递压

---

① 《西藏自治区概况》,西藏人民出版社 1984 年版,第 254 页。

逐级上报，并视情形给予处罚。各户农人数目写造名册，交本城官员。图谋强占者，俱照本城旧法治罪。……由节儿（地方官）依照其他例规，予以宣布。

这份文书是当地军政官员在推行分配田地、统计登录时对下属发布的一道命令。从中可以看出，吐蕃王朝给当地人口按人数分配一份固定土地，分配的原则是不得多占和强占，还对土地划定边界，对违法占田及越界耕种者要进行处罚。这份文书表明，吐蕃王朝分配土地的行为是国家行使其物权的法律行为，法律保护农民土地的行为是对农民土地使用权的认可；划定土地的范围后要设立地界的行为是对土地所有权的保护和确认；法律对违制多分、多占田土和空地、越界耕种者、破坏水源、图谋强夺者进行处罚的行为是对物权的保护和救济。这份文书也说明，土地所有权保护方面的法律既有本城旧法规，又有其他例规，可见吐蕃王朝时期已经形成了比较完善的物权制度，法律保护依法分配的土地。

第二节　藏族古代财产法中的所有权

所有权，指所有人在法律限制的范围内，对所有物享有全面支配的物权。[1] 财产分为动产和不动产。就作为不动产主要形式的土地而言，游牧业是西藏社会最重要的生产部门，土地、草场的土地所有权制度是西藏古代物权制度的核心。

一　土地所有权

（一）概述

土地所有权是所有权制度的核心，是指以土地及其定着物（如房屋）为标的设定的所有权。土地所有权以土地为标的物，是土地所有人独占性地支配其所有的土地的权利，土地所有人可以在法定范围内对其所有的土地进行占有、使用、收益、处分，并可排除他人的干涉。土地所有

---

[1]　梁慧星、陈华彬：《物权法》，法律出版社 2007 年版，第 111 页。

权类型分为土地国家所有权和土地私人所有权两种。

土地所有权是一项重要的民事权利，具有以下特点：第一，土地所有权是历史的概念，其含义常因历史、文化背景不同而有差异，如按照罗马法土地所有权为一种排他使用权、收益和处分土地的权利，有强烈的个人主义色彩，而按照日耳曼法，土地所有权则是一种管理土地的物的权利，有浓厚的团体主义色彩；第二，土地所有权是经济的概念，土地所有权之上的权利受到法律的保护；第三，土地所有权是法律的概念。

土地所有权是中国古代民事财产法律制度中极有特色的内容之一。一般认为，中国古代土地所有权属于国家，但是对中国历史上是否存在过土地私人所有，尚存在一定争议。一部分学者认为，自商鞅变法之后的古代中国社会开始出现私有制，商鞅"废井田、开阡陌"后承认所有土地可以私有和买卖，由国家统一收税，确立封建土地私有制，首次以法律确认土地货财的私人所有权。① 许多学者认为，土地所有权是土地所有制的法律表现，有什么样的所有制就有什么样的所有权关系，私有制与（私人）所有权是一对不可分离的命题，因此古代中国土地所有制被定性为以地主土地所有权为核心的私有地制，如探讨汉代契约时，提出当时不论大宗的土地买卖还是少量的土地买卖都要订立契约，从而认为买方取得了土地所有权，把土地视为"排斥其他一切人，只服从自己个人意志的领域"，因此，土地私人所有权是存在的。② 另外一些学者则认为，古代中国很难说得上存在私人对土地的所有权，中国古代封建制以皇族地主的土地垄断制为主要内容，而法律上没有土地私人所有权的法律观念和规定，至于在法律之外的事实如由于特权而得的占有权则是另外一件事。③ 有些学者进一步指出，任何一个时代都可以看到，农民在律令制度的严格规定下生产和生活，被户籍紧紧地束缚在本乡本土，没有迁移的自由，也不能随意支配土地④；无论是国家还是社会，都找不到离开事实上的领有关系而证实的抽象的土地所有权存在和保护所谓的"土

---

① 类似观点可参见当前国内各种版本的"中国法制史"、"中国法制通史"、"中国民法史"或者一些"中国法律思想史"教材。

② 参见叶孝信《中国法制史》，北京大学出版社1996年版，第96页。

③ 详见侯外庐《中国封建社会史论》，人民出版社1979年版，第10页。

④ 参见［日］谷川道雄《试论中国古代社会的基本构造》，载张国刚《中国社会历史评论》第四卷，商务印书馆2002年版，第6页。

地所有权制度"，关于土地的私有，国家只是追认现状，并没有设立任何更积极或旨在事前确认经营权者交替的制度。① 英国经济史学家琼斯也认为，土地的主人并不是普通民众：（中国的君主）和在亚洲其他地方一样，是土地的唯一主人……以农产品这种原始形式取得这样巨额的税收，是一种显著的证明：中国皇帝的权力和财富，和其他东方统治者的一样，是和他作为帝国统治下最高土地所有者的权利有密切关系，或者不如说是建立在这种权力上的。② 也就是说，从严格意义上讲，中国古代不存在土地私人所有权。

可见，对中国古代是否存在土地私人所有权的讨论，首先要从土地所有权的归属判别标准开始。有学者提出，从经济学角度看，依照马克思的观点，地租以土地所有权为前提，是土地所有权实现的经济形式，"地租的占有是土地所有权借以实现的经济形式"③，因此，判别土地属于国有或私有的标准就是是否存在独立于国家赋税以外的地租形态：如果租税合一，则土地所有权属于国家；如果地租之外还有"和这个地租形态不同的课税"④，则土地所有权私有。还有学者主张，从法律观念看，占有土地的人们能够把他们占有的土地当作私人意志的专有领域，拥有排斥一切其他人的排他权，则占有者就是土地的所有人；反之，如果虽占有土地，但不对土地具备这样的支配权利，占有者就不享有土地所有权，而仅只是土地的占有者。针对以上观点，还有学者认为，经济是法律的基础，在判别权利的性质时，不应把经济和法律割裂开，而应当把二者结合起来观察，任何权利离开经济都不能得到说明，同时法律本身又具有相对独立性，只有从权利本身的特性才能确定其性质，才能判断中国古代的土地权利状态。因此，这些学者主张，中国古代社会既有与奴隶社会土地国有制为基础的国王对全国土地的最高所有权，也有与封建社会土地所有制相适应的土地国家所有权、地主土地所有权、封建贵族土地占有权以及农民极少量土地的所有权，而且封建贵族的土地占有

---

① 参见［日］寺田浩明《权利与冤仰——清代听讼和民众的民事法秩序》，王亚新译，载［日］滋贺秀三《明清时期的民事审判与民间契约》，法律出版社 1998 年版，第 198—200 页。

② 参见［英］理查德·琼斯《论财富的分配和赋税的来源》，于树生译，商务印书馆 1994 年版，第 93—95 页。

③ 《马克思恩格斯全集》第 1 卷，人民出版社 1956 年版，第 609 页。

④ 《马克思恩格斯全集》第 25 卷，人民出版社 1956 年版，第 695 页。

权是在封建的土地国有制范围内存在的。①

　　作为中国古代土地所有权制度的延伸问题之一，关于西藏古代社会的土地所有权类型也有不同观点。陈庆英先生认为，吐蕃时期的土地所有权属于国家所有，但这种所有权是三级所有权，即赞普拥有全吐蕃和征服地区的全部土地的所有权，赞普本人、大臣及官僚贵族拥有直接控制区域的土地所有权，佃农虽然耕种他人的土地，上交地租、赋税后尚有剩余，因而实际上也有一定的土地权。② 这种观点与莫斯的观点相近，莫斯认为："不管我们审视什么地方，我们都会看到在所有权上有着多种律法的情况……国王的所有权、部落的所有权、氏族的所有权、村庄的所有权、某个群体的所有权、数代同堂的大家庭的所有权等，在同一个东西之上，可能这些所有权形式全有。"③ 另有一些学者认为，吐蕃时期西藏古代社会实行的是土地王室所有权，即国家是土地的所有权人，国家对自己所有的土地享有占有、使用、收益和处分的权利，认为贵族官吏仅享有土地的占有权，此时土地不能买卖和转让，不可能出现土地私有权；西藏农奴社会时期，中央政府将土地封赐予西藏地方政府，而西藏各封建领主占有西藏大部分土地，农奴与农牧民没有或很少占有土地，认为吐蕃时期的土地所有权是国家所有权，元明清时期仍沿用这一所有权形式。④ 这种观点主张西藏历史上只有土地国家所有权而没有土地私人所有权，其出发点在于认为实际占有土地的贵族、领主不具备对土地的排他的支配权，因而土地占有者没有对土地的所有权。还有学者认为，吐蕃时期的土地所有权有两种类型：一是赞普拥有全吐蕃所有土地，王权及于一切土地，是土地王有制或国有制的一种形式；二是赞普个人、诸大臣、官僚贵族和各地方诸侯对其直接占有拥有一部分土地的所有权，有些土地属于赞普和受封者两级所有，有些土地则属于私人所有，赞普保留了在特殊情况下对某一些土地的最终处分权；至于农奴租种领主土地的情况，并非取得了该部分土地的所有权，而只是得到其使用权，这

　　① 详见钱明星《物权法原理》，北京大学出版社 1994 年版，第 70—81 页。
　　② 参见陈庆英《土地面积的丈量单位：突—吐蕃时期的土地制度浅析》，《青海民族学院学报》1982 年第 2 期。
　　③ Marcel Mauss, Manuel d'ethnographie, orpanisation D. Paulme, Paris：Pagot, 1989, p. 177.
　　④ 详见徐晓光《藏族法制史研究》对吐蕃土地王室所有和西藏农奴社会土地所有状况的叙述，第 50—61、228—230 页。

部分使用权的取得，以缴纳地租和承担赋税为前提，是通过租佃契约实现的。[①]

综上所述，本书认为，讨论中国和西藏地区古代社会土地的所有权问题，要考虑以下几个方面的因素：

第一，土地所有权与国家主权之间的关系。土地始终被视为国家的重要象征，由于作为财产的土地的特殊性，土地所有权问题必须由公法和私法共同调整，这使土地所有权制度也兼具公法和私法的双重性质，而土地所有权也成为公法和私法中的一项复杂权利。[②]具体来说，政治学和公法理论认为，领土与人民是国家的构成要素，因此，国家既是作为民事财产权利的土地所有权的主体，又是作为主权象征的公共权力主体，其主体身份具有公共和私人两重性，因此，从公共权力角度讲，国家对其领土内的土地享有主权。中国古代，国家的主权观念始终表现为国家对全部疆域的土地享有所有权，即"普天之下莫非王土"，而以国家名义管理土地之上臣民的行政管理权也体现为"率土之滨莫非王臣"，对中国古代社会主权与土地所有权的关系，马克思曾指出"在这里，国家就是最高的地主。在这里，主权就是在全国范围内集中的土地所有权"[③]。因此，传统中国的土地观念将国家主权与国家土地所有权合为一体，成为国家对内行使统治权、对外行使外交权的重要方式。尽管古代中国不完全排除一定程度的土地私有形式，特别是现实中私人对土地的占有、使用、处分的利益可以得到社会的尊重，或通过诉讼途径获得官方一定程度的保护，如宋代《明公书判清明集》、敦煌法律文献中的土地买卖契约表明私人土地权利通过法律文书得到表达，但是，以国家法律为基础的制度性的私人所有权始终不见出现于历代王朝。[④]土地在观念上属于王朝终极所有，而实践中私人对土地的持有与交易则以土地的占有、使用及收益权利为核心，人们并不关注土地"所有权"的概念，这一点是古代中国土地权利状态的主要特征，而私人土地的占有证明几乎完全有赖于

---

① 详见华热多杰《藏族本土法的衍生与成长》对吐蕃土地所有权的叙述，第93—95页。

② 梁慧星、陈华彬：《物权法》，法律出版社2007年版，第147页。

③ 《马克思恩格斯全集》第25卷，人民出版社1956年版，第891页。

④ 英国学者认为，所有权是一个统一的法制社会的概念。在这个社会里，人们对于土地或者其他形式的财产的权利都取决于国家，而不是依赖于其他任何权威。参见密尔松《普通法的历史基础》，李显冬、高翔、刘智慧译，中国大百科全书出版社1999年版，第102页。

私人间订立的契约，私人土地交易及私人对土地权利的主张只有在民间层次才有限地对抗他人，也只有在私人与私人交易之间，私人土地的经营、收益与支配权利才有一定的完整性与自由度。①

　　第二，传统中国的土地观念对土地所有权的影响。中国历史上最早的土地观念是从西周时期就已经形成的土地王有观念，"普天之下，莫非王土；率土之滨，莫非王臣"，西周出于政治的考虑，封邦建国、"以蕃屏周"，之后由于世袭制，分封的土地被侯伯长期占有，形成土地私有的事实。但是，此时土地最高权属仍是周王，理论上，周王可以随时收回这些封地。也就是说，西周通过分封诸侯土地形成土地二层所有关系，诸侯之下有卿大夫，各领有采邑，又再次形成一种分割的土地所有关系。《诗经·小雅·大田》篇写道："雨我公田，遂及我私"中的"公田"之"公"，又是"公侯"之"公"，卿大夫相对于公侯是私属；卿大夫之田相对于公侯之田，即是"私田"。这种"私田"，仍是公侯所赐，它同样可以收回，又是二层的所有关系。因此，卿大夫的采邑既是卿大夫的私家之田，也是国君的赐田，最终还应归结为周天子的王田。这种多层所有的土地观念是后世土地所有权制度的基础，忽视这一观念，就无法解释中国政治史上的许多现象，如中国古代税负制度的基础就是土地王有观，即土地从理论上讲是王有的，占有土地的人负有向天子纳贡的义务，"贡"既表示政治上的臣服，又代表取得他人土地后应付的租金和劳役。所以，《说文》说"税，租也"，秦汉的土地税称"租"，直到隋唐"租庸调"之"租"仍是土地税的正式称谓。宋明以后，为区分私人土地的田租和国家对土地的征税，租、税二字才渐渐分开。中国历史上，将土地国有制作为制度建立起来的是商鞅。商鞅变法"为田开阡陌"，把贵族土地收归国君所有，在此基础上重新规划土地，形成阡陌纵横的场面，再把规划好的田地和宅地授予农民，国家向农民直接收取田租。商鞅推行的土地国有制，一方面调动了农民的积极性，另一方面强化了秦国对土地资源及其财富的控制，为秦国最终战胜关东诸侯奠定了制度基础。秦朝的土地国有制，在张金光先生的《秦制研究》中已有详尽的论证，无须赘述。需要指出的是，从土地王有到土地国有，中国的土地所有制

---

　　①　邓建鹏：《私有制与所有权——古代中国土地权利状态的法理分析》，《中外法学》2005年第2期。

观念逐渐定型，王或国君，既具有私人身份，又是国家的最高代表，所以，这种土地所有制兼有公法和私法的成分，王或国君对臣属的统治既是政治的，又是财产的或经济的。以租税而言，征收的目的既是维持公共事务如战争、兴修水利、行政管理等的需要，又是作为地主的国家向佃耕的农民收取租金，清人陈沣在《东塾读书记·周礼》中说："古者君授民田，其君若今之业主，其民若今之佃户。"因此，从西周以来形成下溯明清的土地最高权公私不分的观念，成为认识中国古代土地所有权的钥匙，无论民间土地如何流转、买卖，土地最终权属归于天子。不仅如此，人身也是属于天子，如元英宗说："天下之民，皆朕所有。若加重赋，百姓必至困穷，国亦何益？"① 也就是说，百姓私人土地所有权的来源，是天子的赐予，而非私人占有或劳动。因此，在中国古代的土地权属观念的影响下，皇权国家下朕即国家，从国家层面看没有区分土地公私的必要，土地私有虽然成立，但是，最终土地和人口都属于国家。

第三，土地不仅是公法内容之一，同时，又是重要的私法内容之一。土地是不动产的核心内容，是民事财产法律关系的重要组成部分。汉代以后，民事财产法律关系非常活跃，土地可以流转，皇帝、官员、商人、地主和平民都参与土地的买卖，土地的租佃、租赁、出质、典卖等法律行为日益丰富和发达，特别是宋明以后，土地不抑兼并，土地的流转日益频繁，土地的占有、使用、收益等成为民事财产法律关系重要的内容。但是，从整个封建社会土地流转的情况来看，中国历史上出现的公田、学田、屯田、旗地等都是官府主导，在形式上存在从"公有"到"私有"之间的轮回转换，即官府将私有土地公有化然后出卖、分配，将土地分给权贵然后招佃，将土地配给农户然后他们再典卖。在长期的土地占有过程中形成形式上的土地私有状态，但是随着改朝换代，土地所有权又重新纳入新朝的财产范围，最终这一系列过程构成了土地在形式上"公有"、"私有"的相互转化格局。其中，"私有"土地不过是这个转换过程中的一个过渡阶段，整个过程没有起点，也没有终点，土地在私人与国家手中不断地分化组合，呈现出高度动态格局。②

---

① 《元史·英宗纪》。

② 邓建鹏：《私有制与所有权——古代中国土地权利状态的法理分析》，《中外法学》2005年第2期。

　　第四，西方所有权观念对现代中国法学理论的影响。所有权概念并非中国古代法律制度创制，而是起源于罗马法。所有权是指所有人除了受自身实力和法律限制外，就其标的可以为他所想为的任何行为的能力。从消极方面讲，所有权可以对任何人主张排除对所有物的干涉。因此，所有权意味着绝对性、排他性、永续性的财产权利。① 正因如此，后世罗马法学者认为所有权可以定义为对物最一般的实际主宰或潜在主宰，而未对这种主宰权的内涵作进一步的确定，这是因为所有者的权利是不可能以列举的方式加以确定的。换句话说，人们不可能在定义中列举所有者有权做什么，实际上所有者可以对物行使所有可能行使的权利；物潜在的用途是不确定的，而且在经济—社会运动中是变化无穷的，在某一特定时刻也是无法想象的。法只以否定的方式界定所有权的内涵，确定对物主宰权的一般约束，即规定法律限度。② 罗马法是再现古代私有制的一面镜子，如果学者视古代中国为私有制社会，那么，为何在这个泱泱大国很难找到反映该制度的镜子？③ 仅以罗马法为标准，我们发现中国现存传世法典中并未有赋予私人对土地等财产享有"排斥其他一切人，只服从自己个人的意志"的权利，中国"当法律出现以后，它既不维护传统的宗教价值，也不保护私有财产。它的基本任务是政治性的：对社会施以更加严格的政治控制"。④ 从清代以至整个古代中国的状况来看，当时的法律制度不以保护私人财产利益为核心⑤。在古代中国不存在明确的"私有"权利领域的条件下，任何一种以近代以降大陆法私法简单套用于古代中国土地权利状态的尝试都显得匪夷所思，过分生硬的逻辑设计，不假思索借用完善的当代法学体系，其间的文化差异被忽略，是脱离中国社会实际的。

　　综合以上因素可以看出，中国历史上基于皇权至上的制度和观念，

---

　　① 参见周枏《罗马法原论》，商务印书馆1994年版，第299—304页。

　　② 参见［意］彼德罗·彭梵得《罗马法教科书》，黄风译，中国政法大学出版社1992年版，第194页。

　　③ 转引自周枏《罗马法原论》，商务印书馆1994年版，第2页。

　　④ 参见［美］D. 布迪、C. 莫里斯《中华帝国的法律》，朱勇译，江苏人民出版社1998年版，第7页。

　　⑤ 参见邓建鹏《权利的难题——中国传统法律的一个视角分析》，北京大学出版社2003年版，第196—251页。

土地始终是国家的政治统治基础和经济收入来源，国家拥有对土地完全的、支配性的权利，其他主体虽然占有土地，也可以买卖土地，或者土地之上设置租佃、抵押、出质、典卖等民事财产权利，但是，从王朝更替的历史发展来看，这些权利的基础是对土地的占有而非所有，当土地所有者即国家处分疆域内的土地时，占有状态即告消灭，只能被动等待土地所有权人的处分。综上，就土地所有权的形式而言，中国历史上存在着土地国家所有权、土地私人所有权两种形式：土地国家所有权是指土地属于以皇帝为代表的国家政权所有；王侯、官僚、商人、地主、平民等主体仅存在土地私人占有权。但是，这种占有权在外在表现形式上有占有、使用、收益和一定的处分权。根据上述论述，从社会发展的历程来看，西藏历史上出现过三种土地所有权形式，即吐蕃王朝时期的土地国家所有权，分裂割据时期的部落、农牧主和农牧民的土地私人所有权，元明清时期中央王朝的国家所有权与西藏地方政府、封建贵族和农牧民的土地占有权。

（二）吐蕃王朝时期的土地王室所有权

吐蕃王朝时期，西藏社会实行土地国家所有权，土地为王室所有，代表国家的赞普及王室是全国最大的土地和牧场的所有者。敦煌吐蕃文献记载，赞普囊日松赞时，"赞普墀伦赞亲率精兵万人，启程远征……遂攻破宇那堡寨，灭顽敌魁渠森波杰，芒波杰孙波逃遁突厥矣。自是，上起帕之勇瓦纳以下，直至公布咨那以上，均为赞普统领之辖土矣。赞普墀伦赞乃发布命令，改岩波之地名为彭域"。[1]《白史》也记载，松赞干布时，征服象雄后，赞普歌曰："雅隆昔短小，今从康到藏。雅隆昔窄狭，今从南至北。吾等君与臣，君不舍臣民，臣民不舍君。"[2] 从中可见，吐蕃从雅隆地区扩展到从康到藏的广大疆域，均归属于赞普所有。

赞普对全国土地享有所有权，还可通过封赐、分配等方式处分其拥有的土地。据《达札路恭记功碑》、敦煌文书等文献记载，赞普以保留土地的处分权而转移其占有、使用、收益权的方式，把土地分封给各领主贵族阶层。据敦煌吐蕃历史文献载："囊日松赞亲自分封：将念·几松之

---

① 王尧、陈践：《敦煌本吐蕃历史文书》，民族出版社1992年版，第161—162页。

② 根敦群培：《白史》，中国藏学出版社2012年版。

都尔瓦城及一千五百户奴户赏给娘·曾古。"① 《贤者喜宴》也记载，松赞干布对那囊氏、没庐氏、琼波氏等贵族进行土地分封。吐蕃王朝建国后，松赞干布将王朝疆域划分为乌如、要如、耶如、如拉、苏毗如五大区域，并且规定："乌如雪钦属赞普王室，颇章尼切归父王属臣，雅垄索卡属科族和酿族，羊卓岗钦归格仁五部。琼瓦琼域属于郭和努，加乌地界归章洁五父，宅和雄巴划归那南，上下扎任划归才邦族，上下藏归卓与琼波族。陇学南波属竹和修参，澎域属于卓和马部，娘若仲巴属于哲和节，香与勒其归于日和勒。大小永瓦为展噶地，辖格三部分与论布贝，南若恰贡归于章和恰，当雄嘎姆分给恰与饶，多康多钦属于军队八千部。以上共划分十八领地。"② 应当说，松赞干布划分的 18 块领地，不仅是吐蕃王朝的行政区划和管理机构，也是吐蕃王室通过将土地分赐给各贵族、部落、氏族而行使其处分权的途径。此外，敦煌文献中也有记载："……之农田一突，邦布小王（莽布支）③ 农田一突，'资悉波'④ 农田一突半。悉斯赞新垦荒地在通颊有两突，零星散地一突。"⑤ 将土地划分给农民，也是国家行使其土地所有权的方式之一。

　　吐蕃时期实行世卿世禄制，受封的贵族、王臣等可以世代享有对所封土地及财产的占有、使用和处分。通过王室、赞普所封赏的财产是较为持久稳固的："'大公'之子孙某代或因绝嗣，其所属奴隶、地土牲畜决不由（赞普）没收，而定举以界其近亲兄弟一支……大公'之子孙后代手中所掌管之奴隶、地土、牧场、草料、园林等等一切所有，永不没收，亦不减少，他人不得抢夺"⑥；"娘·定埃增证盟碑"也记载："'囊桑努贡'之子后代之奴隶、牧场、草料、园林等项，无论何时，设或断绝后嗣，或因罪置狱，王廷亦不没收，亦不转赐他人"⑦；工布第穆萨摩崖刻石也明确载有"工布噶波小王之奴隶、土地、牧场还后决不减少，

　　① 黄不凡、马德：《敦煌藏文吐蕃史文献译注》，甘肃教育出版社 2000 年版，第 193 页。

　　② 参见陈庆英、高淑芬《西藏通史》，中州古籍出版社 2003 年版，第 48—72 页；陈庆英《藏族部落制度研究》，中国藏学出版社 1991 年版，第 210 页。

　　③ 邦布小王（莽布支）：按读音 bam（mang）- bu - rje 依唐代习惯译为莽布支。本意为"众人所举之王"，后逐渐变为对贵族的尊称，又衍变为人的名字的一个组成部分。

　　④ 资悉波：吐蕃财务官员。

　　⑤ 王尧、陈践：《吐蕃简牍综录》，文物出版社 1986 年版，第 42 页。

　　⑥ 王尧：《吐蕃金石录》，文物出版社 1982 年版，第 83 页。

　　⑦ 同上。

亦不摊派官府差役，不科赋税，不征馈遗……"①

吐蕃王朝还将土地分配给各级官员。吐蕃实行"告身"制度区别官员级别高低：一等瑟瑟、二等金、三等金包银与颇罗弥、四等银、五等铜、六等铁，每种分大小两类共十二级，共六等爵位12级告身。官员告身的高低也意味着官员的官阶、身份、地位及经济利益和法律特权的差别，《贤者喜宴》记载："告身本身意味着可以充任哪一级官吏，可以拥有多少奴户、土地、园林，可以享有哪些法律上的特权。因此，没收告身实际上就是剥夺充任官吏的政治地位、奴户、土地、园林及各种法律上的特权。"② 因此，不仅官员的爵位父死子继、世代承袭，而且国家还按照官员爵位高低赐予相应大小的田地，作为军政官员的薪俸土地，即"俸禄田"，如敦煌木简记载"门穸俸禄田一突"、"班金领受军官田一突"、"'资悉波'农田一突半"。③ "悉斯赞新垦荒地在通颊有两突，零星散地一突"、"库穷及库登芒巴，（领受）小铜告身者之农田三突"。④

农牧民也可从政府领得一定数量的土地和牲畜，并对政府承担赋税和劳役。787年吐蕃占领敦煌地区，对敦煌地区的汉人按照吐蕃制度编为部落，对汉人部落"计口授田"，征收赋税。吐蕃各级政府还设有农田官，专门管理土地事务。《敦煌本吐蕃历史文书》载：

> 兔年春，商议决定把挪穷阿王田分成五块，按农民人数给予分配。王和分田官员制定规矩，把农民点名入册。除了势家田、固定田和不能耕种的田地外，所有王田都分配完毕，规定农民不许把王田不耕而种，亦不许扩充田地。王田分成块块后，倘若有谁违反此规定而扩充土地或不耕而种，没收其田地以及收成，且要严惩不贷。农民人数入册后上交城区官员。若有农民不种田或不引水灌溉者，官员有言而无信或强行没收农民收成者，皆依法规治办。（你们）要服从旧官员一样服从新增官员尚伦钦布格桑和赞拉盆大臣……⑤

①　王尧：《吐蕃金石录》，文物出版社1982年版，第116页。

②　巴卧·祖拉陈哇：《贤者喜宴》，黄颢译，中国社会科学院民族研究所，1989年。

③　王尧、陈践：《敦煌本吐蕃历史文书》，民族出版社1992年版，第161—162页。

④　王尧、陈践：《吐蕃简牍综录》，文物出版社1986年版，第42页。

⑤　才旦扎西：《初论吐蕃王朝时期的土地所有制》，《西藏研究》1993年第3期。

吐蕃时期，特定情况下，奴隶也可受田。敦煌木简记载："那松之农田佣奴三人……（领受）农田三突"、"论努罗之奴仆已在小罗布，……冬季田租之对半分成于兔年……"[1] 说明在贵族或官吏拥有大量土地的情况下，吐蕃时期国家对贵族或官吏私有的佣奴或奴仆可以授予一定数量的土地，以专门为其主人从事农业生产。从木简内容看，当时吐蕃各部落中奴隶和奴婢的数量并不大，国家将一部分土地分授给平民甚至奴隶，是吐蕃王室行使国家所有权的表现。

另外，吐蕃时期国家还规定了官员受田而由农民领受代耕的情况，即国家拨付一部分土地给官员，并指派固定的农民为其耕种，收获物归官员，作为其担任官职的薪俸；耕种的农民则通过代耕官府指派的国有土地履行对政府的劳役。敦煌7号木简记载"格来领受：先锋官之田两突"、4号木简记载"班丹领受：资悉波之田地三突，军官俸禄田一突，如本之新垦荒地一突，副先锋官田一突"[2]，这两只木简表明，"格来"代替先锋官、"班丹"代替资悉波、军官、如本等多位官员从官府领受土地，也就是说，"格来"、"班丹"与先锋官、资悉波、军官、如本等官员之间并没有地主与佃农之间的租佃关系，政府将土地授予农民，由其替官员代为耕作。再如，敦煌汉文写卷 P. 3474 号《丑年十二月僧龙藏碟》记载："齐周身充将头，当户突税差科并无。'官得手力'一人，家中种田驱使，计功年别三十驮"[3]，即齐周担任敦煌吐蕃汉人部落的"将头"（部落之下的一级组织的头领），因此免除齐周的差税并由官府指派一人为其耕种，其中，"官得手力"是指官府指派一人为齐周耕种。可见，官员受田而农民代耕行为应当视为国家所有权的实现途径之一，即对其所有的土地通过转移占有从而进行收益的民事财产行为。

吐蕃王朝后期，寺庙也可从国家获得土地。庄园田是赞普赐予出家僧人以维持其生活的土地。赤德松赞时期，下诏规定每个僧人赐属民三户、寺院赐属民二百户及管理使用所属百姓的权利，并订立盟书规定众人不得强占属于寺院的土地、奴隶等，如噶迥寺建寺碑文记载"赞普赤德松赞之祖、父、子孙无论何时，定断作三宝之顺缘者不降低、减少、

---

① 王尧、陈践：《吐蕃简牍综录》，文物出版社1986年版，第42页。

② 同上。

③ 王尧、陈践：《敦煌本吐蕃历史文书》，民族出版社1992年版，第161—162页。

不隳不灭，如同寺庙户籍文书诏令之前所言，依之管理行事"。① 赤热巴坚实行"七户养僧"，将农田、牲畜、牧场、奴隶等赏赐给寺院，楚布江浦建寺碑则说："作为寺产之民户及产业之上，不征赋税，不征徭役，不取租庸、罚金等项。"② 西域藏文木简中也有"属于寺庙的土地原有十二顿半。去年以来因争执发生骚乱，租粮……属于吾等僧伽的生活所需，寺户们不再交纳。吾等六个住寺头人要求赐予布施"③ 的记载，表明，寺院由国家分给土地及耕作土地的寺户，寺户们向寺院缴纳租粮。

此外，吐蕃王朝还对占领区的居民分配土地，如"域杰相吉部落酋长赤玛杰禀报：（我）已经到达此地。因在于阗人土地与吐蕃土地中，草场多少不均，引起不合。于阗人要求的一块土地应派人拨给。如果没有人满足某些草场要求，将来就难以安定"。无疑，此资料是关于土地分配纠纷的文书，表明于阗人和吐蕃人共同占有某些土地，并且为解决纠纷请求国家拨付土地给予阗人。

作为行使所有权的方式之一，国家还可随时收回分配出去的土地。吐蕃时期，分配土地给贵族、官员，其附随义务主要是对国家的忠诚义务。当受封土地的贵族、官员不履行对国家的忠诚义务，有不轨之举，甚至背叛之举，则国家有权随时收回分封的土地。如果贵族忠于职守、建功立业，作为奖励，赞普会下诏保证对分封给贵族的土地永久占有，如《达札路恭记功碑》记载："人公之子孙后代中掌管之奴隶、田地、牧场、草料、园林等等一切所有，永不没收，亦不减少，他人不得抢夺。"④

吐蕃时期，土地所有权归王室所有，王室将土地使用权、收益权转移给贵族、官员和属民，因此，作为相应的义务，贵族、官员和属民则向国家缴纳地租。需要注意的是，由于国家除了作为民事财产法律关系的主体外，同时也是统治者和行政管理的主体，因此，被管理者要向国家缴纳赋税，从这一角度讲，地租和赋税从外在表现形式看是一致的。如敦煌有关赋税的十余只木简中，赋税和地租经常为同一词，据《敦煌本吐蕃历史文书》记载："牛年（653 年），大论东赞于'佑'定牛腿税。

①　王尧：《吐蕃金石录》，中国文物出版社 1982 年版，第 161 页。

②　同上书，第 180 页。

③　［英］F. W. 托玛斯：《敦煌西域古藏文社会历史文献》，刘忠、杨铭译，民族出版社 2003 年版，第 303 页。

④　王尧：《吐蕃金石录》，中国文物出版社 1982 年版，第 83 页。

达延莽布支征收农田贡赋"、"虎年（654 年），大论东赞于蒙布赛拉宗集会，区分'桂'、'庸'，为大料集而始作户口清查"、"鸡年（673 年），于董噶之鹦鹉园，由噶尔赞来多布、钦陵赞婆二人集会议盟。行牧区大料集"、"虎年（690 年），坌达延与大论钦陵于藏之林噶园集会议盟，立大藏之红册。噶尔·没陵赞藏顿与巴曹野赞通保二人征收约如之地亩赋税"、"马年（718 年），达布王立红册木牍，征三如之王田全部地亩赋税、草税"。① 同时，敦煌木简还记载："此人于马年派去，此人谓……派，属民马年之（差税）……未完成，属民的年成不好，上等农户一突农田只交五克青稞五克麦子……"、"论来冲木热等，前往小罗布，交纳差税：岸钟悦青稞二克，麦子三克，麦子……"、"吐谷浑上部万人部落，凡属唐所辖者……，每户征收五升青稞；万人部落田赋以六成计所征，征青稞混合堆置一处，一部分青稞如以羊驮运不完，可派牛运"。可见，吐蕃根据户口征收"牛腿税"、"大料集"、"地亩赋税"、"草税"等赋税是从国家角度出发设立的行政管理措施，而贵族、官员和属民向国家缴纳田租则是履行对土地所有权人——国家的约定义务。

（三）分裂割据时期的地主、农民的土地私人所有权

分裂割据时期，各地割据势力割据一方，按照自己的意愿占有、使用、收益和处分所拥有的土地，私有土地大量出现，土地私人所有权取代土地国家所有权，成为分裂割据时期主要的土地所有权形式。

吐蕃王朝中期，土地交换开始在王国各地出现。据敦煌文书记载，吐蕃王朝中期，"及至牛年（653 年）……达延莽布支征收农田贡赋，与罗桑支之论仁大夏行土地大宗交换"②，这件文书所记载的大宗土地交换可能并不是基于土地私人所有权而产生买卖行为，但是土地之间的交换行为也恰恰说明，贵族此时可以对自己所占有的土地在一定程度上进行支配和处分。

吐蕃王朝晚期，随着时间的推移，吐蕃王室分配给贵族、官员、属民的土地逐步由国家所有演变为事实上的私人所有，贵族、官员、属民可以根据自己的意愿处分土地，自由买卖土地的现象时有发生，于阗本

---

① 详见王尧、陈践《敦煌本吐蕃历史文书》，民族出版社 1992 年版。
② 同上。

吐蕃文书就记载有"那吉去出售中等王田时，视土制之优劣，以步丈量，每一突田地要价麦子或青稞十四克十升。朗楚增盖了手印"。① 此时，因此，单一的土地国家所有权受到挑战，土地私人所有权逐渐成为与土地国家所有权并行的所有权形式。

吐蕃王朝崩溃后，各属部相继叛离、各占一方，河陇地区、康区又相继发生奴隶大起义。由于大批奴隶主逃亡，西藏社会出现大量无主之地，大部分平民和农奴转化为既有土地所有权又有人身自由的自耕农。各地纷纷出现割据势力，其中，势力较大的有后藏阿里地区的没卢氏和囊氏家族，宿尼莫的娘氏和囊氏家族，彭波的没卢氏和囊氏家族，上堆龙的秦牧氏和聂氏家族，洛惹当许的尼娃和许布家族，穷结的苦氏和聂氏家族，山南桑耶的永丹后裔等，以及多布、工布、聂和拉萨等地的贵族。② 另外，吐蕃时期一些大贵族的后裔，如后藏的款氏、阶氏、前藏的噶氏、朗氏等散处各地，仍保有一定势力。③ 这些各辖一方、不相统属的领主占据当地草山、牧场、庄园等，拥有土地所有权。

8 世纪，由于疆域扩大、农牧业和商贸的发展，加之唐王朝封建制度的影响，在吐蕃王朝腹心地区的一些地方，已开始实行封建土地所有制和赋税制，出现平民私人占有土地的情况。④ 9 世纪中叶赞普赤祖德赞时，一部分佛教僧人获得土地、牲畜和奴隶，称为"曲谿"（佛和僧的供养地），这是早期西藏庄园制的雏形，反映出封建经济萌芽的产生，西藏社会逐渐开始向封建社会转变。⑤ 公元 10 世纪初，朗达玛的后裔把辖区内一带地方给予经师作为"曲谿"，据认为是西藏出现的第一个农奴主庄园。⑥ "属民犯上"起义和吐蕃奴隶制崩溃，打碎了世袭制枷锁，增强了多数人为生计和佛事自由行为的自主权，农牧业和手工业、商贸在分裂割据中后期有了较大的发展。奴隶制的解体和封建庄园制的逐步建立，使原来的奴隶变成了农奴和牧农，有了比较多的人身自由，并开始有了

---

① 参见王尧、陈践《敦煌本吐蕃历史文书》，民族出版社 1992 年版。

② 东嘎·洛桑赤烈：《论西藏政教合一制度》，中国社会科学院民族研究所 1983 年版，第39—40 页。

③ 王森：《西藏佛教发展史略》，中国社会科学出版社 1987 年版，第 31 页。

④ 范文澜：《中国通史》第 4 册，人民出版社 1949 年版，第 32 页。

⑤ 引自《西藏自治区概况》，西藏人民出版社 1984 年版，第 236 页。

⑥ 同上。

少量的土地、牲畜和生产工具，提高了劳动积极性。同时，由于土地私有的普及，贵族、领主和农牧民都可以自由买卖土地，如《米拉日巴传》中就记载，米拉日巴靠经商积累了财富，使用黄金和货物购买了俄码家一块肥沃的三角地，成为地方上有声望的人家，米拉日巴家里还有一块他母亲娘哲白登穷的陪嫁田，为支持米拉日巴外出学法，卖了一半。[①] 虽然封建农奴制到 13 世纪中叶元朝统一西藏后才完成，但社会变革和向封建农奴制的转变，是分裂和割据时代的本质特征，是西藏社会的重大进步。

1045 年，古格王朝从印度请来阿底峡大师在西藏授徒传教，藏传佛教进入后弘期。此后，藏传佛教逐步形成噶当派、宁玛派、了萨迦派、噶举派等教派。13 世纪，藏传佛教在西藏得到全面弘扬，各教派高僧大德到各地讲说佛法、广收门徒、建立寺院，因其学识、功德和声望受到地方政权和群众的推崇和信奉，纷纷献出土地和财富资助建立寺院，此后，寺院成为占有土地、牲畜和农牧民户的地方领主，占有一定的土地，并享有土地所有权。

（四）元明清时期的土地国家所有权

元明清时期，西藏地区土地的最高所有权归皇帝，即中央王朝所有，表现在以下几个方面。

1. 掌管地方僧俗大权、占有土地的西藏地方管理者，都必须得到清中央政府的敕封，然后再由他们把土地分封给下属辖区内的贵族、活佛或寺院。

1246 年蒙古势力入藏，结束西藏四分五裂的局面，使西藏统一于元廷之下，中央政权与西藏地方政权的主权关系确立。元明清时期，历代皇帝代表国家享有对西藏土地的最高所有权，并通过封赐、分配、清查造册、制定政策法律、裁禁违法行为等，行使其作为土地所有权人的各项权利。而西藏地方的各级僧俗官员、大小领主，经中央政权册封、认可后，对其所实际占有的土地享有占有权。

皇帝代表国家享有对西藏土地的最高所有权，如"钦令衮噶降村贝桑波帝师颁发之法旨"宣告"乌斯藏宣慰使、内政总管、各拉让的近侍、

---

① 桑杰坚赞：《米拉日巴传》，刘立千译，四川民族出版社 1985 年版，第 22—23 页。

招讨使、司法官、金字使、税吏、寺庙堪布、万户长、千户长及一切办事人员知晓"，夏鲁寺是"皇上万寿诵经及寺庙交纳贡物之用"，而且给夏鲁寺的"两加措地面之寺庙领地"是遵循皇帝的圣旨和封文封赐的，因此"现仍然按以往之规定不变，尔等无论何人，均不得侵占、抽调，不得寻隙与之争斗，以便使其祈祷平安。颁发此封文后，谅无人胆敢违背"。① 再如，1277 年（或 1289 年）1 月 12 日，元朝皇帝颁发《薛禅皇帝颁给拉洁·僧格贝的圣旨》，这一诏令具有最高法律效力，赐予拉洁·僧格贝寺庙及寺属土地，并规定其土地、属民及牲畜免税、免役及给予保护：

> 靠长生天的气力，托大福荫的护助，皇帝圣旨
>
> 　　向军官们、士兵们、城子达鲁花赤们、官员们、来往的使臣们、百姓们宣谕：
>
> 　　成吉思汗、哈罕（窝阔台）皇帝圣旨里说道："和尚们、也里可温们、先生们不承担任何差发，祷告上天保佑。"兹按以前的圣旨，不承担任何差发，祷告上天保佑，向绒地的拉洁·僧格贝颁发了所持的圣旨，在他的寺院、房舍里，使臣们不得下榻；不得向他们索取铺马、祗应；不得征收地税、商税；不得抢夺寺院所属土地、河流、园林、碾磨等。他也不得因持有圣旨而做无理的事。如做，他岂不怕？
>
> 　　　　牛年（1277 年或 1289 年）正月三十写于大都②

而西藏地方政权在发布封赐、分配土地的命令时，还需遵从皇帝的圣旨，如 1304 年，元朝帝师仁钦坚赞颁给萨迦派僧人保护寺院的法旨，明确无疑地对寺院所属的土地、牛马等财产进行保护，确认寺院的土地所有权：

> 　　遵奉皇帝圣旨

---

① 中国社会科学院民族研究所：《西藏自治区概况》，西藏人民出版社 1984 年版，第 236 页。

② 西藏自治区档案馆编：《西藏历史档案汇粹》，文物出版社 1995 年版，第 1—2 页。

　　仁钦坚赞帝师法旨

　　向乌斯藏地方宣抚司官员、军官、士兵、地方守官、法官、税官、过往官吏、站赤、牛马饲养员、胥吏、地方头人、百姓晓谕：

　　昆顿师长和仁钦贝桑布师长所属埃巴地方寺庙谿卡、供法谿卡的僧人、施主、徒弟们听讲佛法，为皇帝祈祷，安分守规。遵奉皇帝圣旨，对其拥有的耕地、谿卡、土地、河流、草场等，不得抢夺；不得在寺庙下榻；不得征收地税、商税；不得以借贷、离间等为口实，惹是生非；不得饲养牛马；不得将农具和驮驴作抵押；不得掠夺牛群；不得派驮马支乌拉；不得使用暴力。特颁发了执持的法旨。若见法旨仍倒行逆施，则必加惩罚。尔等亦不得做违法之事。

　　龙年（1304 年）二月二十三日书于大都皇宫御花园①

　　明朝立国后，采取一系列措施，将西藏地区纳入中央政权统一治理之下，确立了土地国家所有权。首先，招抚西藏大小贵族、官员，归顺者封以官职，各官员和诸部首领的辖地、属民，归顺后按原有情况封授。如 1372 年，萨迦派喃加巴藏卜响应招抚亲自进朝，明廷封以炽盛佛宝国师，授予其荐举的 60 名官员相应官职，并下诏"置指挥使司二曰朵甘、曰乌思藏宣慰司二元帅府一招讨司四万户府十三千户府四。即以所举官任之"。1376 年明朝皇帝"诏置俄力思（今阿里地区）军民元帅府、帕木竹巴万户府、乌思藏笼答千户所，设官十三人"，标志全藏归于明朝治下。其次，建立僧王为首的僧官制度。永乐年间，明廷建立僧官制度，在藏族地区大批封王，封授不同教派首领以不同爵号、职位和品级，如阐化王、大宝法王、护教王、赞善王等，各僧官皆统一于明朝治下。宣德以后，明廷没有再封僧王一级的高级僧官，对已封的法王、教王、西天佛子、大国师、国师等按明朝规定承袭，重新册封的需审核，从严掌握高级僧官的承袭。通过以上措施，明朝在西藏建立了稳固的统治，同时，西藏的土地国有制及其在法律上的表现形式即土地国家所有权也建立起来。

　　明代承袭元朝的土司制度传统，继续在西藏各派辖地实行分封，承认其对原有辖区和领地的权力，在西藏地区建立起土地的贵族、领主占

───────────

　　①　西藏自治区档案馆编：《西藏历史档案汇粹》，文物出版社 1995 年版，第 8 页。

有权。明朝册封的大小官员和各派各部首其官职、地位、辖区、属民，经明朝中央政权认可准予承袭并封以明朝官职名号，在辖区内代表明廷"绥镇一方，安辑众庶"。同时，明廷所封僧王和官员都有各自的辖区、份地，拥有固定的势力范围，如大宝法王噶玛噶举派势力范围在今昌都地区、云南西北部和前藏的部分地区，大乘法王萨迦派势力范围在后藏，大慈法王势力范围主要在前藏和后藏地区；如明朝所封教王，阐化王扎巴坚赞占前后藏大部分，护教王宗巴斡即南哥巴藏卜辖区在金沙江西岸的馆觉（今昌都东南贡觉县一带），赞善王着思巴儿监藏辖区在金沙江东岸的灵藏（今四川邓柯县南），辅教王南渴烈思巴辖区在雅鲁藏布江上游的思达藏（今西藏吉隆县一带），阐教王在今墨竹工卡和旁多地区。各法王都是接受明朝册封的明朝官员，各自治理其辖区，互不统属。通过明朝中央政权的册封和授职，各级贵族、官员享有对所辖区域的土地占有权。

需要注意的是，明代的领主土地占有制，以对土地的实际占有为其确立权利的依据。各级领主都可以对其经册封占有的土地可以进行占有、使用、收益，也可以在一定范围内进行处分，如级别较高的领主可以将领地封给家臣并世袭继承，或者任命地方宗或庄园的官吏进行管理、经营，级别较低的也可将土地交付赠予他人，领主对其所占有的土地享有同样的法律地位，只不过因为官职级别的高低主体地位高下不同。

清朝建立后，西藏领主制发生重大变化，班禅和达赖成为所领辖地的最高领主，拥有封赐僚属领地的执政权力。顺治时清政府正式册封达赖五世为"西天大善自在佛所领天下释教普通瓦赤喇怛喇达赖喇嘛"，康熙时册封班禅为"班禅额尔德尼"，乾隆十六年（1751）清朝授权达赖执掌西藏地方行政管理权，成立西藏地方政府噶厦，设置了一套自上而下的行政机构，形成了僧俗一体的政教合一体制，达赖通过西藏地方政府管理西藏地方僧俗事务。清朝政教合一制度的建立，使达赖喇嘛既是藏传佛教格鲁派的教主，又是西藏地方政府的首脑，集政教大权于一身。

通过元明清各朝中央政府的封赐，受封的上层贵族、领主阶级、政府官员等以"奉皇帝圣谕"的名义对其属下贵族、寺院颁发封地文书，使之享有对土地的合法占有权。如 1642 年（藏历十一饶迥阳水马年）固

始汗给拉日孜巴的封文、五世达赖喇嘛给贵族乃堆土地的封文、1736 年
（藏历十二饶迥阳火龙年）颇罗鼐颁给甘丹塔吉林领地的法令等。① 西藏
其他地区也不例外，如 1725 年（藏历十二饶迥阴木蛇年）青海囊谦千户
扎西才旺多杰得到朝廷封地文书后宣布："玉树二十五族，是雍正皇帝封
给我的。在此之内，我有役使人差，征收实物，支配草山，确定地数，
统领百户，管理寺院，保护众庶，出兵打仗等政治、经济、军事的一切
权力。"② 综上，西藏古代社会的土地所有权带有公法或身份关系的色彩，
如吐蕃王室封赐土地给贵族王臣、分配土地给部落属民，元明清各朝中
央政府封赐给西藏地方政府土地、庄园以及西藏地方政府封赐给贵族、
高级僧侣和寺院庄园、牧场等行为。

2. 朝廷对西藏的土地享有处分权

朝廷有权封赐、奖赏或抄没地方官土地、家产。1719 年（康熙五十
八年）和 1731 年（雍正九年），清政府将昌都、察雅、类乌齐等地采邑，
分别直接赐给昌都帕巴拉呼图克图、察雅罗丹协绕呼图克图、类乌齐庞
球呼图克图，他们各自进行政教结合的统治，直接向清廷纳贡。1728 年
（雍正六年），清政府调整西藏土地关系，将原属于达赖喇嘛管辖的后藏
拉孜、昂仁、彭措林三个宗和若干谿卡封给了班禅额尔德尼管辖；将康
区东部的打箭炉、理塘、巴塘等地划归四川管辖；将康区南部的中甸、
维西、德钦等地划归云南管辖；将芒康、贡觉、左贡、洛隆、硕般多、
边巴、桑昂曲宗封给达赖喇嘛管辖等。此外，从七世达赖喇嘛起，以后
历世达赖喇嘛、班禅额尔德尼的父兄均被朝廷封给"辅国公"爵位，西
藏地方因此要给予一定的庄园、牧场，使其成为占有领地的新兴贵族，
也从一个方面说明了中央对地方土地的领属所有权力。对于叛逆国家者，
朝廷则下令褫革爵位、官职，抄没其田产和什物等，如 1751 年和 1793 年
查抄珠尔默特那木扎勒家产及没收沙玛尔巴在羊八井的寺院、庄园等。

通过元明清各朝的封赐和西藏地方教派政权的分配，西藏逐步确立
了贵族、地主的封建土地占有制。皇帝封赐给达赖、班禅及寺院、其他
上层僧侣、贵族和地方政府、官员、土司、部落头人的土地、庄园、草

---

① 《西藏自治区概况》，西藏人民出版社 1984 年版，第 254—255 页。
② 李延恺：《解放前青海西藏之社会形态》，《藏学研究论丛》第 2 辑，西藏人民出版社
1990 年版，第 337 页。

场、水和水源，受赐者即获得土地占有权。这是皇帝最高土地所有权的处分，占有土地的贵族、官员头人等可以对土地行使占有、使用、收益的权利，但是不能处分。对此，贵族等主体也是非常认可的。如六世达赖喇嘛给夏鲁寺的封地文书中写道："夏鲁寺及日布祥庙之嘎麦、却珠……地，其草木石土皆得保留，其……泥瓦工差役等，以及该文尚未录入者，亦不例外。领地间遇有争给，扩大事态，拒不从命，即行处理，届时由夏鲁寺堪布执事人等商议。"八世达赖喇嘛发给家属索朗他杰的土地文书中写道：宗孜庄园的自营地、分租地、收租地、差地及分散的土地、百姓、牧奴、租房人、男女家奴、破产户、树木、草场和庄园内围的山、水、水源、水渠等归他所有，有永世承袭权。九世达赖喇嘛时期，摄政功德林呼图克图给九世达赖喇嘛家属封文中写道：惹林附近的荒地、树木、草场、水源、河流、百姓、庭院，桑园周围的甲嘎拉山、达嘎拉山和地面归其所有；该地面的水、草他人使用应征其收入。十二世达赖喇嘛给其父亲多杰占堆的封地文书中载明："曲水等地的草场、牧场、刺柴林、土地、山、水、水源、树木、居民等一切归多杰占堆所有，别人不得借口占有。"[1] 这几位达赖喇嘛都认为归属自家的土地"归其所有"，而且"有永世承袭权"，"别人不得借口占有"，说明"农奴主对其生产资料的占有"而不是"所有"，即是贵族的土地占有权，"占有权"仅表明对土地的一种占有状态或一项权能。需要说明的是，这种封建贵族的土地占有权是在封建国家的土地国有制的范围内存在，这与中国当时的封建土地所有制相适应，符合国家土地所有权的永续性与独占排他特征。

　　西藏历史上，西藏地方政府在其辖区内拥有高一级的土地所有权，贵族、寺院所占有的庄园、草场除直接由历代皇帝封赐以外，都是西藏地方政府封赐的，受封者一般都持有达赖喇嘛、固始汗、郡王、摄政以及噶厦的封地文书。清代以后，以达赖喇嘛为首的地方政府和以班禅为首的"拉让"在其辖区内，掌握有较高一级的土地占有权，昌都、察雅、类乌齐等呼图克图领有的"拉让"在其辖区内，亦拥有较高一级的土地占有权。

---

[1] 《西藏自治区概况》，西藏人民出版社 1984 年版，第 252 页。

二　牲畜所有权

牲畜是青藏高原重要的生产生活资料，是牧业社会的物质基础，也是西藏农牧民的基本财产。畜产品为藏族人民提供必需的物质基础：肉、奶是藏族人民食物的主要来源，皮、毛可制成衣物、帐房、被、毡、褥以及绳子、口袋等生活必需品，马、牛是主要运输工具，马主要用于乘骑，牛乘骑兼驮运，牛、羊粪可作燃料等。与土地所有权相应，西藏社会的牲畜所有权也经历了以下三个阶段。

（一）牲畜的王室所有权

松赞干布时期，随着吐蕃王朝的建立和疆域的不断扩大，畜牧业生产得到发展。此时，畜牧业种类逐渐增加，主要有牦牛、犏牛、黄牛、马、骡、驴、山羊、绵羊、骆驼、猪、犬等。其中，牛、羊、马是藏民族最重要的牲畜，牦牛、犏牛是人们日常生活中重要的生活资料来源，牛乳、肉、奶制品均可食用，牛粪都可以作为燃料，牛毛、牛皮可以制成服装、帐篷，如《新唐书》载"其赞普居跋布川，或逻娑川，有城郭庐舍不肯处，联毳帐以居，号大拂庐，容数百人。其卫候严，而牙甚隘。部人处小拂庐"①，王室和贵族生活、居住的"牙帐"就是由牛毛织成的帐篷；马、羊不仅是重要的生活生产资料，也是重要的交通工具，特别是"蕃马"既是作战工具，又是交通工具，是吐蕃军事活动中重要的军事物资，起着不可替代的作用。

吐蕃王朝时期，牲畜是重要的生产生活资料，也是国家重要的赋税来源。与土地一样，作为依附于土地的生产生活资料——牲畜也归王室所有。对于王室所有的牲畜，根据对象不同采取不同方式进行处分：

第一，"分群以牧，分田以耕"。吐蕃王室在封赐给贵族土地的同时，也将附着于土地之上的大批牲畜及属民封赐出去。敦煌古藏文史书记载：早在朗日伦赞时期，其女下嫁羊同部（地当西藏西部今阿里地区）为赞蒙（王妃）时，其陪嫁之妆奁中有大量的封地、奴隶和牲畜。② 吐蕃王朝

---

① 《新唐书·吐蕃传》。

② 金雅声、束锡红：《敦煌古藏文文献论文集》，上海古籍出版社 2007 年版，第 571—574 页。

建国后，松赞干布对韦·义策承诺："义策之子孙一人将受决不低于金字告身封赐，决不无罪而褫夺其奴户、封地。忠心不二者而绝嗣之时，亦不没夺其奴户、封地"①；赤松德赞对达札路恭承诺："大公之子孙某代或因绝嗣，其所属奴隶、地土、牲畜决不由赞普没收，而定举以界其近亲兄弟一支。……大公之子孙后代手中所掌管之奴隶、地土、牧场、草料、园林等等一切所有，永不没收，亦不减，他人不得抢夺"，赤德松赞对定埃增的两次盟誓誓亦有类似的内容。从这些盟誓誓词中可以看出，吐蕃王室通过将牲畜、奴隶和土地封赐给各地大氏族，使其归附并效忠于吐蕃王室。通过吐蕃王室封赐得到牲畜的贵族，对其所占有的牲畜有较大的支配权。

第二，吐蕃王室所有的牲畜，可通过官营方式，行使其占有、使用、收益、处分的权利。官府将牲畜授予牧民进行放牧、畜养，牧民对官府授予的牲畜有使用权，官府则根据每年清点的牲畜数量征收赋税。《敦煌本吐蕃历史文书》中，《大事年纪》记载了吐蕃时期清点、登记牲畜的情况："牛年（公元653年），大论东赞于'佑'定牛腿税。达延莽布支征收农田贡赋。以布赞金、玛琼任象雄之'岸本'"，"行东、夏会盟制、征收'牛腿税'、'草税'、'行政区大料集'、'征收腰茹牧户之大料集'、'划定夏季牧场与冬季牧场'、'征收四茹牧场之大料集'等"②，还于673年、709年、746年分别对四茹的畜牧业进行普查、征收赋税、制定发展牧业的措施。"及至马年（公元718年），征三茹之王田全部地亩赋税、草税"③，赤德祖赞时也多次集会，征收土地、草料赋税，划定夏季与冬季牧场，定牧场和草料场之制度④，反映出吐蕃划分各"茹"之后，牧民们在明确的放牧区域按冬夏草场畜牧，官府必须每年清点、登记牲畜实有数、病死或牧民食用数、羊皮数量，并以此作为牧民差税负担的依据。《大事年纪》对具体登记的内容、项目没有详细说明，而敦煌汉文写卷P.3028号《吐蕃占领敦煌时期官营牧羊算会历状》是吐蕃清点牧民羊群的登记账，为了解吐蕃清点、登记牲畜数量以征赋税的情况提供了线索，

①　才让：《吐蕃史稿》，甘肃人民出版社2010年版。
②　详见王尧、陈践《煌本吐蕃历史文书》，民族出版社1992年版，第146—154页。
③　同上。
④　同上。

其中完整的两个羊群的登记摘录如下：

契苯群，猴年七月于山山定奴群共领羊叁百口：一百五十口大母，六十口母羔，六十口羯羔，二十六口两齿羯，三口羝，一口神羯。

从猴年新领后，至鸡年五月九日已前，病死及杂破用并见在总肆百叁拾陆口；鸡年五月十日点得见在：一百二十五口大母，一十三口大羯，八十九口两齿母，六十七口两齿羯，一十四口四齿羯，五口神羯，三口羝，六十七口母羔，五十三口羯羔，羔十只。

柒拾柒口据鸡年点数欠：三十口大母，二十七口大羯，二十口四齿羯。

所欠母羊计羔合征皮三十张，病死皮四十一张充本群冬衣。一十四张勘宝意破。

从鸡年五月十日点后，至狗年四月二日已前点得见在及病死杂破用总伍百式拾玖口。

壹百陆拾伍口病死及杂破用：三十四口大羯，三十四口两齿母，五十八口大母，二十二口两齿羯，一十一口四齿羯，三口羯羔，三口母羔。

叁百陆拾肆口狗年四月二日点得见在：羔十只，一百一十一口大母，八十三口两齿母，三十九口两齿羯，一十五口大羯，六口神羯，两口羝，五十二口羯羔，五十六口母羔。

叁拾肆口据鸡年点欠：三十四口四齿羯。

病死皮六十张，内四十张充本群冬衣，三张交羊年欠，一十七张合征。一十七张勘宝意破。

伍口马年欠：两口大母，一口两齿母，两口两齿羯。

皮一十八张旧案合征，未纳。

以前悉诺罗从羊年五月七日后至狗年四月二十九日点前兼马年归欠都计：壹百捌拾贰口，羔皮六十张，大羊皮三十五张。

拽赞（群）猴年新领羊肆百口，内一百三十口大母，五十九口两齿母，二十口两齿羯，九十八口羯羔，九十口母羔，三口羝。

从猴年领后，至鸡年五月十日点，见在及病死杂破用，总伍百贰拾口。

陆拾柒口病死及杂破用：三十二口大母，十一口两齿羯，十五口两齿母，七口四齿羯，两口四齿母。

肆百伍拾叁口鸡年五月十日点得见在：一百四十九口大母，九十口两齿母，六十八口两齿羯，两口大羯，九口四齿羯，一口神羯，四口羝，七十二口母羔，五十八口阉羔，羔九双。

病死皮二十四张充本群冬衣。

从鸡年五月十日后，至狗年四月二日已前，点得见在及病死杂破用总肆百玖拾柒口。

壹百贰拾玖口病死及杂破用：九口大羯，五口四齿羯，六十三口两齿羯，四十二口大母，十口两齿母。

叁百陆拾捌口狗年四月二日点得见在：一百六十四口大母，五十七口两齿母，十七口大羯，五十三口两齿羯，三口羝，三十八口母羔，三十六口羯羔。①

从这份文书可以看出，"契荼"、"山山定奴"是官营畜牧业的牧羊人，"悉诺罗"是负责清点、登记畜群的官员，敦煌文书 S.2729a 号《辰年（788）三月僧尼部落米净辩牒》也出现了"算使论悉诺罗"："辰年三月五日，算使论悉诺罗接谟勘牌子历。龙兴寺都统石惠捷，辰年三月十三日死。张菩提，张净隐……大云寺霍犀明，巳年七月十一日死。吕维寂，李法智……计尼一百七十一，都计见上牌子僧尼三百一十人，内一百卅九僧，一百七十一尼。牒件状如前，谨牒。辰年三月日僧尼部落米净辩牒。"② 可见，"悉诺罗"还负责统计人口、清点财产。吐蕃敦煌官府每年都对牧羊人所放牧的官府羊群进行清点，清点登记的内容包括现有牲畜数量（即"点得见在"）、病死及牧民吃用的牲畜数量（即"病死"、"杂破用"）以及牧民做冬衣用的羊皮的数量（即"充本群冬衣"），这份文书就是猴年、鸡年、狗年连续三年的羊只数量登记。S11454E 号《戌年课左五至左十将牧羊人酥等历》记载的是敦煌地区牧羊人向官府纳酥、油（羊油）的情况：

---

① 唐耕祸、陆宏基：《敦煌社会经济真迹文献释录》第 3 辑，全国图书馆文献缩微复制中心，1990 年，第 580—582 页。

② 同上书，第 194—202 页。

1. 戌年收酥并准旧例曹宝三日母廿五口每只八两三分

2. 入廿两又卅六两十二月一日入九十两亥年十四斤六两子年四月十四日入五斤五两

3. 羖母五口内四口泣立藏将一口在共计酥二斤廿七两半

4. 左五邓愁白母一十八口母七口共计二斤一十九两

5. 十二月十二日纳一百九十二两亥年七月十四入十四两

6. 左六索兴白母廿五口羖母一口共计二斤廿七两半

7. 纳油二斤十二月四日纳苏□□两又油三斤又油五斤又油三斤又油二斤又酥二斤

8. 左七阴进白母卅口羖母二口共计二斤八十一两十一月十日纳二斤两

9. 同日又纳卅五两亥年五月十二日纳廿六两

10. 左九任奉白母廿五口羖母五口共计二斤六十二两半

11. 纳二斤七十两

12. 左八高韶白母卅口羖母三口共计二斤八十八两三分

13. 左十张之白母廿八口计二斤五两亥年十二月六日纳陆拾伍两[①]

文书中提到的部落所辖牧羊人是官府牧羊人，表明每年根据所放牧的畜群数量向官府上交羊毛、羊酥、羊油、羊皮等畜产品，放牧每只羊一年要纳酥八两三分的赋税。完成上缴赋税后，牧民对新增的牲畜和天然孳息，如牛毛、奶渣、酥油等买卖、交换、食用。

牧民除为吐蕃王室放牧畜养牲畜外，还实行边地屯牧。由于吐蕃征战中王室并不提供后勤给养，因此，征战边地的军队还在驻防地屯田、屯牧，以备军需。鉴于马匹是重要的军事物资，由军队专人负责饲养放牧，据《吐蕃简牍综录》记载："四匹马一组交与斥候牧养，与政事关系极大，诏令谓以后要交与军队，因此，要尽全力放牧好。"[②]

此外，吐蕃各地有专职从事畜牧业生产的"七牧者"，据《贤者喜宴》记载，"七牧者"为吐蕃王朝"庸"（从事农牧业生产，身份较低，

① 《英藏敦煌文献》第13册，四川人民出版社1995年版，第284页。
② 王尧、陈践：《吐蕃简牍综录》，文物出版社1986年版，第50—51页。

属于下等庶民和奴隶）的一部分，恰白·次旦平措先生认为："七牧，直属赞普、或者管理政府所经营的官方牲畜者，他们得'牧人'之称呼，共有7种：洛昂牧马人、达木巴牧牛人、惹喀牧山羊人、喀而巴牧绵羊人、桂氏牧驴人、恰氏牧狗人、俄氏养猪人。"① 可见，吐蕃本部各地存在着官营畜牧业，官府下辖有专为王室放牧的牧人，放牧、养各类畜群，为官府提供各种畜产品，是吐蕃王室重要的经济来源。

吐蕃建国后，下设"楚本"，是专门负责牧业管理、税收等事务的牧业官。此外，还设有马官、牧官对吐蕃官营畜牧业进行管理。据《贤者喜宴》记载，松赞干布统一吐蕃本部后，"尚有七种官吏……马官司派遣马差、为王出行作先导之职……牧官管理牦牛、犏牛之放牧部落……"② 吐蕃统治下的河陇西域也设有此类官员，敦煌文献 P. T. 1089 号《吐蕃官吏呈请状》记载：830 年前后吐蕃姑臧节度使衙署设有"上部、下部牧地大管理长"、"牧地管理都护"、"畜产大管理官"、"副牧地管理长"、"畜产小管理官"，对敦煌、西域等地的官营畜牧业和官府牧人进行着管理。③ 由于马匹是重要的军事物资，还专门设立牧马官员，专职管理牧马人进行牧马，米兰出土的简牍"牧马官管·交约高"④、于阗地区"羊毛由牧马官下属普热·贡列送出"⑤ 都有记载。

（二）分裂割据时期的牲畜私人所有权

如前所述，吐蕃王朝崩溃后，西藏社会经历近四百年的分裂割据，各地的政治力量凭借经济、军事实力各霸一方，《智者喜筵》记载："吐蕃本土历经彼此火并内讧，日趋支离破碎，于是境内各处每每分割为二，诸如大政权和小政权，众多部和微弱部，金枝与玉叶，肉食者与谷食者，各自为政，不相统属。"⑥ 13 世纪后，由于藏传佛教教派势力逐渐强大，

---

① 恰白·次旦平措、诺章·吴坚、平措次仁：《西藏通史——松石宝串》，陈庆英、格桑益西、何宗英、许德存译，西藏古籍出版社 1996 年版，第 57 页。

② 参见黄布凡、马德《敦煌藏文吐蕃史文献译注》，甘肃教育出版社 2000 年版，第 370—371、380 页。

③ 同上。

④ 王尧、陈践：《吐蕃简牍综录》，文物出版社 1986 年版，第 50 页。

⑤ ［意］F. W. 托玛斯：《敦煌西域古藏文社会历史文献》，刘忠、杨铭译，民族出版社 2003 年版，第 356、500 页。

⑥ 参见巴卧·祖拉陈哇《贤者喜宴》，黄颢译，中国社会科学院民族研究所，1989 年。

各教派间矛盾错综复杂，17 世纪最终以格鲁派的胜利告终。这段时间，各地的贵族、首领、寺院等在占有大量土地的同时，也对土地之上的牲畜享有所有权。此外，西藏割据分裂牧业经济仍在发展，虽然各地情况存在差异，但总的来说，农牧民直接占有牲畜也是较为常见的情况。

由于私人所有，牲畜尤其是马匹的贸易和买卖也大量发展起来，983 年 "吐蕃诸戎以马来献。上（太宗）召其酋长对于崇政殿，厚加慰抚，赐以束帛"①。宋朝还在黎州的汉源、雅州的碉门寨等地设立茶马互市的互市场，市场出售的马匹每年达数千匹，"蕃部出汉买卖，非只将马一色兴贩，亦有将到金银、斛斗、水银、麝香、茸蜡、牛羊之类。博买茶货，转贩入蕃"②，可见，分裂割据的土地、牲畜等财产的私有促进了商业贸易的发展。

（三）元明清时期的牲畜占有权

元明清时期，中央最高所有权确立，封建领主对土地、牧场、牲畜等享有占有权，进行各种形式的经营活动。

西藏为中央政权治下，原来分散割据的地方首领，成为隶属于中央封建王朝的官员，他们对原有辖区的统治权变为中央政权赋予的实际占有权，虽然受到一定限制，但是由于中央政权的封赐，其土地和牲畜的占有权还是比较稳定的。农牧结合是西藏经济的特点，除连片的纯牧区外，农业区内畜牧业也是重要的经济成分。农区和农牧结合的地区，领主所占有的一些牲畜，用 "协玛"（即按产犊情况交租）或 "其美"（即派发牲畜，每年收取酥油租）等方式经营。牧民分为两类：少数是属于官府的牧民，要向其归属的官府机构上缴定额的畜产品和负担外差；多数是贵族和寺院领主的牧民，主要向自己所依附的领主支内差，以实物为主。牧民们占有数量不等的牲畜，要按照牲畜的数量定期划分草场使用范围，并分摊内差负担（酥油、羊毛、氆氇、肉类等）。以贵族然巴为例，有绒巴、那木丁、普玛羌塘三个草场，共有牲畜折合绵羊 8.52 万只，其中，牧民为其放牧的有牛 480 只、羊 4031 只，放 "其美" 牛 62 头。③

---

① 《续资治通鉴长编》卷一一四，第 205 页。
② 《宋会要》，第 302 页。
③ 《藏族社会历史调查》第二期，西藏人民出版社 1987 年版，第 173 页。

又如贵族拉鲁有真如、棍如、本卓三个牧场，共有牲畜折羊2.4万只左右，"协"（交给牧民）放牛136头，放"其美"牛37头、羊150只，虽然牲畜总量不多，但是每年至少要收取酥油1100克（藏族重量度量衡，1克约合25斤）、羊毛1200克、氆氇1350尺、藏银500品和一定数量的活羊、牛粪等。[①] 牧区部落牧民使用草场，要按照牲畜的占有量分担差乌拉，即将各户牲畜登记并换算成部落内设置的支差单位，如"章巴"、"达果"或差牛，部落再按全部牧户支差单位的总数算出每户应反单数。各部落计算方法不一，如安多多玛部落内分摊单位叫"章巴"，1章巴为5头牛，或50只绵羊，或100只山羊，或2匹马，以半个章巴为起算点。[②] 由上可见，领主占有相当数量的畜群，牧民也占有一定数量的畜群，但须支差。直到民主改革前，牧区大部分地区是按牲畜的数量摊派差税。

葛厦政府或寺院、贵族定期或不定期地清点和登记牧民的牲畜，以此作为派差征税的依据，一般是三年清点一次，但也有部落不按此办理。有些地方由宗本直接指挥进行清点牲畜，有些地方则委托部落头人清理。由头人挑选一些人分组到各户，挨家挨户进行清理登记，登记标准有差异，有些部落不分大小老弱牲畜一律登记，但有的部落只登记一岁以上的牲畜。清点完将牲畜折算成一种计差单位，"如'马岗'、'丹果'、'章巴'、'下岗'等。葛厦政府以这些计差单位把各种赋税和差役，通过羌机（藏北总管）府、宗政府、部落头人，层层摊派到牧民头上"。[③] 可见清查牧民牲畜数量作为赋税依据的做法一直沿用。需要注意的是，领主主要是通过控制草场的占有权来支配部落，而不是直接占有大量的牲畜，从西藏总体情况看，当地牧户私养的牲畜占全藏牲畜总数的大多数。[④]

---

① 《藏族社会历史调查》第二期，西藏人民出版社1987年版，第178页。

② 同上。

③ 格勒、刘一民、张建世：《藏北牧民——西藏那曲地区社会历史调查》，中国藏学出版社2004年版。

④ 同上书，第124页。牲畜折算：1马＝3牛，1牛＝6绵羊＝12山羊。

三 其他动产所有权

（一）猎物及其分配

狩猎是藏族先民生产、自卫的主要手段，因此，猎物是重要的生活来源和财产之一。狩猎中的猎物，从民法上来讲属于无主物，对无主物按照先占原则确定其所有权归属，即最先占有无主物的人为猎物的所有权人；但是，如果一只猎物被多人射中，该猎物应当认定为归射中者共同所有，但是猎物要按照一定的原则进行分配，如敦煌吐蕃文献"狩猎伤人律"对公牦牛、母牦牛、麋、野驴、羚羊等猎物的所有权及猎物共有和分配进行了规定，对多人射中猎物后分配猎物的基本原则是："不能以手中握箭为依据，而以射中第几箭为准"①，按照射中猎物的先后顺序，射中者得到猎物的不同部分，如猎物为牦牛，"头箭射中者得到牦牛右侧下部肉并向左移一拃弧形切下、右边的牛皮和全部肋骨以及尾、心、胸脯、舌、一半血、筋络等；第二箭射中者左侧下部肉、皮及一半牛血、内脏、四肢之筋及膀胱等"②。

另外，1613年五世达赖喇嘛制定的《十三法典》"狩猎律"也规定了猎物的所有权归属和分配原则："在领地内先发土箭射中猎物者，全归己有；……即使是100名骑士围猎1只野兔，也要将肉按应得多少合理分配。如由猎狗追捕，就按民俗习惯解决。"③但是，除野狼外，对领主、喇嘛放生的动物、封山期内的动物等禁止狩猎，否则要进行处罚。

（二）遗失物

遗失物是被所有人遗忘或丢失的动产。遗失物是有主物，遗失物归所有权人，因此，拾得人必须返还给所有权人。如《十六法典》规定："对拣到财物不归还失主者、将财物隐匿他处者、狡诈欺骗者等，要对彼等以退赃和赔新等方法进行惩处"，也就是按照"盗窃赔偿律"中的退

---

① 王尧、陈践：《敦煌吐蕃文献选》，四川民族出版社1983年版，第34页。
② 同上书，第33页。
③ 周润年译，索朗班觉校：《西藏历代法规选编》，西藏人民出版社1989年版，第146—184页。

赃、科罚（偷盗赞普之财物等罚赔原物之万倍，偷至宝之财物罚赔80倍，偷与己同等地位人之财物罚7—8倍或8—9倍不等）、赔新等多种方法进行处理，如对不返还他人财产的拾得人要"进行惩处，还要让其赔偿与盗窃者相等的财物"[①]。

但是，对于拾得他人财产的人，藏族古代财产法确立了拾得人的报酬请求权，即拾得人返还他人财产后，所有权人应根据财产的价值付给拾得人一定的报酬。《十六法典》规定，拣到牲畜原封不动返还给所有权人的，"如拣到马或毛驴未上鞍，拣到羊未剪羊毛，一年后归还失主，失主要将财物的四分之一赐予此人"，而拣到其他财物者，"以饮食和酒类款待等诸符合法律之方式"进行酬谢。[②]

第三节　藏族古代财产法中的用益物权和担保物权

一　藏族古代财产法中的用益物权

用益物权，是指权利人对他人的所有物享有的以使用收益为目的的物权，是从所有权中分离出来的他物权，是物权体系的一个重要组成部分。用益物权以物的使用价值为目的，主要标的物为不动产，通过对不动产的标的物的占有实现其权利。

（一）永佃权

永佃权最初大多产生于国家和个人之间，如《汉谟拉比法典》规定，土地归王室占有和公社占有，耕地分给各家使用，使用必须缴纳赋税并负担劳役，允许各家世袭这种土地使用关系，这是永佃权的萌芽[③]；《优士丁尼法》中，永佃权是指"一种可以转让的并可以转移给继承人的物，他使人可以充分享用土地的同时负担不毁坏土地并交纳年租

---

① 周润年译，索朗班觉校：《西藏历代法规选编》，西藏人民出版社1989年版，第88页。
② 同上。
③ 王云霞等：《东方法概述》，法律出版社1993年版，第16页。

金的义务"①；《罗马法》上，永佃权被视为一种独立的物权，因其以对土地的占有、使用和从中获得收益为目的，故被归入用益物权范畴，此时，永佃权已形成完备的制度，并为后世所沿用。② 后来，永佃权在个人之见也开始出现，如清朝户部则例规定："民人佃种旗地，地虽易主，佃农依旧，地主不得无故增租夺田。"

永佃权制度设立的根本目的是"使佃户安心耕作、有助于社会经济稳定"③，其核心在于永久在他人土地上设立耕作或牧畜之权；定有期限者，应视为租赁，应适用租赁的规定。永佃权的特征有：第一，永久性，一般无期限限制；第二，以耕作、牧畜为目的，是在于他人土地上的一种独立的用益物权，永佃权人在受到侵害时享有物上请求权；第三，永佃权的权利几乎和所有权不相上下，佃户在不破坏土地的前提下可以不受任何限制地享有土地；第四，必须支付佃租。④

1. 吐蕃王朝时期的永佃权

吐蕃时期，王室将土地自营、赏赐和分配给贵族、大臣和属民，而得到土地的主体对土地享有永佃权。

第一，自营。王室将部分土地、牧场、园林作为自营土地，由管家、内臣、家丁管理，由奴户、奴隶耕种、放牧，获得全部或大部分产品和利益。完全属于赞普的土地称为王田，赞普把这王田分配给各茹、董岱，由其耕种，对其征收赋税。《敦煌本吐蕃历史文书》载："兔年春，商议决定把挪穷阿王田分成五块，按农民人口给予分配，王和分田官员制定规矩，把农民点名入册。除了势家田、固定田和不能耕种的田地外，所有王田都分配完毕，规定农民不许把王田不耕而种，亦不许扩充田地。"⑤ 在于阗发现的吐蕃简牍中的有关土地表册中也记载，获得土地的农民，除了把收成总数的六分之一上交外，还要把种子如数交还给政府。虽然赞普将土地分给各地农民耕种，但农民必须按照规定耕种土地，并向国家缴纳赋税。

---

① ［意］彼德罗·彭梵得：《罗马法教科书》，黄风译，中国政法大学出版社1992年版，第267页。

② 江平：《罗马法基础》，中国政法大学出版社1987年版，第177页。

③ 参见史尚宽《物权法论》，中国政法大学出版社2000年版。

④ 周柟：《罗马法原论》，商务印书馆1994年版，第386页。

⑤ 王尧、陈践：《敦煌古藏文文献》，民族出版社1983年版，第12页。

第二，赏赐。王室将土地、牧场、奴隶、牲畜等赏赐给贵族、官员、功臣，通过奴户、奴隶为其耕种、放牧，负担向国家缴纳赋税和向贵族缴纳地租的义务。而对官员的赐予，则收获归官员，作为担任官员的薪俸。贵族、官员、功臣获得所赠土地、牧场后，即享有占有、使用和收益权。赞普王室以保有其对土地、牧场的处分权而转移其占有、使用、收益之权的方式，把所有从赞普王室领受土地和牧场的封建领主掌握在自己手里①。如《尚蔡邦江浦建寺碑》记载："设或一时，尚·聂多子嗣断绝，一切所辖之地，所领之民，赞普不再收回，亦不转赐他人，均增赐为此神殿之顺缘，如此颁诏矣。"

第三，分配。吐蕃各级政府设有专管土地事务的"农田官"，农牧民可以通过"农田官"领到一定数量的土地、牧场和牲畜，"农田官"所分土地由政府登记造册，并据此征集赋税。农牧民对分配的土地、牧场和牲畜等享有占有权、使用权和一定的收益权，所获产品除缴纳赋税、地租外，其余少量产品归己。《敦煌本吐蕃历史文书》中许多分配土地的木简，如"……之农田一突，莽布支小王农田一突，资悉波农田一突半，悉斯赞新垦荒地在通颊有两突，零星散地一突"。②

2. 西藏农奴制社会的永佃权

从元代开始，由于西藏主权归于中央政府，中央政府享有对西藏土地的所有权，因此，西藏所有的耕地和牧场都由西藏地方政府、大小贵族和寺院占有。桑雄地方的歌谣说："太阳照到的地方是森巴的土地，水流经过的地方是森巴的土地，山影遮蔽的地方是森巴的土地。"③ "森巴"指牧主森巴拉让，桑雄一带绵延数百里的地方，都是皇帝分封给他的。这些歌谣切实反映了西藏的土地所有权状况。一般来讲，牧场是属于西藏地方政府的"公地"，噶厦对"公地"拥有绝对的支配权。但与农业庄园划分差地和自营地的形式不同，草场不是私人财产，而是部落的公用土地，但牲畜、生产工具归个人私有，经营方式以家庭为主。在草场比较宽裕的部落，牧户可以自由迁徙和放牧。如在安多的牧民部落，那里

---

① 参见徐晓光《藏族法制史研究》，法律出版社 2001 年版，第 60 页。

② 王尧、陈践：《敦煌古藏文文献》，民族出版社 1983 年版，第 12 页。

③ 西藏社会历史调查资料编辑组：《西藏社会历史调查第 3 期》，西藏人民出版社 1988 年版，第 81 页。

地广人稀，各家各户可以在本部落草场内任意选择一块地方驻牧。在草场不太宽裕的部落，则要定期对草场进行分配。在分配草场、调解草山纠纷时，并不是某一个人说了算，而是由头人负责召集部落有关人员共同协商处置。因此，牧民都有这样的观念：草场是部落的，不是土官的。

民主改革前，寺院、贵族、政府三大领主可以对其占有的土地使用、收益和一定的处分。

第一，自营。领主对辖区内的耕地、草场有充分的占有权和支配权。领主往往利用特权将辖区内土质肥沃、经营方便、水源充足的农田划归为"自营地"，或亲自负责农业生产的组织、管理工作，或委托他人代理经营。自营地大都划给各差户耕种，秋后收回全部收入。如自营地委托他人代为经营，则须向代理人支付一定报酬，或划分一定的"工俸地"。

第二，差岗。除自营地，各领主将其余土地作为份地划给差户经营。差地经营者——差巴在按规定和要求支服劳役或交纳实物。和自营地不同，差地有独立经营权和一定的继承权，父地子种，子孙沿袭，头人不得随意收回，差户可以将差地出租、抵债、典当，但有一定期限，期满收回。所谓的"豁约地"、"支差地"就是这样逐步形成的，后来成为计算征派差役的依据。①

第三，出租。领主的土地还可以出租给他人经营，秋后收取一定的租子。如洮州卓逊世袭指挥副千户衙门发给承租土司土地的文书执照：

　　执照
　　卓逊世袭指挥副千户杨为发给
　　卓逊公署
　　执照事照得

本府本簇有包桃花代愿归故乡，移交给兵马田土壹份。有西乡丁家堡汉民张祭瑞亚子新房成等田土窄狭，无处耕种，央请老民再三恳求，将本簇兵马田地一份准予投食。上有中堂闻门臨口把守，下有兵马户什襟差随同应当付给耕种为业。所有牛路、草山、神差公疑并承揽，不得有误，为此照者仰，该祭瑞等遵照。房屋许盖不许拆毁，田地不准典卖，倘有不法情事，向保人曹资深等是问，资

---

① 陈崇凯：《西藏地方经济史》，甘肃人民出版社2008年版，第207页。

深愿负完全责任，所有庄寨、杨园、地亩粘单另开于后，玖千重叠。
切切。

此照①

从上述文件可以看出，农户对土司土地可以使用、收益，但是，占
有土地的农户仍然要向土司缴纳地租，并承担各种差役。

在大部分部落，租佃土地，都要通过一定的手续。一般要事先送礼，
征得土地占有者或土地使用权拥有者的同意，经双方商定租额、交租形
式、租期等事宜，订立契约，有的地区还要缴纳一定数量的佣金。在租
期内，承租者和出租者除非双方愿意，一般不得单方面违约；否则，要
向对方缴纳一定的违约金。但租期届满，只要双方或一方不愿租地，可
以解约，他人不得干涉。

草场是牧区最重要的土地形态，草场的所有权属于中央政权，但是
部落群体集体占有或共同占有草场，牧区的管家和僧俗领主，通过部落
管理其牧区领地。部落是牧区社会的基层组织，生活在比较固定的地域
内，以地缘关系组成。某些历史悠久的部落内，部落头人的职位又常为
贵族所掌握。藏族有句谚语："没有不属于部落的土地，没有不属于头人
的百姓。"② 领主领有部落，首先表现为领有部落的土地占有权，领主通
过部落给予全体牧民草场使用权。作为取得土地使用权的条件，部落相
应地要集体承担领主的差乌拉，包括完成西藏地方政权逐级分派的劳役
和实物差，此外还要向直接领有者支应乌拉，负担其他义务。每个部落
都有自己的草场，草场间往往以历史上自然形成的明显界限，如山脉、
河流和沟谷为界，各部落牧民只能在本部落的区域内放牧，不能越界，
否则有可能引起部落之间的械斗。草场的使用掌握在头人手中，各部落
的牧民也依附于头人。封建地方政府凭其对牧场的所有权即可将它封赐
和没收，并严格禁止买卖牧场。

（二）地上权

地上权与永佃权产生于同一时期，《优士丁尼法》中，地上权是指

① 杨士宏：《安木多东部藏族历史文化研究》，民族出版社 2009 年版，第 185 页。
② 陈庆英：《藏族部落制度研究》，中国藏学出版社 2002 年版，第 152 页。

"使人充分享用某一建筑物或其中一部分的、可转让的并可转移给继承人的物权"。地上权产生于城市土地并用于建筑物，地上权几乎是与永佃权相平行的，但是，地上权人的权利要比永佃权人的权利更绝对，不受任何限制并且对于所有人不负任何义务。[①] 民主改革前，西藏寺院、贵族、政府及属民，对其所修建的房屋，享有地上权。

（三）租畜

牲畜的租赁是游牧经济中最为常见的用益物权形式，其目的既有经济上的出租与收益，也是在部落生活中解决牲畜饲养与劳动力不足的方式，"在色达那样的地方，家庭如果脱离了较大区域范围内的可提供经济援助的群体，是无法单独生存的。即使在彼此间不存在亲戚关系的家庭之间，也必然会因为经济上的某些需求而建立互补性联系。譬如，有些家庭拥有很多牲畜，可是家中的劳动力不足；而另外一些家庭可能有多余的劳动力，却因牲畜不足而难以生活，于是较穷的人家可为较富裕的人家提供劳务"[②]。

牲畜的出租是藏族古代社会最为常见的租赁形式。寺院、官家、贵族、部落头人和普通牧民都可以成为出租人，租赁牲畜者大多是牧民："（1）租方为寺院，佃方为牧民；（2）租方为世俗牧主，佃方为牧民；（3）租佃双方都是牧民。前二种占绝大比重，后一种只是个别的。"[③]

可供出租的牲畜主要是牛，如阿坝拥有很多牲畜的寺院主、富裕土官、个别富裕百姓，将母犏牛、母牦牛寄放在牧口少的牧民家里（一般不寄放公牛，因不能生犊、挤奶），索格部落出租的牲畜以奶牛为主，麦洼部落出租的牲畜主要是母牛；青海藏族部落除了出租牦乳牛外，还有公牦牛、羊群等出租。[④] 若尔盖牧区"出租的牲畜主要是奶牛，其中又以

---

① ［意］彼德罗·彭梵得：《罗马法教科书》，黄风译，中国政法大学出版社1992年版，第268页。

② 格勒、［美］南希·列文、瓦虚色达：《东部西藏的一个游牧部落群体》，翟胜德译，《世界民族》1998年第2期。

③ 《四川省甘孜州藏族社会历史调查》，四川省社会科学院出版社1985年版，第25页。

④ 同上书，第37页。

犏母牛占绝大多数，而马和羊一般不出租，主要雇工经营"，[1] 四川甘孜出租的牲畜是牛而不包括羊和马，理塘毛垭牧区出租的牲畜仅限于牛。[2]

根据租金的计算方法不同，比较常见的牲畜租赁有两种：

1. "结美其美"（ སྐྱེད་འཆི་མེད། ），又被称为"不生不死"，即在承租过程中，无论牲畜增减，每年缴纳的租金不变。这种租赁形式下，租金数量与牲畜增加、减少无关，牲畜繁殖的幼畜归佃户，即使出租的牲畜全部死亡，佃户也要按规定缴纳牧租，风险由佃户全部承担。采用这种租赁方式的牲畜总量并不太多，由畜主租给牧民一头牛或一只羊，每头牛年交酥油 2 克，每羊年交酥油 0.25 克或一两藏银，每匹马年交酥油 3 克。由于放"其美"租的主要是噶厦或贵族，通过部落头人强行分派给牧户，不能任意退回，强制性强。其美租的租期大多为永久性，一旦承租世代不能退租，也有少数地区按一定期限承租，届满交清牧租后可以重新承租。

2. "协"，藏语称为"吉约其约"（ སྐྱེད་འཆི་འཆག ），含义是"有生有死"，即租金根据出租牲畜的变化相应增减。采用这种方式时，畜主将牲畜交给承租者，由其放牧，每年根据牲畜的实际数量向畜主交纳一定数量的畜产品，繁殖的幼畜归牧主。承租期间牲畜一旦死亡，租赁关系即告终止，无须牧户赔偿，风险由主佃双方共同承担。协租的期限各地不同：一般租牛以 1 年为期，双方需要续租时，一般在春季进行商议的时间；租羊则以 3 年为期，如阿曲乎部落规定"租羊百只，三年本利交二百五十只或三百只"[3]。

牲畜的租赁一般交纳实物租金，其数额高低根据牲畜的不同各有差异，如犏乳牛与牦乳牛产奶量高，因此租金较高，如多玛部落一头犏母牛每年交租 50 斤酥油，索格部落每头犏母牛交租 50 斤酥油，各尔洼部落规定一头犏母牛每年交租 40 斤酥油、一头牦母牛每年交 10 斤酥油，如果生了小牛则酥油减半。[4] 阿曲乎部落规定每头犏母牛交酥油 30 斤、每头

---

① 详见四川少数民族社会历史调查组《阿坝藏族自治州若尔盖、阿坝、红原调查材料》，中国科学院民族研究所，1963 年，第 12、103、173 页。

② 《四川省甘孜州藏族社会历史调查》，四川省社会科学院出版社 1985 年版，第 25、246页。

③ 张济民：《青海西藏部落习惯法资料集》，青海人民出版社 1993 年版，第 12 页。

④ 《四川省阿坝州藏族社会历史调查》，四川省社会科学院出版社 1985 年版，第 87、103 页。

牦母牛年交酥油 20 斤，夏卜浪千户部落规定一头犏牛一年交酥油 30 至40 斤、一头牦牛交 20 斤，拉仓部落规定一头犏乳牛每年交租酥油 48 斤，一头牦乳牛每年交酥油 24 斤。① 除酥油外，其他产品如牛犊、皮毛也可以用于缴纳租金，如青海莫坝部落规定，酥油、曲拉、牛羊绒、牛羊皮、牛羊毛等都形式都可能用于交纳租金，刚察部落规定租赁头人、牧主和寺院的牲畜，租金为 1 头犏牛年交 20 斤酥油、1 群绵羊每年交 15 斤酥油，幼畜及畜产品全部上缴出租者。② 畜租中还有一种工役畜租，即以工役顶付畜租。牧民租放牧主牲畜，除交一定的实物租酥油外，还要服苦役。服工役期间，牧主不付任何报酬。

　　由于牲畜本身是活的动物，加之青藏高原气候严寒、环境恶劣，雪灾、雹灾、旱灾等自然灾害较为常见，因此牲畜租赁时对风险承担规定较为详细。除"协"和"其美"对风险承担进行规定外，不同部落也有不同的风险承担办法：

　　第一，如果牲畜因疾病、盗抢等不可抗力而导致的死亡，租户不负赔偿责任。如多玛部落规定如果牲畜死亡，租户一般不赔偿，还可得一部分肉，但牲畜的皮子归主人；色须部落规定牛因病或其他原因死亡的承租者一般不赔偿，只需交出牛皮、牛肉等。莫坝部落规定，租户要承担牲畜病疫和责任事故，凡牛羊非正常死亡者将皮和肉交给牧主，并按牲畜原价折款另行赔偿，甘孜牧区的惯例是牲畜如因病死或被劫、失窃的，租户无须赔偿。③

　　第二，如果牲畜的死亡是由于租户的疏忽大意甚至故意杀死等主观原因造成，佃户要承担赔偿责任，如甘孜牧区规定，牲畜的死亡是由于租户的疏忽，包括坠崖跌死和被野兽咬死等，则租户要全部赔偿损失；果洛部落规定，因租户过错造成牲畜和幼畜死亡的一律要赔偿，"死一头牦母牛赔六十斤酥油；一头牛犊赔三十斤酥油"④。

　　此外，为保证牧租的缴纳，牧主还常常在出租牲畜时，要求租户指定其自有的某只牲畜作为保证，当牧主的牲畜意外死亡时，以事先指定

① 《青海省藏族蒙古族社会历史调查》，青海人民出版社 1985 年版，第 12—13、37、59 页。

② 张济民：《青海西藏部落习惯法资料集》，青海人民出版社 1993 年版，第 18、97 页。

③ 同上书，第 18、17 页。

④ 《青海省藏族蒙古族社会历史调查》，青海人民出版社 1985 年版，第 95 页。

的牲畜抵偿。如果洛部落，牧主在出租牲畜时就在租户的自有牲畜中指
定牲畜作为保证，若租畜死亡，就以指定的自有牲畜抵偿。

二　藏族古代财产法中的担保物权

藏族古代契约的担保方式分为人的担保、物的担保，人的担保主要
是保人担保（详见第四章第三节契约的规定），而物的担保有抵押、质
押等。

（一）抵押

抵押的标的主要是土地，如贵族拉日孜巴为借债将领地抵押给古学
列苏而签订的借债契〔火羊年（1906年）四月二十三日〕：

> 立约人拉日孜巴。敝人早年借得班禅额尔德尼银子，由古学列
> 布瓦作保。因无力偿还，遂将纳、龙两谿典押列布瓦，由列布瓦每
> 年向班禅还债藏银一百七十五品。后于木龙年，我又向哲曲多雄雪
> 拉章借银，以借五还六计息，故将纳、龙两谿转押雪拉章，从这两
> 溪总收入中，按每学克（粮）折合一又四分之一藏嘎抵还欠债。如
> 五年内还清欠债，以上两谿物归原主；如五年内不能还清欠债，雪
> 拉章即有权处理纳、龙两溪一切。
>
> 后来，雪拉章却丹日久因故发怒，限我立即还清债银，并立约
> 保证……万般无奈，只得向扎什伦布寺古学列苏求借……借得银两
> 千八百九十八品又三两，这才还清所欠雪拉章债银，收回谿卡。后
> 于火羊年四月二十三日议定，以上借银以借五还六计息．自今年起，
> 再将纳、龙两谿典押列苏，每年收入全归列苏所有。因两谿收入不
> 敷抵债，又将尼布谿卡和雄卓谷喜牧场（每年可收酥油一百克），都
> 转于列苏名下，并将以上三谿卡和一个牧场封地文书交付列苏……
> 此后，纳、龙两地百姓，应比在我家时更加勤劳才是。以上所说俱
> 是真心实话，无半点假意。以后连我的子孙在内，永无后悔。如有
> 丝毫后悔，甘认罚黄金二十两。

拉日孜阿古扎西彭措盖章

普慈仁塔杰盖章

百姓代表金赞旺堆盖章①

这件契约表明拉日孜巴因欠债两次典押庄园领地借债。后来终以这些庄园领地抵债。西藏的主要欠债户是农奴，领主借债的很少，像拉日孜巴是没落老贵族的更少。

（二）质权

1. 牵掣杂物

牵掣，指由债权人扣押不能清偿到期债务的债务人的财产。如敦煌吐蕃藏文文献 P. T. 1115 号《青稞种子借据》：

> 蛇年春，宁宗木部落百姓宋弟弟在康木琼新垦地一突半，本人无力耕种。一半交与王华子和土尔协对分耕种，种子由华子负责去借。共借种子二汉硕，秋季还债为四汉硕。其中二汉硕由宋弟弟归还。于秋季八月底前，弟弟不短升交与华子。二汉硕（种子）的抵押品为家畜母牛两头，交与华子手中，抵押品若失去，就不再给青稞。万一宋弟弟外出不在或发生纠葛，承诺之数仍应交纳（指二汉硕青稞），可直接与其妻部落女石萨娘去讲论（交涉）。中保证人曹银，阴叔叔立契。本人和承诺人按指印。
>
> （后有印章两枚，一枚上有宋弟弟字样）
>
> 蛇年春，宋弟弟从悉董萨部落王华子家，当面借青稞二汉硕，定于今年秋季八月底前还清。②

下面刊录的《□卯年（835 年）曷骨萨部落百姓武光儿便麦契（P. 3422 背）》约定了质典担保方式。

---

① 参见陈家琎《旧西藏的高利贷》，《中国藏学特刊》，1992 年，第 68—81 页。

② 王尧、陈践：《敦煌吐蕃文献选》，四川民族出版社 1983 年版，第 55—56 页。

　　卯年正月十九日，曷骨萨部落百姓武光儿为少年粮种子，于灵图寺便佛帐麦壹拾伍硕。其车壹乘为典。限至秋八月十五日以前送纳足，如违限不纳，其车请不着领（令）六（律），住寺收将。其麦壹斗，倍为贰斗。如身东西，一仰保人男五娘等代还。恐人无信，故立此契，画指为记。

　　便麦人武光儿

　　保人男五娘年十三

　　保人男张三年八岁

　　见人李骚骚①

　　此件契约中，债务人武光儿将"车壹乘"作为质典物，抵押给债权人灵图寺，如债务人不按期履约，债权人将车收将，是典型的质典担保。

　　2. 任掣夺家资

　　藏、汉文书中，大量的借贷契约几乎都有抄走家财的规定，藏文契约中有"如不按期返还，寺院可以牵走家中牲畜，抄去衣服用具"的规定，汉文契约则有"任掣夺家资杂物，用充物直"等规定，即债务人不能按期偿债，则可以约定抄走家产作为违约赔偿。

---

　　①　沙知：《敦煌契约文书辑校》，江苏古籍出版社 1998 年版，第 221—222 页。

第四章

财产的流转——藏族古代债权制度

一切法律均起源于行为方式，在行为方式中，用习常使用但却并非十分准确的语言来说，习惯法渐次形成；就是说，法律首先产生于习俗和人民信仰，其次乃假手于法学——职是之故，法律完全由沉潜于内、默无言声而孜孜矻矻的伟力，而非法律制定者的专断意志所孕就的。[①]

——［德］萨维尼

第一节　西藏古代债权制度的发展

一　西藏古代债权制度的发展

债权制度是规范财产流转关系的法，是调整特定当事人之间利益关系的法律。西藏社会早期雅砻部落崛起时，债的观念已经产生了。由于当时生产力水平十分低下，商品交换和经济交往较为单一，只存在简单的以物易物的商品流通，据藏文文献记载：

（吐蕃）六部前四部各自购买了一匹马。

东族人从汉地购得了赛瓦扬多，

---

① ［德］萨维尼：《论立法与法学的当代使命》，许章润译，中国法制出版社 2001 年版，第 11 页。

其目的在于向魔报仇。

札族人购买了戈族的桑杰亚巴马，

其目的在于向魔报仇。

噶族人购买了南昭的马雅雅保马，

其目的是为了向魔报仇。①

说明西藏社会早期，至少在雅砻河谷地区已经开始出现物物交换的商品买卖，债的观念已经出现。

达布聂塞赞普时，"这时始有升斗，造量具以秤粮油，贸易双方商议互相同意的价格"②，《隋书》也记载，苏毗"尤多盐，恒将盐向天竺兴贩，其利数倍……时西域诸蕃，多至张掖……交市"③，说明此时商品买卖活动日渐频繁，契约制度已经开始形成。

吐蕃王朝建立后，随着经济的发展、国力的增强、对外交往的扩大，民事活动进一步增多，债的观念日益普遍。松赞干布制定的《十六法》明确规定"欠债借款必须按时还"④；《吐蕃法律二十条》则规定"要如约还债"、"要斗秤公平，不用伪度衡量"⑤，初步规定了调整债权债务关系的法律规范，其内容涉及契约之债、借贷之债以及按时履约、交易公平的契约原则。需要注意的是，松赞干布的《人世十六净法》针对侵害人身权的行为第一次规定了命价赔偿制度，即"误杀者需赔偿命价，有意杀人者以活人偿命"，这是藏族赔命价制度的发端，也是藏族侵权行为之债的重要内容和特点之一。

松赞干布之后芒松芒赞执政初期的"吐蕃三律"，即《敦煌古藏文写卷》P. T. 1071 号《狩猎伤人赔偿律》、P. T. 1073 号《盗窃追赔律》和 P. T. 1075 号《纵犬伤人赔偿律》三份吐蕃时期的律例文献，比较细致地规定了狩猎伤人和纵犬伤人的侵权赔偿责任承担问题，还详细规定了不同身份、不同等级情况下侵权人对受害人的赔偿标准问题，对侵权债权债务关系进行了细致、完整的规定，是西藏古代社会债权制度发展的重

---

① 益西加措：《元朝以前藏族的新闻与新闻传播》，《西藏研究》1989 年第 1 期。

② 参见巴卧·祖拉陈哇《贤者喜宴》，黄颢译，中国社会科学院民族研究所，1989 年。

③ ［法］安娜－玛丽·布隆多根据《本教密咒》的传说写成的莲花生传及其史料来源。

④ 参见巴卧·祖拉陈哇《贤者喜宴》，黄颢译，中国社会科学院民族研究所，1989 年。

⑤ 同上。

大突破。

14 世纪中叶，帕木竹巴政权制定的《十五法典》对债权债务关系进一步规范。"平衡度量律"在肯定契约公平自由原则的前提下，列举出各类商品交易的一般比价："买卖双方首先要确定在自愿的基础进行公平交易"，还列举了商品的交易标准比价"8 驮青稞为 1 钱金子，2 驮盐或铁为 1 钱金子，8 驮杂物为 1 钱金子，两驮零 5 斤酥油为 1 钱金子，4 砣茶为 1 钱金子，4 罐银沙为 1 钱纯银，6 钱银子为 1 钱金子。金与银的比价为一比六，依照上列标准，双方规定交易结算规则"；"多少清算律"规定："买卖中的计算错误，当事人有三年的追诉权。对借贷利息、买卖中出现的计算错误，双方意见不一致时，须当面核算"，这一内容规定，契约订立后如果发生重大误解，即契约当事人因对契约标的物的价格、品种、质量、规格和数量等产生错误的认识等意思表示不真实的情况，规定三年的时效期，即三年内当事人可以进行提出重新计算；"损失平摊律"规定了侵权责任分担的原则，当"某人翻山去实施抢劫，被追赶人抓住，双方在交接被抢物资的过程中又丢失了牲畜，对此有异议时，经协商同意后发誓。相互间取得信任后，丢失的损失由双方平均分摊"；"半夜前后律"则规定了借用契约的风险责任承担方法，"邻里间互相借用马、牛、驴，傍晚时还给了主人。如果该牲畜死于前半夜，损失由借用者负担；若牲畜先前有毛病，损失则由双方平均负担"①；此外，对命价赔偿的标准和方法进一步细化。《十五法》对债的规定已经比较完善，债权制度的规定进一步完善。

17 世纪初，藏巴汗噶玛丹迥旺布在《十五法》的基础上制定《十六法》，对债权债务关系的法律规范又进一步完善。"地方官吏律"是关于吏治方面的法律，但是仍然规定了官员在处理债务人与官府之间的各种债务时的基本原则，如规定"私人所欠公债，宗本不得私自前往索要。除个别因战乱而被迫流浪者外，其他人不得办理租借粮食之手续。对满一年的旧债，要尽可能地收回。剩余的债，该交或该拿出做相应的判决，不可不结帐"。②此外，"半夜前后律"详细规定了借贷责任和契约关系的相关规定，还规定动物侵权的责任承担方式："主人故意将自己的牲畜

---

① 周润年译，索朗班觉校：《西藏历代法规选编》，西藏人民出版社 1989 年版，第 46 页。

② 同上书，第 88 页。

赶往他人所属之草场吃草，若昔日有协议，给予象征性的赔礼费即可"，①对命价制度的规定进一步细化。此外，还增加"异族边区律"对生活在西藏周边地区各民族的杀人赔偿、牲畜伤人、劫获分配、狩猎规则、劫掠习俗、盗窃追赔、审判程序等行为和活动制定相关的法律予以规范和调整。

17世纪中叶，五世达赖喇嘛罗桑嘉措参考帕主、蔡巴政权时期的有关法律条文，以《十六法典》为蓝本制定《十三法典》，进一步完善了债的法律规范，修订了创伤疗养费以及抵偿命价实物，如青稞、酥油、干肉、湿（鲜）肉、牛马的优劣、数量及折算标准等，补充了对持械行凶、动刀伤人及致人受伤而未及时抢救造成死亡一类案子的处罚和医疗费的规定，初次规定了"赔血价"制度，即造成人身伤害后根据伤害程度赔偿的制度，详细规定了不同身份的人赔血价数额的标准，补充和完善了动物侵权损害赔偿制度和赔偿标准、归责原则等："如山上的动物被猎狗追杀到河谷田野，狗主无论是任何人也要追究其责任，并罚酥油2—3雪，绝不允许连带动物被杀之地方"等。

从上述西藏债权制度发展的过程来看，从松赞干布时期债权法律规范的初步规定，通过制定法、成文法的形式，经过长期的发展和补充，逐步建立、完善了以注重包括侵权损害赔偿原则、命价赔偿标准和免责事由的侵权之债法律制度和以买卖、借贷为特色的契约之债法律制度，是藏族古代财产法律制度的重要成果。

二　西藏古代债的分类

（一）单一之债和多数人之债

根据债的主体不同，可分为单一之债和多数人之债。

债的主体为债权人和债务人，债权人和债务人均为一人的债为单一之债，如敦煌木简中"向棚洛（借）垫子一张；向保森（借）垫子（五张）；向超拉顿（借）美哲缎子一匹；巴尔阔部落之朗吉尔布穷欠（粮）四十五克"②均为单一之债。这类债极为普遍，数量较多。

---

① 周润年译，索朗班觉校：《西藏历代法规选编》，西藏人民出版社1989年版，第90页。
② 王尧、陈践：《吐蕃简牍综录》，文物出版社1986年版，第39—41页。

债权人或债务人至少一方为二人或二人以上的债为多数人之债。多数人之债又分为按份之债和连带之债。米兰第 xiv. 109a 卷记载的书函提到了一件契约，这是一个多数人之债：

> 对论·莽支来函，以及蛇年夏卓摩岭军长会议急件的答复。官府属民方面来了登波勒郎的三支转运队，霍儿班和格萨，它们个带来一头公牦牛和两头母牦牛（?）。它们没有隐藏这些牦牛，葛贡也决无 Rtug（牛粪）和 Sgal－dra（兜网）；交货时间是今年仲秋月（闰秋月）的第五天，交货安排在小罗布。如果交货未按时进行，或未按约定的数量交货，或者这些都无问题，但如葛贡对六头牦牛的比例及价格表示不同意，反而提高廉价货物的价格，经三次检验所订的契约如不生效，无论何种关系，如财物、牛、大麦和米，一经发现，勒郎及其保人兰东孔，即可占有，而（对方）无申诉权利。"王之监察使"勒赞和支·塔蔡克及……手印指纹两种同按。①

这则王之监察使写给论·莽支的回复函中提到的转运契约，有三方当事人：委托方（债权人）是官府，承运人（债务人）是官府属民登波地方的勒郎、霍尔班和格萨，勒郎是负责人；受货方是葛贡，运输标的物是牦牛，交货地点在小罗布，交货时间在当年闰秋月的第五天。其中，进行牦牛运输的债务人一方有三个人，即勒郎、霍尔班和格萨，契约并没有明确约定三人之间的债务分担，因此可推断为，这是一件连带之债，如果债务人违约（交货未按时进行，或未按约定的数量交货），则债权人可以要求履行运输义务的三个人中的任何一个人请求承担违约责任，而如果债权人违约（葛贡对六头托牛的比例及价格表示不同意，反而提高廉价货物的价格），则债务人之一也可以"即可占有"。需要说明的是，负有连带责任的每个债权人都有权要求债务人履行义务，而负有连带义务的每个债务人都负有清偿全部债务的义务，履行义务的人有权要求其他负有连带义务的人偿付其应当承担的份额。而按份之债只需按照事先的约定承担相应的份额即可。

---

① ［意］F. W. 托玛斯：《敦煌西域古藏文社会历史文献》，刘忠、杨铭译，民族出版社 2003 年版，第 131 页。

（二）特定之债与种类之债

根据债的标的物的性质，债可分为特定之债与种类之债。特定之债的特定物具有不可替代性，如敦煌文书 P. 4083 号《唐清奴买牛契》即为特定之债：

> 丁年正月十一日通颊百姓唐清奴，为缘家中欠少牛畜，遂于同乡百姓杨忽律元面上，买伍岁耕牛壹头，断作价值生绢一匹，长三丈柒尺。其牛价当日交相分讫为定，用（中缺）
>
> 　　时不还者□□
>
> 　　为后凭，其绢□限□□至还若
>
> 　　年十月利□□
>
> 　　买牛人唐清奴（押）
>
> 　　买牛人男定山（押）
>
> 　　知见人宋介子（押）①

这是一件吐蕃官员管辖下的汉蕃杂处的部落人百姓之间订立的买卖牲畜的契约。契约内容是"通颊"②百姓唐清奴以生绢一匹作为价金，向同乡杨忽律元购买"伍岁耕牛壹头"，双方约定交易价格不得改变，缺失部分的内容大约包括标的物牛的所有权转移时间、契约担保责任等内容，最后是买卖双方和担保人的画押，以证明契约的效力。其中，买卖的标的为特定物"伍岁耕牛"，说明契约的成立必须以这一特定物为基础。

种类之债指以种类物为标的物的债，种类物具有可替代性，当事人需确定标的物的数量和质量，如敦煌文献《卯年（823 年）悉董萨部落百姓翟米老便麦契》就是一件种类之债：

> 卯年四月十八日悉董萨部落百姓翟米老，为无斛豆驱使，遂于灵图寺便佛帐所便麦陆硕。其麦请限至秋八月卅日还足。如违限不

---

① 唐耕耦、陆宏基：《敦煌社会经济文献真迹释录》第 2 辑，书目文献出版社 1986 年版，第 37 页。

② 通颊是吐蕃军事行政区划的一级机构，据《贤者喜宴》记载"通颊"设于边境。

还，其麦请倍。仍任犁夺家资中畜，用充麦直，如身东西不在，一仰僧志贞代纳，不在免限。恐人无信，故立此契。两共平章，书纸为记。

　　便麦人翟米老年廿六
　　保人弟突厥年廿
　　见人
　　见人
　　书契人僧志贞①

　　这是一件悉董萨部落百姓翟米老向灵图寺请求借出粮食的无息借贷契约，是种类之债：债务人翟米老向债权人灵图寺借得"麦陆硕"，还期为"秋八月卅日"，"麦"是种类物，债务人只需按时送还相等数量、质量的标的物即可。

（三）主债和从债

　　根据债的彼此之间的关系，可将债分为主债和从债。
　　主债，是指在两个并存的债中居于主导地位、能够决定债的命运的债。从债，是指在两个并存的债中，效力居于从属地位的债。从债虽在效力上居于从属地位，但其性质仍为独立的债。主债是针对从债而言，因此必须有两个并存的债，且两债之间有关联性，如买卖、借贷契约为主债，而担保其履行的保证契约、抵押契约等为从债。
　　以借贷契约为例，"文卑人吉康巴从贵族然巴处所贷军饷款之本利，现无力偿还，将以卑职属民曲增卓玛母女4人抵债。母女4人从今完全属于然巴。以后若有违此约者，甘愿引咎受罚，并按此契约内容办理"②，这一抵债契约存在的前提是吉康巴与然巴之间的借贷契约，因吉康巴无力偿还所借本息，因而又订立抵债契约，因此，前一借贷契约是主债，后一抵债契约是从债，二者有关联关系，但又各自独立。

---

　　①　参见郝春文、赵贞《英藏敦煌社会历史文献释录》（第7卷），社会科学文献出版社2010年版。
　　②　http：//www.tibet.cn/zt2009/09mzgg50zn/gjpl/200903/t20090321_463367.

（四）契约之债、侵权行为之债、无因管理之债、不当得利之债

根据债的发生原因不同，可分为契约之债、侵权行为之债、无因管理之债、不当得利之债等。

1. 无因管理之债

无因管理之债，是指因无因管理所产生的债。无因管理，是指没有法定的或者约定的义务，为避免他人利益受损失而对他人事务进行管理或者服务的行为。无因管理一经成立，管理人与本人之间也就发生债权债务关系，管理人有权请求本人偿还管理所支出的必要费用，本人有义务偿还。如藏巴第悉噶玛丹琼旺布时期制定的《十六法典》中"盗窃赔偿律"就规定了对无因管理之债的处理原则：

> 对捡到财物不归还失主者、将财物隐匿他处者、狡诈欺骗者等，须对彼等以退赃和赔新等方法进行惩处。……捡到财物能在集市或大庭广众之中叫喊认领者，失主须将财物的三分之一作为奖赏品赐予此人；捡到财物原封不动者，例如捡到马或毛驴未上鞍鞴，捡到羊未剪羊毛，一年后归还失主，失主须将财物的四分之一赐予此人。尚有其他奖赏之方式，即对普通捡物者以饮食和酒类款待等符合法律之方式。①

从这一规定可以看出，拾得他人财物者，并没有契约约定的义务，因此，对捡到的财物或牛羊进行管理的行为是无因管理行为。对此，法律的明确规定使拾得人在拾得他人财物时负有管理财物、归还本人的义务，与之相应的是，本人应当支付一定的财物作为拾得人管理财物的报酬，这就构成了无因管理之债。同时，法律还规定，如果拾得人不返还财物给失主，甚至隐匿、欺骗，将会按照偷窃行为的性质和标准处理。

无因管理之债的目的在于保护管理人的积极性，从而达到维护本人利益的目的。无因管理之债是法定之债，因为无因管理是基于合法的事实行为，管理人管理本人的事务是为避免本人的利益受到损失，而不是与本人发生债权债务关系。但是，无因管理一经成立，则基于法律的规

定在当事人之间产生债。

2. 不当得利之债

不当得利之债是指基于不当得利而产生的债。不当得利是指没有合法根据而获得利益而使他人利益受到损害的事实。不当得利是经济生活中出现的一种不正常现象，因此，取得不当利益的一方当事人应将其所取得的利益返还给受损失的一方，受损失的一方当事人有权请求取得利益的一方返还其不当得到的利益。

以敦煌吐蕃文献 P. T. 1071 号《狩猎伤人赔偿律》为例，"猎获野兽应分得之标准"是针对多人射中猎物而规定分配猎物之法，其原则是按照射手射中猎物的先后顺序分配猎物的，如"麝和野驴以下，羚羊以上，以两箭计。头箭射中者得皮、心、胸脯、舌、一半血、筋络等，第二箭射中者得颈部皮子、大肠、膀胱、肝、一半血、脊梁肉等"[①]。由于先后射中猎物的箭是分配猎物的重要依据，因此为处罚偷拔箭而分得更好、更多猎物者，设"打猎时偷箭处置之法"，规定"野兽被箭射中后，拔箭偷窃者，偷一箭罚两箭"[②]，如果射中猎物者偷偷拔除其他射中者之箭，则偷一箭者要被罚两箭，以上述第一箭射中者为例，偷第一箭者要向被偷者交纳两倍的皮、心、胸脯、舌、一半血、筋络等。可见，偷箭者妄图得到本不应当属于他的利益，因此要受到双倍的处罚，这一规定是处理不当得利之债的原则。

由于契约之债和侵权行为之债是藏族古代债权制度的主要类型，下文将详细论述。

第二节　契约之债

一　概述

契约之债是西藏古代社会债的主要类型之一，在社会经济生活中占有重要地位，契约是最常见的、最主要的债的发生原因。

---

① 王尧、陈践：《敦煌吐蕃文献选》，四川民族出版社 1983 年版，第 34 页。
② 同上。

西藏古代法律并未制定专门的篇章来集中规范有关契约方面的法规内容，有关法条散见于西藏古代各项法典之中，如吐蕃王朝时松赞干布制定的《入教十六净法》明确规定"欠债借款必须按时还"①，《吐蕃法律二十条》则进一步规定"要如约还债"、"要斗秤公平，不用伪度衡量"②；帕木竹巴时期制定的《十五法典》的"平衡度量律"是有关契约订立原则及商品的交易标准比价，"多少清算律"规定重大误解的处理原则，"半夜前后律"则规定了风险责任承担的相关内容；藏巴汗噶玛丹迥旺布《十六法》的"地方官吏律"规定了官员处理债务人与官府之间的各种债务时的基本原则，"半夜前后律"比较详细地规定了借贷责任和契约关系的相关内容；五世达赖喇嘛罗桑嘉措参的《十三法典》进一步完善了债权法律规范。可见，虽然西藏古代法律并没有规定一套完整的契约制度体系，但是仍对契约的一般原则、风险承担等问题作出较为详细的规定。需要说明的是，由于时代久远、文献缺失，迄今为止尚未见到吐蕃王朝本部契约的法律文本和契约文本，目前留存于世的大多出自敦煌和于阗地区，这些文献虽不能反映吐蕃时期契约制度的全貌，但也提供了了解吐蕃契约制度的线索。

（一）契约的形式

从敦煌、西域出土的契约文本看，吐蕃占领的敦煌、西域等地对土地、牲畜等重要的财产往往订立书面契约，当时的书面契约在格式、主要条款、行文规范等方面有了较为一致的体例，应当说，吐蕃占领敦煌、西域时期书面契约已经有了较为规范的格式。敦煌出土的木简记载：

> 这团毛线已在"乞力德"前称过，有十五两多，我按了指印交与"乞力德"证人拉乡部落之……盖章，"乞力德"也特地按了手印。③

这项记录表明，契约成立的要件首先需要写成书面文字，其次双方

---

① 巴卧·祖拉陈哇：《贤者喜宴》，黄颢译，中国社会科学院民族研究所，1989年。
② 同上。
③ 王尧、陈践：《吐蕃简牍综录》，文物出版社1986年版，第56页。

当事人验明货物以按手印方式表明该契约为双方合意承认，最后还要由证人作证并盖章。从这份记录可以推测应当是代理人通过一封信向被代理人说明已替其签订了契约，并且这份与"乞力德"的契约已经达成。

西藏进入农奴社会后，随着经济的发展，书面契约更是较为常见，下面这件买卖奴婢的书面契约，内容完整，也有固定的书写格式：

> 政教二制之上司法官：敬启。
> 　我等现将业已署名盖章自愿签订的契文要意照实呈报如下：
> 　黑河地区格曲地方之属民才仁（男）的人价白银17两、青稞9克，已由哲蚌寺吉索包热强年夏仓全部交予原领主。现上报官家获准，言明不论才仁未来有多少后人，保证今后概不直接间接地丝毫提出有关自身人主争议的任何问题。此条不得有违。倘一旦发现有提出与该条文相违的任何请求，则应在法官面前交付罚金三两，并保证此条文原封不动，照旧执行。
> 　曲龙方面人主：索南拉珍（女）、哲蚌寺喇嘛、洛桑赤程（印章）
> 　保证人：哲蚌寺吉索（西）扎吉那康的欧珠多吉（印章）
> 　下人属民才仁亦保证人前人后永弃谎言恶行、逃避己方等一切行为，永远规矩无二（手印）
> 　保证人：黑河僧人康旦真（印章）曲强（印章）
> 　　　　　　　　　　　　　　　　　　　　　　　　　　火鸡年①

2. 口头契约

通常情况下，对价值较小的物品，借贷契约和买卖契约中多以口头达成合意、当面成交的方式达成，如《吐蕃简牍综录》中有"向棚洛（借）垫子一张"、"向保森（借）垫子（五张）"、"向超拉顿（借）美哲缎子一匹"等，均是以口头方式达成的协议。因口头协议的标的物往往价值较小、便于携带、交接迅捷，因此对大多数买卖契约而言，口头协议是主要的契约形式。

---

① 文献来源：http://www.cqzg.cn/viewthread－626870.html，2012－3－16。

（二）契约的成立

契约的成立作为一种法律行为，需满足一定的条件，即契约的成立须具备当事人、合意以及要约和承诺。本书以敦煌出土的一件内容较为完整的书面借贷契约为例，说明契约成立的必备要件：

> 鼠年孟夏月初：蔡托部落，鼠年孟夏月初：悉宁宗部落。阿骨萨部落的素·格勒向拉吉借得小麦和青稞计三克。关于归还时间，定于当年仲秋之月。至死（或一直）有效：已同意以半采为息，这半采决不拖延，将如期于门前一次还清。如未按时归还，或图谋欺骗，所欠将加倍。在其房内的财物，连同其所欠的增值，即房外的耕牛及什物、工具、衣服，无论置于何处，皆可依成规占有，不得有半句话抗议。另外，如格勒不在家，或管事的上司商议后另作批示，那么契约的见证人和债务的担保人（在其住处）将根据所定契约的要求，代纳上述应交之物。
>
> （证明印章，签字及其他附件。）①

由此案例可以看出契约成立的必备条件：

（1）必须要有订约当事人。是指订立契约必须有双方当事人，只有一方当事人则契约不能成立。这件借贷契约中提到，订立契约的双方当事人，出借方是拉吉，借入方是素·格勒，双方身份明确。订立契约时，当事人必须具备相应的缔约能力，因此，只有具备民事主体资格的当事人才能成为订立契约的当事人，即吐蕃王朝时期的赞普、贵族、官僚、具有民事主体资格的农牧民和分裂割据时期、教派时期的西藏地方政府、寺院及僧侣、官员、农奴代理人、土司、商人、部落头人及具有民事主体资格的属民等均可以成为订立契约的当事人，而没有民事主体资格的奴婢则不能成为订立契约的当事人，仅仅是契约的标的物。

（2）当事人对主要条款达成合意。契约的内容由当事人约定，一般

---

① ［意］F. W. 托玛斯：《敦煌西域古藏文社会历史文献》，刘忠、杨铭译，民族出版社2003年版，第45页。

包括契约的标的、数量、质量、价款或报酬、履行期限、违约责任、解决争议的方法。本件契约中，明确约定的内容有：

第一，契约的标的物。契约首先要约定的是标的物，不同契约的标的物不同，标的物是土地、田宅等不动产的要说明其四至、坐落；如果标的物是粮食、牲畜等动产，也需说明其形制。本契约的标的物是小麦和青稞。

第二，标的物的数量、重量等。本契约的数量"共计三克"。古代计算标的数量、质量的度量衡较为复杂，表示数量、质量的度量衡从敦煌出土的契约文书来看，大都采用大写数目字来表示，有时虽不使用大写数目字，但采用同音字来代替过于简单、易改的普通数目字，如用"乙"表示"一"等。

第三，契约的价金、酬金。契约的价金一般都规定为契约订立时通行的货币，契约酬金的支付往往采用实物支付的方式，如牛、绢等，因此这一条款的规定较为详细。本契约借贷人向出借人承诺支付"半采"作为酬金。

第四，契约履行期限、时间、地点、方式。由于古代经济生活比现代简单，很多契约在立约的同时就开始生效，支付价金、移交标的物之类的履行，更多的是以口头约定或按当地的习惯进行履行，因此，书面契约上关于履行期限、地点、时间、方式方面的内容较为简单。本件契约约定，履行契约的期限为"当年仲秋之月"，即谷物打碾和入仓之际；契约履行方式为到期本息一同归还；契约有效期为"至死（或一直）有效"，也就是说，直到契约被完全履行契约才算终止。

第五，违约责任的承担。违约责任是债务人不按照合同规定履行义务，因违反契约约定引起的法律后果。违约责任是契约中的重要条款，几乎各类契约都有此类条款，双方当事人在契约中都保证在立约后不再反悔，否则甘愿受到约定的处罚，一般为交付预定数额的违约罚金。本契约规定了"如未按时归还，或图谋欺骗，所欠将加倍"，即如未按照契约规定的时间履行返还义务，则要加倍归还。

西藏古代法律对违约责任的承担大体有以下几种形式：

第一，加倍偿还。对于契约中的债务，松赞干布时期的《在家道德规范十六条》和《法律二十条》都规定要"及时偿债，秤斗无欺"，要"如月还债"，不按期还债，不仅要送成倍的求情礼，债务也要加倍。①

第二，劳役抵债。当债务人不能偿还到期债务时，可以以劳役抵偿债务。敦煌在吐蕃占领期间，"春借麦一斛陆斗，至秋，要以收割十亩地小麦的劳动来抵偿"，以劳力折酬偿付借贷的形式较为普遍。

第三，以奴抵债。以奴隶抵债也是一种违约责任承担方式，如敦煌文献 P. T. 1007 号《都督为女奴事诉状》中提到，债权人令债务人以女奴抵偿所欠青稞，并订立契约，但该契约是否出于自愿，是否真实问题双发发生争执，契约中规定了以奴婢抵偿债务。

第四，任掣夺家资。（详见第三章第三节中有关"担保物权"的叙述。）

（3）契约内容明确。契约的主要条款已经具备，并且确定。一般而言，欠缺契约的标的，不可能成立契约，而对于其他条款，如数量、质量、价款或报酬以及履行时间、地点、方式等，都可以在履行过程中再确定，欠缺并不影响契约的成立。

（4）契约中的第三人。契约中经常出现的第三人有证人、中介人、保人、书契人等，藏族古代的契约上，特别注重第三人的地位，重要的契约往往都有第三人参加。

第三人出现在契约中的习惯源于契约产生时代。契约的发展经历了从口头、仪式契约到文字、书面契约的过程。早在文字创造之前，人类就已经有了契约行为，由于这一时期的契约主要是口头、仪式契约，因此特别注重证人、保人、中介人等第三人的作用，证人、保人、中介人等第三人不仅是契约成立的证明人，而且还辅助契约双方当事人记忆契约的具体内容。后世的契约仍长期保留这一习惯，直到文字、书面契约时代，民间契约仍长期保持第三人参与立约的订立习惯，大多数契约都需要有证人、中介人、保人及书契人的在场，并作为契约成立的要件之一。文字、书面契约时代，第三人从最早的神灵逐渐演化为具有完全民事行为能力的主体。证人的在场可以证明契约的成立及其内容，保人的在场则增强了契约履行的可能性。在签订契约时，为表示公平无欺，即使双方当事人都会写字，也很少会亲自书写，而书契人是替双方当事人

① 都督为女奴事诉状，详见王尧、陈践《敦煌吐蕃文书论文集》，四川民族出版社 1988 年版，第 113 页。

起草、书写契约的人，其身份中立、为双方信任，书契人一般不承担契约的证明责任，也不承担契约的连带责任。中介人的作用有引荐交易对象、参与价金讨论、说明交易细节等，有时也兼有见证契约、保证契约履行的作用。

吐蕃契约中，见人不署名是吐蕃契约的特色之一，各类契约的契尾一般只有中证人（即保人）、立契人署名，不见见人署名，可能是在吐蕃文契约中见人和保人是没有区分的，见人和保人一样既起证明作用，又和债务人一起承担连带赔偿责任。这一现象说明"私人借契中出现的'中人'（或作'保人'，或作'见人'）有义务负责这份契约的执行。如果违约，由中人负责偿还。这种'保证制度'在唐朝和吐蕃双方社会中都予以承认，而且由国家法律来加以肯定"①。

上述的这件契约也有"见证人"和"债务的担保人"，并约定"如格勒不在家，或管事的上司商议后另作批示，那么契约的见证人和债务的担保人（在其住处）将根据所定契约的要求，代纳上述应交之物"，也就是说，如果债务人不按时履行债务，或者上级官吏有不同意见甚至拒绝履行，那么，这一债务将由"契约的见证人和债务的担保人"承担连带责任。

（5）签章、画押。作为契约成立的形式要件，订立契约的双方当事人、保人、证人、中介人等第三人还要在契尾部分签字、画押。契约签署有多种方式，一般而言，签名是表明认可契约内容的外在形式，所有参与订立契约的人在契约中"各自署名为信"；如果签章人不会写字，则要按上指印、掌印甚至胳膊印，以为凭据。

需要注意的是，并不是每个契约都必须完全具备上述所有的条款，契约性质不同，所应具备的主要条款也是不一样的，如价款是买卖契约的必要条款，但是对无息借贷契约来说并不需要此类条款。因此，所谓主要条款是指根据特定契约性质所应具备的条款，缺少这些条款，契约将难以成立。一般来说，契约的标的、数量、履行期限、违约责任都是不可缺少的基本内容。

---

① 王尧、陈践：《敦煌古藏文文献探索集》，上海古籍出版社 2008 年版，第 259 页。

二　买卖契约

商品交换是藏族古代社会发展过程中一种重要的财产经济活动。西藏商品经济从整体看并不发达，但商品交换、流通仍然非常活跃，大的市场和商贸中心主要集中在拉萨、康巴等商品集散地，来自境内外的商人有云南帮、北京帮、川帮、青帮等，境外则由尼泊尔、印度、锡金、不丹、阿拉伯及欧洲商人，各式各样的商品满目皆是，讨价还价之声不绝于耳。在交易中，还有一种"哲言价"，即向神佛发誓——"贡觉松"，以示还钱底线，诚实无欺。① 西藏还有在袖筒里捏价交易等形式。在活跃的市场中，买卖契约就成为联络买卖双方或各方的纽带和基本法律形式。

买卖契约是商品交换和买卖的法律形式，是西藏古代契约中最主要的契约种类。买卖是人们最普遍、最经常的民事行为，古代社会早期一般采取以物易物进行交换，后来发展到货币商品买卖，商品交换的范围和规模逐步扩大，买卖契约成为最受重视的契约种类。物物交易手续比较简单，首先由交换双方了解对方产品的质量、数量等，然后协商交换比价，清点交换产品的数量，即刻完成交换活动。而商品交易的手续相对复杂一些，首先由甲方查验乙方提供的商品数量、质量，并与乙方协商商品的价格，双方就价格、交货时间等达成一致，立下字据，如果一方不按约定办理，则找证人或部落头人请求调处，乃至法律制裁。

（一）买卖契约的原则

公平买卖、禁止欺诈是西藏古代社会买卖契约订立的基本原则。达布聂塞赞普时，商品买卖活动已经成为重要的民事活动之一，"这时始有升斗，造量具以秤粮油，贸易双方商议互相同意的价格"②，买卖活动非常频繁，买卖双方通过自由的协商议定价格达成契约、进行交易。吐蕃王朝建立后，商品交换日益活跃，松赞干布时期的《吐蕃法律二十条》

---

① 参见马丽华《老拉萨——圣城暮色》，江苏美术出版社 2002 年版，第 111 页。
② 《智者喜宴》。

明确规定"要斗秤公平,不用伪度衡量"①,规定了买卖契约的交易原则,即公平买卖、禁止欺诈的买卖原则。14世纪中叶,帕木竹巴政权《十五法典》的"平衡度量律"中进一步规定:"买卖双方首先要确定在自愿的基础进行公平交易",还列举了商品交易的标准比价:"8驮青稞为1钱金子,2驮盐或铁为1钱金子,8驮杂物为1钱金子,两驮零5斤酥油为1钱金子,4砣茶为1钱金子,4罐银沙为1钱纯银,6钱银子为1钱金子。金与银的比价为一比六,依照上列标准,双方规定交易结算规则"。②

(二) 意思表示真实

藏族古代财产法律规定禁止欺诈行为,松赞干布时期初步规定买卖契约"要斗秤公平,不用伪度衡量"③,即公平交易、防止欺诈。14世纪中叶的《十五法典》已经对交易中出现的意思表示真实进行了详细的规定和解决方式,"多少清算律"规定:"买卖中的计算错误,当事人有三年的追诉权。对借贷利息、买卖中出现的计算错误,双方意见不一致时,须当面核算。"④ 这一规定针对合同订立时如果发生重大误解,即合同当事人因对合同标的物的价格、品种、质量、规格和数量等产生错误的认识等意思表示不真实的情况,提出在三年内当事人可以进行提出重新计算的解决方式。17世纪初,藏巴汗噶玛丹迥旺布的《十六法》"半夜前后律"更进一步规定,发生欺诈时,合同中的债务人要向债权人支付赔偿金:"倘若店主在秤斗方面欺骗顾客,店主要以物价的三分之一赔偿给顾客。卖主若以变质之肉食或破损物品出售,买者则可进行反盘,根据物品之价格,依照法律条款要求卖主进行赔偿。如劣质掺假货物出售后,买者亦可退还,但不必交付退货费用。帐目虽已算过一年,然而卖主亦要将旧帐寻找出来重新计算,按照规定将财物退还给买主。"⑤ 也就是说,针对因卖方的欺诈行为造成的意思表示真实的情况,卖方要支付一定的罚金作为买方的赔偿,可见,意思表示真实是合同生效的主导条件。

---

① 参见巴卧·祖拉陈哇《贤者喜宴》,黄颢译,中国社会科学院民族研究所,1989年。
② 周润年译,索朗班觉校:《西藏历代法规选编》,西藏人民出版社1989年版,第46页。
③ 参见巴卧·祖拉陈哇《贤者喜宴》,黄颢译,中国社会科学院民族研究所,1989年。
④ 周润年译,索朗班觉校:《西藏历代法规选编》,西藏人民出版社1989年版,第46页。
⑤ 同上书,第90页。

(三) 买卖契约的种类

1. 动产买卖契约

动产买卖契约涉及的标的物主要有奴婢、牛、马、车具等物品。

(1) 牲畜买卖契约

藏族古代社会生产力不发达，牛、马等畜力在人们的日常生活中占有主要地位，属于贵重财物交易，因此买卖牛马等大牲畜必须签订契约，明确双方当事人的权利义务，以防质量瑕疵和所有权障碍与引起纠纷。买卖双方通过订立契约，将牲畜的年龄、颜色、价格以及违约责任和风险承担确定下来，作为契约成立和纠纷处理的依据。以敦煌文书 P. T. 1084 号《博牛纠纷状》为例：

> 鸡年春，张夏夏从曹尔阿部落的南克穷处购得棕红色黄牛一头，左右耳上有一弯曲斑纹，牛角上刻有×形记号。当夏夏取牛时，卖方南克穷逃走，牛却在李登奴牧群中。于是，夏夏从尚论理刑官处获得传令，令在鸡年七月十六日晨，召李登奴的放牧人和另外七位证人至地方长官处。当地方官问及牛为谁所有时，放牧人证明："今春三月初，主人李登奴用一匹独眼马与曹尔阿部南克穷交换，契约都在我手里。"夏夏反驳说："此黄牛是我从南克穷处买来，契约和证明均有，此牛确属于我，曹尔阿人无权售而又售，应从曹尔阿部落手中取回还我，请召集证人并请大理法司审理。"地方长官及大理法司又决定，于次日就此案件再次由李登奴证人与夏夏对质，并由法院审判官审理。次日，审理后判决："此牛有标记，应归原告"。然后，证人在文契上按手印，地方长官、法院审判官、保人盖印章，保人（未签字），夏夏也盖印。①

这是一件因买卖契约而引发的诉讼案件，起因是张夏夏从南克穷那里买得黄牛一头，双方就黄牛的颜色、特征等做了详细的叙述，但是南克穷一物二卖后逃走，张夏夏为此向尚论理刑官起诉。虽然这一文书并未记载张夏夏与南克穷之间的买牛契约，但是，通过书面契约买卖牛马

---

① 沙知：《敦煌契约文书辑校》，江苏古籍出版社 1998 年版。

是确定无疑的。同时，双方签订的契约也是诉讼中重要的证据。

（2）奴婢买卖契约

奴婢买卖是一种特殊的买卖。中国古代社会，无论是中原地区还是西藏、于阗、回鹘以及其他民族地区，历来都认为奴婢没有独立的民事主体资格，是一种财产，可以自由转让、买卖，只不过这种特殊的财产会说话、能做事。奴婢处于社会阶层的底层，身份十分卑微，因此作为被售卖的财产，必须要有券契相随。对奴婢买卖交易而言，契约具有双重的作用，一是对奴婢身份的证明，二是证明对奴婢享有所有权，因此，历来的奴婢买卖，契约是不可缺少的。《册府元龟》记载："严怀志以泾原裨将随浑瑊，会吐蕃背盟，怀志等陷没，居吐蕃中十余年，逃入以西诸国，为所掠卖"①，即吐蕃将战争中被抓获的战俘作为奴隶，并可自由买卖。

西藏进入农奴社会后，仍然存在一定数量的奴婢，因而对奴婢进行买卖也是较为常见的契约形式。以下是一份民主改革前的奴婢买卖契约，现全文抄录：

> 兹有乃琼寺扎仓的属民索南普尺之女，名拉巴，其母逝后曾由埃丁巴抚养。乃琼寺大喇嘛之大管家，已付给埃丁巴抚养费白银十二章嘎。现将该女转让给差巴冲堆巴，立约支付追加差役，言明今后差巴冲堆巴应无条件全部支付其内外等所有差役，并应随时接受活佛官员的任何指派，该女亦应全力以效。今后该女婚嫁与否均可由你等考虑决定，但该女之后代的人身隶属关系，仍列于乃琼扎仓之差簿，此条不得有违，一旦发生奸猾之类的行为，不仅不容，并不论何人，一律严管惩处。
>
> 立契人：冲堆家拉巴（手印）
> 保人：杰布（手印）
> 藏历火龙年二月十日立②

这是一份奴婢买卖契约，乃琼寺属民之女拉巴作为奴婢，先由乃琼

---

① 《册府元龟》。

② http：//news. sina. com. cn/c/2008 - 04 - 11/000415335268. shtml, 2013 - 2 - 4.

寺大喇嘛之大管家从埃丁巴处买来，又转卖给差巴冲堆巴，酬金是支付追加差役，但是，该奴婢的子孙仍隶属于乃琼寺。

2. 不动产买卖契约

不动产买卖契约是指以土地、宅舍房屋等为标的的买卖契约。古代法律最终是土地房屋的买卖行为，并对此设定了严密的程序。民间的土地房屋买卖也受到高度重视，不仅要求土地、房屋的买卖必须订立书面契约，而且契约订立的程序也较为严格。

（1）土地买卖契约

现录《未年安环清卖地契》如下：

> 宜秋十里西支地壹段，共柒畦拾亩（东道、西渠、南索晟、北武再再）。未年十月三日，上部落百姓安环清为突田债负，不办输纳，今将前件地出买（卖）与同部落人武国子。其地亩别断作斛斗汉斗壹硕陆斗，都计麦壹拾伍硕，粟壹硕，并汉斗。一卖已后，一任武国子修营佃种。如后有人干扰识认，一仰安环清割上地佃种与国子。其地及麦，当日交相分付，一无悬欠。一卖□如若先翻悔，罚麦五硕，入不悔人。已后若恩赦，安清罚金五两纳入官。官有政法，人从私契，两共平章，书指为记。
>
>
>
> 地主安环清年廿一
>
> 师叔正灯〔押〕
>
> 母安年五十二
>
> 姊夫安恒子
>
> 见人张良友。
>
>

这是目前敦煌发现的吐蕃统治时期唯一一份卖地契，日期是 815 年或 827 年。其内容是地主安环清因突田债负，不办输纳，因此将土地出卖给同部落人武国子。"上部落百姓安环清"表明这份契约是在吐蕃统治时期订立的。这件契约沿用秦汉以来惯例，仍写明四至，承认买主有责任维护灌溉工程"一任武国子修营佃种"，要求卖主负责解决以后提出的所有权问题"一仰安环清割上地佃种与国子"，并对毁约方作出处罚"罚麦五硕"。

此契约中买主武国子没有在契约上署名，并且提到"安环清为突田债负，不办输纳"，二者均表明买主在此项交易中居于优势地位。卖主及其母亲、姐夫都在契约上画指，师叔正灯画押，代表签名，以表示他认可这个协议。

这件契约明确提出"官有政法，人从私契"的契约原则，反映中国古代同样存在着国家制定法（公法）与民间约定法（私法）。虽然在敦煌其他契约中也有表明契约双方意志自由、自愿订约的条款，但将"私契"和"政法"明确区别开的惯语，仅此一例。

另有一份土地买卖藏、汉文契约：

藏文译文：嘉庆六年（1801）三月十三日立书内容：拉哇勒本木的麻隆阳坡下籽二升之耕地，被索南嘉承买并永远占有，付地价铜钱四串。从今索南嘉就是这块土地的主人，祖辈有占有权和继承权。

为本约永远生效，拉哇勒本木盖指印为证。

汉文：立书永远买卖地土文契人杨朱秀，因为使用不足，无处折变，合家同通商议，情愿将自己祖遗春牛勺方地一段下籽陆斗出卖，以便使用，央请中人安恼节丹柱问到本庄杨束奴汪秀名下，再三说合，只得承售。其地四至分明：东至工卡束奴地为界，西至思立恼节地为界；南至买主地为界；北至泉为界。四至分明，并无粘耐地（他）人寸土。其地价银，每斗二两整，共银十二两又整。当日银地两交，并无短少分文，除酒礼画字在外。自卖之后，忍凭束奴汪秀耕种为业，不于（与）朱秀相干。倘日后有房亲人等争言者，有（由）朱秀一面承当；若自己返悔者，自认清律之罪，恐后无凭，永远买卖地契文约存照用。

中人安恼节丹柱画字银伍分十

大清道光八年十月初七日立永远买卖文契人杨朱秀＋母画字银＝欠伍分十

族且杨思立恼节画字银伍分十

书约人：王庆蕃①

① 杨士宏：《安木多东部藏族历史文化研究》，民族出版社 2009 年版，第 186—187 页。

这份土地买卖契约有汉藏两种文字，藏文格式相对简单，而汉文格式较为完整，有"恐后无凭，永远买卖地契文约存照用"的惯语。

（2）房屋买卖契约

如敦煌文书 P. T. 1086 号《猪年购房基契》记载：

> 猪年夏，丝绵部落李天昌兄弟二人之房基与王光英毗邻，光英兄弟从天昌兄弟处以青稞两汉硕和粟米两汉硕，共四汉硕（作为购置房基之地价）。按过去商议，已向天昌兄弟全数纳清。天昌一方立契人和证明人毕顺子、梁兴子、刘英若、宋平若等在契约上盖印，购房之粮食，由幼弟谢国乃经手，国乃盖章。

这是一件房屋宅地买卖契约，作为重要的财产，房地买卖必须以书面形式作为重要的凭据形式。当事人是丝绵部落的李天昌兄弟与王光英兄弟，买方向卖方支付青稞和粟米四硕作为地价，保人都在契约上盖印。虽然契约中并没有明确约定债务担保条款，但是立契人和证明人同时在契约上盖印，这也为以后可能发生的土地权属纠纷提供权属证明。

以上判例对买卖契约的双方当事人、标的、质量、数量、价格、交付、风险责任、履行、违约责任、契约原则等契约要素，均作了详细规定。当事人涉及部落、寺院、僧人，土地计量单位使用藏制"突田"，应与吐蕃占领时期相关。

三 借贷契约

（一）概述

借贷契约是债权人通过一定形式，将自己的钱（物）借给债务人，到期返还并支付利息的协议。是财产权的一种转移方式。借贷契约是古代较为发达的契约形式之一，是民间互通有无的主要方式，分消费借贷和使用借贷，消费借贷很少有债务和利息的记载。

西藏藏语中有 བུ་ལོན་（债账）、བུ་ལོན་གཏོང་།（放债）、བུ་ལོན་ལེན་པ།（举债）、བུ་ལོན།（债权）、བུ་ལོན་ཟད།（欠债亏空）、བུ་ལོན་འདེབས།（催债）、དོན་ཆགས་བུ་ལོན།（祖先债）、སྐྱེད་ཆེ་བུ་ལོན།（高利贷）、སྐྱེད་ཡང་བུ་ལོན།（低利贷）等许多与借贷的词汇，反映出借贷

行为是日常经济生活的常见现象，因此，借贷契约种类繁多、内容丰富。从松赞干布《法律二十条》就规定要"及时还债"，《敦煌吐蕃简牍综录》中就有许多关于借贷的简牍，还出现专门进行债务登记的木牍。①　进入农奴社会后，借贷的情况更是日益增多，货币借贷更是成为西藏古代经济生活中非常普遍的现象，因此借贷契约不仅数量多，其契约格式也渐成惯例。

借贷手续一般要订立借贷契约，内容包括借贷种类、数量（数额）、用途、利息、期限、还款（还物）方式等。有的需找保人担保，并由借贷双方及保人签字画押。如果没有保人，则需抵押担保，即抵押一定数量的牲畜、或农产、地契等。普通农牧民向领主、寺院借贷，手续较复杂，还要送礼；农牧民之间借贷，则手续较简单，甚至无须签订书面契约。

借贷普遍存在于西藏各地，藏文资料中借贷契约最为常见，新疆等地出土的《木简》和敦煌吐蕃藏文文书中数量最多的是这类契约。从西域出土的法律文书内容看，吐蕃占领区的借贷契约，以实物借用契约为主，标的涉及粮食、耕畜、农具等，货币借贷的情况很少。吐蕃占领敦煌期间，民间流行的借贷习俗是以借贷价值 1/10 作为请求借贷礼，实际上具有预扣利息的性质。但当时大多数借贷契约是无息借贷契约，这主要与寺院经济有直接关系，寺院在荒年提供赈贷，让寺户和普通百姓渡过难关，既符合佛教扶危济困、救度众生的宗旨，又赢得百姓感恩戴德，从而扩大宗教影响。

（二）无息借贷契约

王尧先生翻译的敦煌吐蕃木简中，已经出现无息借贷契约，如：

　　1. 和……付与开那（借）麦一克五升；拉贡鲁祖（借）麦五升；尚穷（借）麦一克；古穷（借）青稞三升、麦五升；用三份俸田合王田一突。付岸（本）悉斯俸禄经费麦一克半。依主母之命，借给部落使，悉斯之子麦一克半，孔息兄弟两克半。

　　2. ……所交付之中，优质青稞……克。……青稞一克半，秋季

---

① 王尧、陈践：《吐蕃简牍综录》，文物出版社 1986 年版，第 39 页。

还清。彼时……所给，以记录本上写有文字和盖有印章……秋季还清。青稞……六个部落。

3. ……三，偿还借欠债务，以牲畜……

4. 若不便于办理，可让保人在上面捺指印，寻一借口，你能借多少就借多少，照口粮标准借给。

5. 债务登记木牍。

6. 请求租农田，借种子，信中未允，并说"以去年所借走种子延期归还，作为当年所借"。①

这些简牍虽然没有记载借贷契约，但足以说明当时的借贷活动已经非常普遍，粮食、牲畜、垫子等都可以成为借贷的对象，不仅如此，还出现债务登记的账簿用以登记借贷情况，并形成了借贷契约的基本内容：第一，借贷契约中保人的担保行为；第二，借贷标准和数量管理等，如"麦五升"、"麦一克"、"青稞三升"、"青稞一克半"等；第三，订立借贷契约的原因，如"依主母之命"；第四，偿还期限，如规定秋季还清；第五，借贷契约的书面形式，如"记录本上写有文字和盖有印章"。值得一提的是，以上简牍中都未提及利息，最后一件木简上既未提到去年所借种子的利息，也未规定延期归还的违约责任，可见，虽然当时的借贷活动比较频繁，但是对利息的支付和违约责任的承担尚未作为借贷契约的必备要件。

与敦煌木简记载的简略相比，敦煌吐蕃文书中则有许多完整的借贷契约文书，无息借贷契约也经常出现，如 P. T. 1297 号《宁宗部落夏孜孜永寿寺便麦契》，现录如下：

宁宗部落之夏孜孜因无种子及口粮，濒于贫困危殆，从永寿寺三宝与十方粮中，商借麦及青稞八汉硕。还时定为当年秋八月三十日，送至永寿寺之掌堂师欲沙弥梁兴河所在之顺缘库中。到时不还，或单独出走，借一还二。即或从孜孜家中牵走牲畜，抄去衣服用具，径直从团头手中夺走也无辩解，更无讼词。若孜孜不在，着其子夏冲赉照前项所述交来。中证人王悉道和周腊赉盖印，同时，孜孜自

———————
① 王尧、陈践：《吐蕃简牍综录》，文物出版社1986年版，第39—41页。

愿承担，印章加盖签字。（下有圆形印章四枚）。①

这件契约是一件无息借贷契约，借债人宁宗部落的夏孜孜因贫困危殆，从永寿寺借麦及青稞。这件契约表明，这宗借贷夏孜孜借麦及青稞八汉硕，但无须支付利息，只要按时归还即可。对于违反归还期限的违约行为，要承担"借一还二"的违约金，如无法支付违约金，出借人可以直接从孜孜家中牵走牲畜、抄去衣服用具作为违约金，即使部落负责人"团头"不同意而从其手中夺走，团头和夏孜孜也不得辩解和提起诉讼。

敦煌文献中 S.1475 号文书《行人部落百姓张七奴便麦契》在敦煌借贷契约中保存较为完好，现录如下：

> 酉年十一月行人部落百姓张七奴纳突不办，于灵图寺僧海清处便佛麦陆硕。其麦限至秋八月内还足。如违限不还，其麦请陪。如身东西，一仰保人等代还。任牵掣家资杂物牛畜等。恐人无信，故立此契。两共平章、书纸为记。
> 　便麦人张七奴年
> 　保人男黑奴年十三
> 　保人张三年年十一
> 　见人索海奴
> 　见人②

这是一件部落百姓向寺院借贷粮食的无息借贷契约，张七奴从灵图寺僧人海清借得佛麦陆硕，还贷期限为秋八月内，"佛麦"含救济之意，因此是无息借贷。

以上两件契约提到出借方是寺院，由于吐蕃王朝后期王室和各地都送给寺院大量土地、牲畜作为供养地，因此，寺院也成为借贷契约的出借方，经常在荒年提供无息借贷的粮食、种子，让寺户和非寺户百姓渡过难关，符合佛教扶危济困、救度众生的宗旨，赢得百姓感恩戴德，从

---

① 王尧、陈践：《敦煌吐蕃文献选》，四川民族出版社 1983 年版，第 54—56 页。
② 沙知：《敦煌契约文书辑校》，江苏古籍出版社 1998 年版，第 113 页。

而扩大宗教影响。

还有一份敦煌发现的法律文书，虽然不是无息借贷契约的法律文本，但是颇有特色，原文如下：

> 在基措之上年粮官吉赞的批准下，小麦一驮半另四采由李刚子于猪年仲春月之十三日借取。彼时，借货人允诺将粮食送给僧人士丹，但却交给了吉赞。收据有证人蔡尼来、琼波达来及其他人在上面盖印，其后，一份清单已经送来，随后封了印记。
>
> 　　　　　　　　　　　　　　　吉赞的印鉴和签字。
> 　　　（签字：　）配额完毕，数字打上记号①

这件法律文书虽然内容简略，但却出现了三项法律行为：

第一，李刚子与年粮官吉赞之间订立无息借贷契约的法律行为。双方约定借贷契约的标的——"小麦"，数量——"一驮半另四采"，标的物交付日期——"猪年仲春月之十三日借取"，契约履行方法——"将粮食送给僧人士丹"（即送还时交给僧人士丹），以此作为偿还粮食的对象，用简略的语言交代了一件完整的无息借贷契约的内容。

第二，契约履行错误使借贷人违约的法律行为。在这件契约实际履行过程中，借货人即李刚子将本来约定交给僧人士丹的粮食交给了吉赞，这一法律行为实际上违反了原来的借贷契约的约定。

第三，李刚子与吉赞之间订立新的无息借贷契约的法律行为。针对借贷人的违约行为，出借人吉赞收到粮食的同时写下收据，并附上清单，还请证人蔡尼来、琼波达来及其他人在收据上盖印，也就是说吉赞认可了李刚子的行为，双方对交接粮食的行为达成一致，重新订立了借贷契约。当然，这一契约在订立时也就同时履行完毕。

（三）有息借贷契约

有息借贷契约是西藏古代社会经济生活中最为常见的契约类型。民主改革前，西藏地区有息借贷非常普遍，借贷在西藏社会经济中发挥重

---

① ［意］F. W. 托玛斯：《敦煌西域古藏文社会历史文献》，刘忠、杨铭译，民族出版社2003 年版，第 35 页。

要作用，甚至被称为"借贷经济"①。

民主改革前，西藏用于生产投资的借贷很少，经常见到的是消费方面的借贷，如银元、粮食、酥油、皮张、茶叶。双方当事人若要确立借贷关系，需要订立借贷契约，契约一经订立，便具有法律效力。到了约定的期限，借用人需将同等数量的实物或货币归还出借人，并按约定付给利息，否则要受到制裁。借贷的利息较高，藏语叫"鲁乎"，青海的高利贷年利率分为"鲁乎格，25%"、"鲁乎恰，35%"、"鲁乎奴"50% 三种；康区贷金的利息支付方式除现金支付（如藏洋五分）外，还出现了浮动利息，如双方约定债权人将本金借出后，根据债务人一年或一月内由本金赚得的利润支付给予债权人作为利息。

民主改革前，西藏地区的有息借贷活动已经形成完整的制度：第一，政府提供借贷时间一般是从藏历二月到四月，收回本息的时间为藏历十至十二月，各主体均为按年付息；第二，借贷人向政府、寺院申请借贷时要交"请求费"（ གུ་རྒྱ， 相当于申请费），并要相应的财物作为抵押，向寺院借贷还须有两个保人，一个为寺内的，另一个为寺外的即内保外保（ བདག་སྐྱལ་ཐི་སྐྱལ།）；第三，政府借贷利息一般是借一品藏银年利为 5—7 两，粮食借贷的利息为"借十还十一"，寺庙、贵族的利息一般为"借四还五"或"借五还六"；第四，向寺院、贵族、政府借贷往往是以部落、村庄等名义借债。此外，为防止利息过高带来的负担，西藏政府强调禁止收取复利，如 1932 年（藏历水猴年）十三世达赖喇嘛发布《告全体民众》布告中说"放债人不准违章牟取暴利，利上加利，以放债的办法没收百姓赖以支差的土地，危害其生存"②。

政府、寺院、领主甚至农牧民都可以成为出借人：

1. 政府是借贷行为的重要主体之一

政府作为借贷人为属民提供有息借贷的情况自吐蕃王朝时期就已经出现了，据敦煌吐蕃藏文文献 P. T. 1101 号《府库赋税逋欠册》记载：

　　　　五十岗头人嘘律息所辖地段之部分百姓逋欠赋税，不能及时缴纳，乃从尚绮立息府中商恩高息借贷。定于狗年秋，仲秋望日（八

---

① 参见丹增伦珠《近代西藏借贷制度研究》，《中国藏学特刊》，1992 年。

② 扎西旺都：《西藏历史档案公文选水晶明鉴》，民族出版社 1988 年版，第 34 页。

月十五）以借一还二计息，还于府库。兹列出逋欠赋税人名登记
如下：

哈流流一克，王宣宣四克，张黑狗一克，王关吉六克，张北汉
三克，吴金刚二克，石北金三克，康顶尊一克。以上诸人，如前所
述，按时交还。如到时不还，或借故抵赖，加倍偿还。从其家中不
管牵走任何牲畜，不必向头人说理；即或从头人手中抢走（牲畜）
也不能起诉。中保证人：达桑修登木和那波孔顿、俄木道道、张国
成等盖印并加指印和具名。

百姓张北汉具名哈流流具名石北金按指印①

这件契约是百姓与敦煌当地政府尚绮立息府签订的借贷契约，其特
点是借贷利息较高"借一还二"。

民主改革前，西藏地方政府的多个机构都可以进行有息借贷，如
"台布札勒空"（布施基金管理处）、"朱颇列空"、"拉恰、孜恰"、"扎西
勒空"、各地方"基巧"（专署）、"宗"（县）政府等都可以提供有息借
贷，并将借贷、收息视为各级机构和官员的行政职责之一，如 1924 年
（藏历木鼠年）十三世达赖在给哲蚌寺属民的命令就说："依照我历次下
达的命令，既要懂得借，又要懂得还，不能丝毫损害作为供僧众之基金。
派到前后藏收粮的'颇本'（噶厦收债息的官员），应予协助。"也存在
百姓向政府借贷的情况，如：

百姓向政府借贷所呈之契约（铁牛年，1901 年）

利乐之源，法律主宰足下：敬禀者，下列签名盖章人，呈上永
不食言之甘结。事由：上官大人已批准敞等江达宗的政府、贵族、
寺庙所属的头人、百姓迫不得已上报的禀帖。按每户的人口和经济
情况，从政府存放在各宗、谿的贷粮中，给所有冒烟户每人贷给口
粮和种子粮三克。这里由于本地宗本、头人及时转报百姓的情况，
使得我们犹如久病得到了医治。以后，一定按时偿还本金粮十升，
绝不借故拖延，永不违反这一明确的决定。倘有人届时故意推诿，
而违反此甘结，听凭上官大人处罚，咎由自取，罪有应得。

---

① 王尧、陈践：《敦煌吐蕃文献选》，四川民族出版社 1983 年版，第 54—55 页。

依次签名盖章

政府属下缙绅格桑云登

工布江达县岗仲丁代表达肖

贵族阿沛大官家代表彭康仲益·阿西

噶丹寺色公康村和理塘米村的公众代表强佐丹增和代理堪布强佐桑珠①

这件契约的条款非常完善，契约中写明借贷人（江达宗全体百姓）及其代理人（格桑云登、达肖、彭康仲益·阿西、强佐丹增、强佐桑珠）、出借人（政府）、借贷事由（迫不得已）、借贷标的和数量（所有冒烟户每人贷给口粮和种子粮三克）、还债日期（按时偿还，通行做法是借钱按借期计利、粮食以年计利）、借贷利息（本金粮十升）以及违约责任（听凭上官大人处罚）等内容，最后还要由本人、出借人、保人签字，契约方可生效。

2. 寺院是借贷活动的重要民事主体

寺院及其下属机构和庄园（札仓、寺庙曲谿、吉索、涅仓、佐布、朱尼等）和僧侣（以活佛、有职有权有钱的喇嘛为主）都可以参与借贷。

债务人给寺庙的契约：（火狗年，1946 年）

利乐之源，法律主宰足下：下列签名盖章的当事人，在此立下信誓不变的甘结。事由：感谢救世主对贫苦百姓的无比恩德。从扎仓内库管理处秋季法会的僧俸粮中，按照借五还六的利率，借给敝等每户麦豆混合粮十八克，保证在九月一日为寺庙运僧俸粮时还清利息，将利息粮晒干弄净，做到无砂土、无石头、不潮湿、无糠粃，而且不向过斗人行贿。如不按时付息，则全村人共同担保在十二月二十五日以前，各户得自动把利息粮送往寺庙，并将本金粮一律还清。此契约内容清楚，无可置疑。倘有丝毫违反甘愿按照罚款例规，接受任何处罚。

此据

---

① 扎西旺都：《西藏历史档案公文选水晶明鉴》，民族出版社 1988 年版，第 12 页。

顿珠彭措本人盖章①

本件契约是寺院与某个村庄全体百姓签订的借贷契约。契约约定借贷人借麦豆混合粮 18 克，利息借五还六。同时，对契约履行时间约定了两个内容，一是九月一日归还僧俸粮即本金时还清利息，二是十二月二十五日前各户归还利息粮，这实际是规定了契约履行的宽展期，即在最后期限前完成契约就不必承担违约责任。这件契约较有特色的是，契约规定粮食要"无砂土、无石头、不潮湿、无糠粃"，还提出"不向过斗人行贿"，即规定了粮食的质量和数量标准条款。

3. 贵族（头人）是借贷关系中重要的民事主体

民主改革前，西藏全区共有贵族（头人）642 户（前藏 391 户、后藏 27 户、昌都 224 户）②，贵族（头人）主要放贷粮食，货币较少。

> 扎西电机厂给贵族放款的借据
>
> （木猴年 1944 年 10 月 12 日）
>
> 自愿不悔立此借据，事由：台几松普巴呈奉书有君臣各……呈文，加盖噶厦公章的所签批注的意见……你如承担贷款利率……由扎西机关下属放贷之公款中，在可能的条件下借予藏银九仟品，并指示，（已同意前往与各单位协商解决。在扎西电机厂总管共同帐上每年息大利，贷给了本金十五万两，满足愿望为谢），每年承付利息期，决不迟延付清的同时，何时通知归还本金，债户保人谁的经济条件好则无条件不违意愿的付清，决不在任何时候背负此约。倘若有轻微的违约出现，在法律前愿受罚金 150 两以上黄金，原债依旧承担。
>
> 债户台几索普巴朗杰旺秋盖章
>
> 保证人雪几波雪仲来村加者巴旺青诺布盖章
>
> 滕书贡嘎仑珠、仔仲洛桑丹增盖章③

这件契约是扎西电机厂与贵族签订的。应当说，扎西电机厂是具备

---

① 《藏族社会历史调查》第 1 期，西藏人民出版社 1987 年版，第 152 页。

② 扎西旺都：《西藏历史档案公文选水晶明鉴》，民族出版社 1988 年版，第 14 页。

③ 丹增伦珠：《近代西藏借贷制度研究》，《中国藏学特刊》，1992 年，第 82—88 页。

法人资格的独立民事主体，对其私有的财产借给台几松普巴藏银九仟品，由于数额巨大，这次借贷活动还申请噶厦政府的同意和支持。另外，这件契约明确规定每年付清利息，但对于何时归还本金并未规定明确期限，由出借人通知后付清。需要指出的是，一般情况下，债务清偿时应由借贷人先行偿还，如果其因某种原因无法偿还，保人才承担偿还义务，而这件契约规定了借贷人和担保人之间的无限连带责任，也就是说，借贷人和保人都有归还债务的义务，没有先后顺序，而是以经济条件好坏来确定归还债务的先后顺序，是比较少见的现象。

4. 百姓是借贷活动中的民事主体之一

吐蕃时期，借贷较为常见，百姓经常进行借贷活动，如《新疆发现吐蕃古藏文文书》载：

> 桂萨布的萨格莱借得麦类，借据定了偿还日期，如果到时不能交付，或者欺骗，总数将增加两倍，并把家中收获的庄稼作为赠品交出，屋外的牛和屋内的物品、用具、衣服，无论什么均要交出方可，这些均将依照规定索取，届时不得反抗。①

民主改革前，百姓间的借贷活动更是常见：

> 百姓内部借贷时的借据
> （铁猴年，1920 年）
> 立借据和保证书如下：
> 事由：敝鞋匠顿珠彭措家中，开支拮据，从拉萨桑珠颇章府上的仆人次洛手中借得藏银壹百秤，深感重恩。每秤每年交利息银十两，保证六年后本利一起还清。到期决不违背诺言出尔反尔，推卸责任，以怨报德。不管该字据措词清楚与否，到期一定按时奉还。
> 此据
> 　　顿珠彭措本人盖章②

---

① ［意］F. W. 托玛斯：《敦煌西域古藏文社会历史文献》，刘忠、杨铭译，民族出版社2003年版。

② 扎西旺都：《西藏历史档案公文选水晶明鉴》，民族出版社1988年版，第13页。

百姓包括领主、贵族、寺院的代理人、大差巴、堆穷、牧民甚至"堆穷"等小户，百姓之间发生的借贷多为小额借贷，有一定的互助色彩，借贷的形式相对比较简单，大额借贷仍需订立契约。

从以上几件契约可以看出，西藏民主改革前的有息借贷契约具有以下特点：

第一，从形式上看，借贷契约的格式已经较为规范。相对于吐蕃王朝时期，教派时期借贷契约的基本格式已经形成，书写的样式、条款的排列已经较为统一；第二，从内容上看，借贷契约的条款已经相当完善，无论是政府、寺院、贵族还是百姓，签订契约的条款都包括双方当事人、第三人、借贷标的、数量、质量、利息、还款期限、违约责任等，甚至连表达履约诚意和感谢的惯语都大致相同；第三，借贷中的代理行为经常出现，前三个契约都不是借贷人本人与出借人签订的，而是由借贷人的代理人代为签章并协商契约内容，其行为应被视为得到全部借贷人的授权和同意，这也是西藏部落社会的表现之一；第四，政府、寺院、贵族等主体虽然具有行政管理的政权职能，但在借贷法律行为中，仍然是具有独立资格的民事主体，借贷行为是民事法律行为。

四 借用契约

借用契约，又称"使用借贷契约"，是出借人定期或不定期地将出借物无偿交给借用人使用，借用人在一定期限内或使用完毕后返还原物给出借人的契约。借用契约的显著特点是无偿性、互助性、返还性。借用契约与借贷契约的区别在于标的物性质不同，即借贷的对象是种类物，看重的是物的交换价值，因此返还时是同等的物或货币，借用契约的对象是特定物，看重的是特定的物的使用价值，因此，返还时必须是原来的物。敦煌文献中有此类契约，现录如下：

> 鸡年春，军士令狐林六之妻宋三娘，在受雇于白乌香时，向令狐什德之女佣借得四只杯子、三枚记帐牌和半甲马棉织品，这些什物皆属什德所有，故定于狗年季春月之初五日，在令狐什德门前归还。如届时不还，偿还将加倍。无论大麦、铜炊具或杯子等，凡属她所有者，悉数取走，不得抗言。再者，三斤半棉花、四升汉麦及

门锁的钥匙，原定狗年仲春月之初十日偿还。如届时不还，门栓上的铁件也要取走。证人姜姑姑、拉列路、开吾桑孔均盖章作证。……此外，妇人之夫（令狐）林六签字画押，并附宋三娘指印。

（印鉴：　）丈夫令狐林六签押，开吾桑孔画押。宋三娘的指印。①

这件借用契约中没有规定借用物品所需支付的酬金，但是，这一借用契约是附条件的无偿借用契约，契约所附的条件是必须按时偿还，也就是说，如果发生契约约定的情况，即"届时不还，偿还将加倍。……三斤半棉花、四升汉麦及门锁的钥匙，原定狗年仲春月之初十日偿还。如届时不还，门栓上的铁件也要取走"，此时，这一无偿借用契约就会转化为有偿借用契约，不仅偿还加倍，而且不得抗言。

五　雇佣契约

中国古代"雇佣"简称"雇"、"庸"、"赁"、"借"等，含义较广，包括人的雇用、牲畜的租赁等。吐蕃法律文献"雇佣"也包括这些内容。在西藏古代社会的农牧业生产中，每当人手不足时，需雇用临时帮工和牲畜，这种临时帮工的性质是以劳力换粮食。

（一）雇佣契约

从出土的敦煌吐蕃雇佣契约看，民间雇佣契约较为普遍，按涉及标的不同，可将分为雇驴契、雇驼契、雇工契、雇牛契等，如敦煌吐蕃藏文文书 P. T. 1279（4）号《收割青稞雇工契》：

虎年，比丘张海增……虎年……雇谢比西收割十畦青稞地，定于秋季七月收割。到时不割，往后延期或比西毁约……立即交给僧人（比丘）与当地产量相当之十畦青稞数。假如比西因摊派王差不能完成，仍照上述交付……担保人阴腊赉、郭悉诺山、王玉悉顿、

---

① ［意］F. W. 托玛斯：《敦煌西域古藏文社会历史文献》，刘忠、杨铭译，民族出版社2003 年版，第 36 页。

张孜孜等……比西父子按指印签字。

谢比西（签字）①

这件契约简洁明了，写明了雇用雇工的原因、双方当事人、雇用标的物、雇用期限、雇价，规定了双方的权利义务责任，还规定了违约责任以及担保人。

对租赁契约标的偿付租金的方法和价值，吐蕃民法则有十分细致的规定。《吐蕃简牍综录》中提到"雇佣（一头驴）一天，付粮食一升，（如不付粮食）可折作户差……，雇佣毛驴的脚钱为半克（粮食）"②等，表明雇价支付方式既可支付粮食，也可承担差役。另如千佛洞发现的82号文书，是一份雇用契约：

> 猪年，对于小罗布帐的大尚论，论帕桑来文之答复。一个上阿股赞地区的人，从前为平民时叫吴塘萨琼，出家为僧后取名杨祖扎西，洛俄赛从此人那里（雇了）一个自报名波冲的仆人，此人来自唐人某家，并署其名：汉人卜扎，大约50岁。自从往日一支军队到此，僧人一直受到杰嘎俄赛的庇护，曾在后者处所帮工。今年俄赛答应了一个条件，将价值八两的铜钱立即全部交给僧人。根据此契约，在俄赛役使下的卜扎，卷入一场法律纠纷，失败后（?），逃之这边。之后，一份来信要求僧人对纠纷负责，立即安排交出一个有同样能力的人代替原先契约所涉之人。假如僧人未来，安排其报人根据信的要求送给契约所涉及的全部东西；另一面清晰的签印为：论达嗓，节儿论塔塔赞，论巴桑波……多吊，论格热塔布赞，营田使塔桑达贝，东本多贡等，及（僧人）保人的签印（手印）盖上。
>
> 反面：卜扎签印③

这是一份官员之间的往来书信，虽然不是契约文本，但其内容涉及

---

① 王尧、陈践：《敦煌古藏文文献探索集》，上海古籍出版社2008年版，第272页。

② 王尧、陈践：《吐蕃简牍综录》，文物出版社1986年版，第43页。

③ ［意］F. W. 托玛斯：《敦煌西域古藏文社会历史文献》，刘忠、杨铭译，民族出版社2003年版，第133页。

一份雇用契约的履约问题，从一个侧面反映出吐蕃时期的雇用契约内容、纠纷处理原则、家奴的法律地位等方面的情况。契约的大意为：洛俄赛同杨祖扎西签订一份雇用契约，双方约定由洛俄赛雇用杨祖扎西的仆人卜扎为帮工，洛俄赛答应付给杨祖扎西八两铜钱。后来，雇工卜扎逃亡，洛俄赛请求杨祖扎西承担由此引起的法律责任。从中不难看出，这件雇用契约涉及了两类法律关系：一是所有权法律关系，即卜乍的人身所有权属于杨祖扎西，是杨组扎西的家奴；二是雇用契约法律关系，即洛俄赛通过雇用契约向杨祖扎西雇用卜扎，从而形成了双方的雇用关系，该契约中，一方当事人为僧人杨祖扎西，另一方是洛俄赛，奴隶卜扎只是雇用契约的标的。由此可见，吐蕃时期，家奴只是法律关系的客体，雇用契约只能是主人与受雇人之间的法律关系。

（二）预支工价的雇工契

敦煌出土的吐蕃契约文献中，有几件较为特殊的雇工契，现录如下。
1. 《卯年（823 年）张和和预支麦价承造饦篱契》：

> 卯年四月一日，悉董萨部落百姓张和和，为无种子，今于永康寺常住处取（饦）蒐苗价麦壹番驮，断造饦篱贰拾扇，长玖心尺，阔六尺。其饦篱限四月廿五日已前造了。如违其限，（饦）蓠清陪，麦壹驮倍两驮。恐人无信，故勒此契。卯年四月一日，张和和手帖。中间或身东西，一仰保人等代还。
> 　　麦主
> 　　取麦人张和和年卅一
> 　　保人弟张贾子年廿五
> 　　见人汜老
> 　　见人康赞
> 　　见人齐生①

这件契约其内容是吐蕃统治敦煌时期预支工价承造芘蓠。这件文书说明张和和因为没有种子而向永康寺借种子"壹驮"，约定以芘蓠二十扇

---

①　王尧、陈践：《敦煌本吐蕃历史文书》，民族出版社 1992 年版。

交换，交货期限为四月二十五日，契约中约定了违约责任，即张和和不能如期履约，不仅要承担交付四十扇芘蓠的责任，而且其麦偿还也要一驮变两驮。张和和于卯年四月一日借麦一番驮，以四月廿五日前造协篱二十扇偿还借贷的粮食。

2. S. 5998v 号《年代不详悉宁宗部落百姓贺胡子预取刈价契》：

甲

1 后（？）凭（？）

2 或有东西不在（后缺）

乙

1 □□□月十日，悉宁宗部落百姓贺胡子为负

2 □□□纳不办，今于丝练（绵）有处取刈价贰拾亩。其

3 □□限至秋七月已前须刈了。价如若不刈，或有

4 □□讫，依乡原当时还麦硕并汉斗。其身①

这件契约，由于贺胡子缺粮，预借"刈价贰拾亩"麦，"刈价"是指收割麦的价格（报酬），刈价二十亩麦就是收割二十亩麦的价格（报酬），也就是说，这件契约实际上是贺胡子提前预借了收割二十亩麦的价格（报酬），等到（本年秋七月）收割二十亩麦来偿还债务。

3. S. 5998 号《年代不详悉宁宗部落百姓王晟子预取刈价契》：

乙

1 四日，悉宁宗部落百姓王晟子为负官债，填纳不办，今于有

2 刈叁拾亩。其刈麦限至秋七月已前须刈了。如若不刈，或有麦

3 原当时还麦陆硕并汉斗。其身或有东西，一仰保人

甲

1 汉斗。如身东西不

2 敕不在（？）充限。恐（后缺）②

---

① 沙知：《敦煌契约文书辑校》，江苏古籍出版社 1998 年版，第 244 页。

② 同上书，第 246 页。

　　这件契约，是由于王晟子因负官债，无法偿还，因此预借收割三十拾亩的报酬，等到秋七月时进行收割以偿债务。如果不按时收割粮食，则归还麦六硕并汉斗。

　　以上三件契约的共同之处在于，从契约题名看均为借贷契约，但是，契约的内容均是在约定的时间向雇主提供约定的劳役，而劳役的对价或报酬则被提前支付。也就是说，三件契首先表现为向雇主借贷一定的粮食，归还时并不返还粮食，而是向雇主提供明确约定的劳役，其差别在于，第一件契约是以造协篱二十扇的劳役来偿还债务，而后两件契约则是以刈麦或刈青稞的劳役偿还债务。

　　对这种特殊的契约，学者有不同观点，如陈国灿认为："在吐蕃时期敦煌借贷文书中，有一种役力偿付借贷，这是一种借贷钱、绢或粮以后，以劳力来偿还借贷……吐蕃占领敦煌期间，春借麦壹斛陆斗，至秋要以收割十亩地小麦的劳动来抵偿"[①]；法国学者童丕也认为："这（役力偿付借贷）多半在吐蕃统治时期，债权人一般是寺院。"[②] 唐耕耦则认为："（敦煌）有一部分契约，虽然也称举麦、取麦、取钱，但实际上不是借贷契，而是预支工价、贷款契。"[③] 吐蕃文雇工契中没有明确注明具体的借贷青稞的数量（雇值），这很可能是吐蕃时期敦煌民众间存在着一个为大家所接受的约定俗成的"固定雇值"[④]，可以不必在契文中特别表述。

六　互易契约

（一）土地互易契约

　　互易契约，又称以物易物契约。《唐大中六年（852）僧张月光博地契》是一件补价金的互易契约。781 年至 848 年吐蕃占领敦煌，这一时期

---

　　① 　陈国灿：《唐代的民间借贷——吐鲁番敦煌等地所出唐代借贷契券初探》，参见唐长孺《敦煌吐鲁番文书初探》，武汉大学出版社 1983 年版，第 240 页。

　　② 　[法] 童丕：《敦煌的借贷：中国中古时期的物质生活与社会》，余欣、陈建伟译，中华书局 2003 年版，第 134 页。

　　③ 　唐耕耦：《唐五代时期的高利贷——敦煌吐鲁番出土借贷文书初探》，《敦煌学辑刊》1986 年第 1 期。

　　④ 　杨际平认为："敦煌出土的岁作雇工契表明，当时的雇价多数为每月一汉石"，详见《敦煌吐鲁番出土雇工契研究》，《敦煌吐鲁番研究》第 2 卷，上海古籍出版社 1997 年版，第 221页。

敦煌地区受吐蕃政治、制度、文化影响较深。这件博地契签订于公元852年，虽然这件契约并非吐蕃统治时期订立的，但是，此时距离吐蕃撤出敦煌由归义军统治（848年）仅4年，从契约中张僧的弟弟张日兴以藏文画押可以看出，这件契约受到吐蕃文化的影响，应当说契约的内容从一定角度反映出吐蕃统治敦煌时期的互易契约的大略，现录如下：

（宜）（秋）（平）都南枝渠上界舍地壹畦壹亩，并墙及井水，门前（道）（张）（月）（光）张日兴两家契约共出入，至大道（东至张日兴舍半分，西至僧张法原园及智通园道，南至张法原园及东道井南墙，北至张日兴园园道、智通舍东头）。又园地三畦共四亩（东至张日兴园，西至张达子道，南至张法原园及子渠，并智通园道法原园□□墙下开四尺道，从智通舍至智通园，与智通往来出入为记，其法原园东墙□□智通舍西墙，法原不许纭咨，北至何荣，又僧法原园与东无地分井水，共用园门与西东道□分，同出入，至大道），又南枝下界地一段三畦共贰拾亩，（东至刘黑子及张和子，西至氾荣子庙，南至渠及周兴子，北至索进晟庙）。已上园舍及东道井水共计并田地贰拾伍亩。大中年壬申十月廿七日，官有处分，许回博田地，各取稳便。僧张月光子父将上件宜秋平都南枝渠园舍地道池井水计贰拾伍亩，博僧吕智通孟授葱同渠地伍畦共拾壹亩两段（东至阎家及子渠，西至阎咄儿及建女道，南至子渠及张文秀，北至阎家）。又一段（东至阎家及麻黄，西至张文秀，南至荒，北至阎家）。壹博已后，各自收地，入官措案为定，永为主已。又月光园内有大小树子少多，园墙壁及井水开道功直解出买（卖）与僧吕智通。断作解直，青草驴壹头陆岁，麦两硕壹斗，布三丈三尺。当日郊（交）相分付，一无玄（悬）欠，立契。或有人立（并）畦觅上好地充替，入官措案，上件解直斛斗驴布等，当日却分付智通，一定已后，不许休悔，如先悔者，罚麦贰拾驮，入军粮，仍决丈（杖）卅。如身东西不在，一仰口承人知当。恐人无信，故立此契，用作后凭。

　　园舍地主僧月光（手印）
　　保人男坚坚（手印）
　　保人男手坚（手印）

保人弟张日兴（藏文押）

男儒男（手印）

侄力力

见人僧张法原

见人于佛奴

见人张达子

见人王和子

见人马宜奴

见人杨千荣

见人僧善惠①

这件契约有地方官员出现作为证人，为解决纠纷而参与拟定；"官有处分，许回博田地，各取稳便"表明契约是在地方官的监督下达成的；契约载明了官府决定允许双方当事人——僧张月光与僧吕智通孟授葱交换土地的日期是"大中年壬申十月廿七日"和目的"壹博已后，各自收地，入官措案为定，永为主已"。契约还规定，由于张月光园内有树木、水井等，为保证交换的公平，由吕智通孟授葱给张月光补偿差价，价金断作青草驴一头，麦两硕一斗，布三丈三尺。如果张家不能阻止以后有人自称对这些田地拥有所有权，张家要补偿吕僧，并将新地"入官措案"。几位僧人签订的这份契约，是在遵从唐律规定并在官府监督下进行的合法交换，还将交换土地的事情记录在田册上。本契约规定的履行方式为当日交相分付，一无悬欠。对毁约的处罚也相对较重，对违约行为规定了两种责任形式：一是财产责任，罚先悔者"麦贰拾驮，入军粮"；二是刑事责任，运用刑罚处罚，决杖三十。

这件契约的内容表明，这是一宗官府命令下交换土地的行为，是欠债无力偿付的张家给吕僧的一种赔偿方式。谢和耐指出，这并不是一宗对等的交换，田地的旧主表明他同意交换，而新主人吕僧却并未署名：张家保证如果有人声称对他原有土地拥有所有权的话，他将负责补偿，张僧的两个儿子、侄、弟弟及其子都作为保人，如果张僧逃亡，保人都要承担责任，而吕僧却未作这样的保证。

---

①　沙知：《敦煌契约文书辑校》，江苏古籍出版社 1998 年版。

（二）属民互易契约

下面这份法律文书，是领主间互相交换属民的互易契约，契约全文如下：

> 现有日曲寺属民佛堂看守大叔之子欧珠，和本甲雄属民哲加·降央旺杰之子旦真旺杰二人，经寺院和施主双方议定，业已对换。今后上述欧珠的所有后代均由本甲雄任其领主；旦真旺杰的所有后人全由日曲寺为其领主。现已协定，为保证今后彼此任何一方不再更改争议，特立此约，一式二份为凭。
>
> 　　　　申日司库（印）
> 　　　　日曲吉索（公章）
> 　　　　藏历水虎年六月一日立①

从这份契约可以看出，日曲寺的属民欧珠和本甲雄属民旦真旺杰，两人分属于不同领主，经其领主——日曲寺和本甲雄双方协议后，相互对换，并约定欧珠的所有后代由本甲雄任其领主，旦真旺杰的所有后代由日曲寺为其领主。为表明互易契约双方当事人就此内容达成一致，并保证以后双方不再更改这一协议，双方签订契约，一式两份，作为凭据。

再如朗杰札仓和下密院互换农奴的文契：

> 郎杰札仓吉索之札康寺院庄园的属民，住郎地的罗桑平措和益西曲札，驻拉萨的属民降边等，与下密院属民拉卡哇母格桑及其女儿土登曲珍、索朗曲章、尼珍等，经人身领主双方平等协商，同意互相交换。为使双方信守契约，特立凭据一式二份。有关下密院需和郎杰札仓一起派一名舞蹈演员事宜，在朗杰札仓需为达赖的庆典派出舞蹈演员时，由下密院一并准备舞者的工资、舞具，共计白银七百五十两，应当按期如数付给。朗杰札仓也应准备派一名伴舞者。故特将上述格桑之体形较大的女儿尼珍作为舞者的工资和舞伴相送。上述约定已经确立，为今后不致出现纷争。特立此据为凭。

---

① http：//news. sina. com. cn/c/2008 - 04 - 11/000415335268. shtml，2013 - 2 - 4.

立据人：朗杰札仓吉索吉祥总管会（印）

保证照上述约定办理的下密院强佐管会（印）

火猴年①

又如董热群宰就所下属民罗布西宗与哲琼牧场之子南刚互易所立契约：

藏历火龙年 10 月 23 日

政教二业之法官大人足下：

小的即以下具名者呈词订立如下信实不变之契约。小的董热群宰之属民罗布西宗与哲琼牧场之子南刚已进行交换，该罗布西宗将完全归属拉章所有一事，乃系小的董热群宰诚心所献而得，所以就此将永无异议可言。倘若将来为该权属上内外各等人言出有二，滋生争端，其结果全然由小的来承担，拉章对此无需担负任何责任。

上述各节，双方业已协商妥当，言而有信。倘若有悖，自当向法官大人缴纳罚金三两。特此立字者德群宰（签章）。②

从上述三件属民互易契约可以看出，民主改革前，西藏农奴制社会下的属民具有一定的民事主体资格，属民须向其领主支差，即履行一定的义务，领主因此允许其属民在其领地内放牧、耕作。但是，属民不能任意离开其领主，从这一角度看，其民事主体资格又有一定限制，所以，领主可以就自己属民及其子孙的归属进行处分，并通过签订书面契约的方式进行交换，契约被视为确定属民权属的重要的法律依据。

七　其他契约

（一）赠予契约

赠予契约是赠予人把自己的财产无偿地送给受赠人，受赠人同意接受的合同。赠予契约是单务合同，即赠予人承担交付赠予物的义务，不

---

① 文献来源：http：//www.cqzg.cn/viewthread－626870.html，2012－3－16。

② http：//www.zgdazxw.com.cn/NewsView.asp？ID＝5475，2013－2－4.

对受赠人享有债权；受赠人享有要求赠予人交付赠予物的权利，但不承担任何债务，因此，赠予人承担债务成为债务人，受赠人享有债权成为债权人，如：

> 以下所述，永不更改，拉让于土羊年。
>
> 昔木鼠年，拉让曾予扎沃寝宫两喇嘛土地、属民之文书。后因两喇嘛避世修行，其属民由扎仓收回。今年寝宫管家白旺已无役使之人，请扎仓从属民中选送次仁多吉、贡桑（女）、宋布尺（女）三人，今后归寝宫役使。再遇类似事情，由扎仓僧众申请。①

这是一件赠予契约，农奴主可以将农奴赠送给他人，寺院"拉让"将农奴次仁多吉、贡桑（女）和宋布尺（女）送结札仓寝宫为仆。

（二）合伙契约

两人以上互约出资以经营共同事业的合同。合伙必须由两个或两个以上的合伙人组成，且合伙人之间有很强的人身信任关系。合伙人必须共同出资，出资形式多种多样，如资金、实物、劳动力等。合伙人必须参加合伙事业的经营管理，合伙人有共同的经济目的，这是合伙合同与一般合同的显著区别之一。从合伙契约的双方当事人的权利和义务看，契约内容主要包括当事人约定共同经营、每年共同分配商业利润等内容。

合伙是商品货币经济发展到一定阶段的产物，藏族古代社会虽然很早就出现了合伙交易，但很少有这一方面的法律，长期依靠民间习惯调整。合伙起源于家族共有，即兄弟不愿分散财力，共同经营父亲遗留的旧业，因此，合伙是一种古老的共同经营的方式，如敦煌吐蕃文献S.0228号：

> 猪年二月，七屯（城）通颊成员卡加桑笃笃的作物田（坡北闸赤隅地方），因无耕牛农员卡甲桑笃笃的作物田（坡北闸赤隅地方），因无耕牛农具，与僧人姜兰永搭伙，兰永出耕牛农具，种子与人工平摊，笃笃负责守卫盗贼，秋后无论收入多少，……牲畜受病，农

---

① 文献来源：http://www.cqzg.cn/viewthread-626870.html，2012-3-16。

具毁坏，笃笃负责赔偿。如收入不立即分配，或施用诡计，则加倍偿还，其家门内外的任何财产、什具，无论放置何处，"以及所附新物"均被占有，不得争议半点。无论遭受何种损失，如收成未按全（或农民工钱）数和好坏平分，则应立行偿付相应债务。如此约定，每有灾祸，或事端发生，他（笃笃）应出面解决。如果分成未按时进行，则根据惯例执行，（其）房屋、土地和工具直到布匹，无论放置何处，均可占有，不得争议，不得对没收物行使权利。他签名表示承认此约。如无任何家什或（其他）东西，或者他留下空屋潜逃，债务仍在，直至其归。①

这是一份合伙契约，合伙人为农民卡加桑笃笃和僧人姜兰永，僧人姜兰永出耕牛、农具，并负责照料牲畜、保管和修理农具，卡加桑笃笃出作物田，并负责守卫盗贼、解决因此发生的纠纷；种子与人工双方平摊；收成分配原则是双方平分收成；违约责任是如收入不立即分配，或使用诡计，则加倍偿还。

（三）委托契约

委托契约，又称委任合同，是指委托人和受托人约定，由受托人为委托人办理委托事务，委托人支付约定报酬或不支付报酬的合同。委托合同是典型的劳务合同，合同标的是劳务，这种劳务体现为受托人为委托人办理委托事务。委托合同具有人身性质，以当事人之间相互信任为前提，受托人以委托人的名义和费用处理委托事务。

1. 委托加工契约

吐蕃藏文写卷文书 P.T. 1096 号《鸡年制匾契》是一件委托加工契约：

　　　鸡年夏季四月十七日，府中需做十五付银制匾，交与画匠赵相如和康净文（干办），他二人按指印。窦汉古作保盖印。

① ［意］F.W. 托玛斯：《敦煌西域古藏文社会历史文献》，刘忠、杨铭译，民族出版社2003年版，第145页。

窦汉古。①

这是一件委托加工契约，是官府制定制匾作坊为其制作匾额的委托加工文书，文书内容较为简洁，只规定了委托加工的产品数量十五付、受托人画匠赵相如和康净文，另外，还有保人窦汉古。契约中并未详细规定交货时间、地点及违约责任等内容，应当推断，委托方与受托方有经常的业务往来，因此可按惯例履约。

2. 委托运输合同

> 猴年暮冬月之初，向……总管和地区指挥官论·卓桑波之上书……雅藏部落的……已付给准巴教区的于阗人麻孙十一……及一柄战刀，他将遵命送往神山……如果未按时送到，那么两……中的一件将替换……他的个人所有，或其房屋中的任何财物，将被占有，不得申诉。其保人已作为共同债务人记下（？）。证人芒噶部落的巴……②

这是一份委托运输契约，委托方雅藏部落的某人委托于阗人麻孙十一运送某种货物，目的地是神山，如果未能按时送到，接受委托的运货人将承担违约责任，其个人所有的财物会被占有，并且不得申诉。需要指出的是，保人成为这一委托运输合同的连带责任人，即如果运输人麻孙十一违约，保人也将承担违约责任。

（四）租佃契约

租佃契约，即耕地租赁契约，是耕田人或佃户租种田庄的土地、交付租金的契约。租佃是农业社会生产活动中最为常见的契约关系，从敦煌出土的租佃契约的形式及内容来看，吐蕃时期的租佃契约达到了相当水准，如：

---

① 王尧、陈践：《敦煌古藏文文献探索集》，上海古籍出版社 2008 年版。

② ［意］F. W. 托玛斯：《敦煌西域古藏文社会历史文献》，刘忠、杨铭译，民族出版社 2003 年版，第 157—158 页。

　　狗年春，范向诚在维谷农田中三台地上有一突地，现将此地租给王普多耕种，共同以平分法种稷子。农田的产量不低于以前耕种人（雇工，即以前的佃户）。耕种和手使工具由普多自备。所收成果稷子，对半平分。保人有萨格来、宋雨多和其他人等盖章作证，土地主人向诚的签字也附上。

　　以后普多从土地受益时，如造成土地主人损失和分配不公，向诚将按照契约提出要求补偿。①

　　这是一份极为清晰和完整的租佃契约。这块土地的主人范向诚，以契约和保人签字作证明，要求佃户王普多种植的稷子，产量不得低于前一佃户。收获的谷物将被平分，如果发生减产或损失，出租人将会按照契约提出赔偿。这份契约中，地主即出租人一方明显占据主动地位，而承租人处于较为不利的地位。佃种人要与地主平分收成，如果造成地主损失或没有按照约定平分收成，则要向地主补偿。这件租佃契约还特别规定担保条款，即保人有萨格来、宋雨多和其他人等盖章作证，这与买卖、借贷契约相似。

　　另外，P.3613 号《申年正月令狐子余牒及判词》是一件完整的官府案卷，该案卷由两件牒状组成：

　　孟受索底渠地六亩右子余上件地，先被唐朝换与石英顺。其地替在南支渠，被官割种稻，即合于丝绵部落得替，望请却还本地。子余比日以来，唯凭此地与人分佃，得少多粮用，养活性命，请乞哀（？）裣处分。
　　牒件状如前谨牒。
　　申年正月□□□□日百姓令狐子余牒。
　　付水官与营田官同检上。润示。
　　□□□□□□□□□□□□□□□□□□□□□九日。
　　…………润………（注：此处为纸缝）
　　孟受渠令狐子余地陆亩右件地，奉判付水官与营田官同检上者。

---

① ［意］F. W. 托玛斯：《敦煌西域古藏文社会历史文献》，刘忠、杨铭译，民族出版社2003 年版，第 308—309 页。

谨依就检，其地先被唐清（朝?）换与石英顺，昨寻问令狐子 [余]，本口分地发付讫。谨录状上。

　　牒件状如前谨牒。

　　□□□□□□□□申年正月□□日营田副使阚牒。

　　□□□□□□□□□□□□□□□□□□□水官令狐通准状。

润示。

　　十五日。①

这是一份吐蕃沙州官员润处理土地诉讼案件的卷宗，其内容是令狐子余向吐蕃沙州官府提起诉状，要求判还原先被唐朝换给别人的孟受渠附近六亩土地。吐蕃沙州官员润在接到其诉状后随即批示，命令属下水官与营田官前去调查。两位官员在调查勘检后呈上一份牒文，报告令狐子余已得到此六亩口分地。随后官员润在这件牒文上又作了批示，同意完结本案。

这份牒状并未记录关于这块土地的租佃契约，但是，牒状中提到"子余比日以来，唯凭此地与人分佃，得少多粮用，养活性命"，这就说明，提出诉讼的令狐子余将这六亩土地出租给别人，并且收取地租，也就是与他人订立租佃契约，并且约定了租佃的分成，可见，租佃契约是农业生产中较为常见的契约形式。

八　契约的担保

契约的担保，是由债权人督促债务人履行债务、保障债权人的债权得以实现的法律制度。由于债的担保是一种使债权人利益得到满足的制度，因此也称债权担保。一旦债权人不履行自己承担的债务，使债权人的债权难以实现时，债权人有权要求债务人或担保人对自己承担民事责任。

契约是债的最主要的发生根据，契约一经成立，当事人之间就产生债的关系。为保证契约之债的履行和实现，契约的担保也随之产生。契

---

① 唐耕耦、陆宏基：《敦煌社会经济文献真迹释录》第 2 辑，全国图书馆缩微复制中心 1990 年版，第 281—282 页。

约的担保是为保证契约的履行而设定的，西藏古代契约中的担保形式多种多样，既有保人担保，又有抵押、质押、恩赦等担保形式，其中抵押、质押为物的担保（物的担保见上一章），本章主要讨论的是保人担保、质量瑕疵担保、追夺担保和恩赦担保。

下面这件卯年（823 年）阿骨萨部落百姓马其麟便麦契（S. 1475 号背）也是关于粮食的无息借贷契约，同时约定了以物担保与保人担保两种保证制度：

> 卯年二月十一日阿骨部落百姓其麟为欠粮种子，今于灵图寺佛帐家麦内便汉斗麦捌硕，限至秋八月内送纳寺仓足，如违限不还，其麦请陪（倍）为壹拾陆硕，仍任将契定为领（令）六（律）。牵掣家资杂物牛畜等用充佛麦直，其有剩，不在论限，如身东西，一仰保人代还，恐人无信，故立此契、画纸为记。
>
> 便麦人马其麟年四十
> 见人僧神宝年廿
> 见人僧谈
> 见人陈滔
> 见人就齐荣①

这件契约大意为马其麟因为缺乏粮食种子，从灵图寺借贷佛八斗，履约期限为秋八月内偿还，实际借贷期限约为半年，违约责任为"如违限不还，其麦请陪（倍），为壹拾陆硕"。尤其引人注目的是双方当事人约定"将契为领（令）六（律）"，实质上是契约效力的约定，将契约等同于国家制定的律令，赋予契约与国家律令在私人领域的同等效力。最后，契约中还约定以物担保与保人担保。

（一）保人担保

保人担保是指"由主债务当事人以外的第三人与债权人约定作保证人，当债务人不履行或不能履行其债务时，债权人有权请求保证人履行

---

① 《敦煌写本特藏》，编号 S. 1475 背。

债务或者承担连带责任的担保形式"。①

保人担保是西藏古代社会担保的主要形式，主要是由于保人担保手续比较简单，不需转移财物等。从上述西藏古代各类契约中可以看出，由第三人参与订立书面契约的情况非常普遍，仅由双方订立契约的情况很少。第三人成为契约的担保人，可以有效地保证契约的履行。成为保人的第三人有中人、见人、证人等，大都在契约中承担一定的担保责任，甚至成为无限连带责任人。从吐蕃时期的书面契约开始，各类契约，特别是买卖契约和借贷契约，保人是契约成立的必要条件。一旦债务人无力偿还债务，则由保人代为偿还。如《P. T. 2127 张和尚青稞契》：

> ……海恩向……张和尚还所借青稞时间为：虎年春季三月……倘若到时不还，折合上等绢缣借一还二，能容三升（粮食）上好布袋之抵押品亦不退还。如沙弥恩到时不在，此粮找保人按上述讨问，立即由赵和诺（等）三人偿还。
>
> 保人：沙弥臧海秋、张呷旬等盖印、海恩及保人签字并按指印。赵和诺（签字）②

这件借贷契约，除规定借贷标的、偿还期限、违约责任外，还详细地规定了保人的担保责任，即如果债务人沙弥恩到期不能还债，则保人沙弥臧海秋、张呷旬、海恩等要按照合同约定的时间，由债权人赵和诺（等）三人偿还债务。

再如吐蕃丑年（821?）敦煌曹先玉便麦券：

> 丑年十二月廿八日，百姓曹先玉为少粮用，今于便小麦贰硕。其麦限至秋八月内还足。如违，即任掣夺家资牛畜等，用充麦直。如东西（如身东西不在），仰保人代还。两共平章。画为记。
>
> 麦主：
>
> 变麦人：
>
> 保人：

---

① 佟柔：《中国民法》，法律出版社 1990 年版，第 322 页。

② 王尧、陈践：《敦煌古藏文文献探索集》，上海古籍出版社 2008 年版，第 264 页。

保人：
保人：①

吐蕃子年（832？）敦煌孙清便粟契：

　　子年二月廿三日，悉董萨部落百姓孙清为无粮用，今于永寿寺便物粟汉斗叁硕。其粟请限至秋八月末送纳。如违，倍（赔），仍任揲夺家资，用充粟直。如身有东西不在，及依限不办填还，一仰保人等依时限还足。恐人无信，故立此契为凭。

　　便粟人孙清（押）
　　保人兄孙昌奴（押）
　　见人　见人僧宝积（押）②

　　这两件借贷契约中有"如身东西不在，一仰保人代还"的惯语，"身有东西"为死亡的隐语，可见债务不因债务人死亡而终结，此时，担保人的担保责任已经从一般担保演变为连带责任担保，也就是说，担保人负有帮助债务人妻儿还债的义务。但是，这一担保责任分为两种情况：第一，保人的担保责任是有限的，担保人承担责任的前提，首先是要揲夺债务人的全部财产，由于债务人死亡或逃债，最后才要求担保人偿还债务；第二，如果契约并未约定首先要揲夺债务人的财产，而是直接约定如果债务人逃亡或死亡由担保人偿还债务，那么，担保人的担保责任更为沉重，即保人承担连带责任，即保人不仅在债务人逃亡后要负责偿还债务，而且如果债务人无法偿还债务的情况下，担保人也同样要负责偿还。

（二）质量瑕疵担保

　　瑕疵担保主要存在于动产买卖契约中，是指标的物是奴婢、牛马、骆驼、骡、驴等有生命之物的动产买卖契约中，契约中约定了具体的时

---

　　① 〔法〕童丕：《敦煌的借贷：中国中古时代的物质生活与社会》，余欣、陈建伟译，中华书局2003年版，第360页。
　　② 同上书，第376页。

效，在此时效内，如标的物存在瑕疵，由出卖人承担标的物毁损灭失的风险责任，时效期满，风险责任由买受人承担。吐蕃时期，契约中已出现质量瑕疵担保条款，如《寅年令狐宠宠卖牛契》有"如立契后三日内牛有宿疾，不食水草，一任却还本主，三日以外，以契约定"的约定。这实际上是一种瑕疵担保责任。买方在一定期限内如果发现标的物有病或者死亡，可以悔约，卖方如不愿意接受，要受到一定处罚，也就是说卖方必须担保标的物的质量。

14世纪帕木竹巴政权的《十五法典》规定："邻里间互相借用马、牛、驴，傍晚时还给了主人。如果该牲畜死于前半夜，损失由借用者负担；若牲畜先前有毛病，损失则由双方平均负担。"[1] 17世纪藏巴汗噶玛丹迥旺布的《十六法》也规定："无论马、骡、牦牛等何种家畜被人所借，若牲畜死于借者之手，则要赔付赔偿金。所借牲畜若无病无伤归还后，过夜而死，主人则不可诿罪于借者。所借牲畜无病无伤归还后，若前半夜死亡，借者要付给主人赔偿金；若后半夜死亡，主人不得向借者讨取任何赔偿费。……因鞍疮等伤而造成牲畜死亡的，借者应根据鞍疮的大小给予部分赔偿。其他东西的借还方法，均可按照上述规定的办法处理。因集市上的饲料而造成牲畜死亡事故，要遵循地方传统法规判处。"[2] 此时，对以牲畜为标的的各类契约，规定了详细的质量瑕疵担保责任，成为处理相关纠纷的指导性原则。

（三）追夺担保

追夺担保，是指出卖人应担保买受人的占有不为他人所追夺。追夺担保主要出现在买卖契约中，追夺担保义务是出卖人最为重要的义务之一，卖主应保证出卖的物品不受第三人追夺，如受追夺，由卖主承担责任。追夺担保的目的是防止卖方将非其所有的物品出售给他人，而买方的权利无法得到永久的保障，为防止契约成交后物品存在被他人追夺的可能性，买方应承担保证责任。

买卖已成，买卖标的物又被第三人追夺或主张权利，这时卖主承担责任。敦煌契约中买卖牛畜、土地等时，卖主要担保其标的物无"寒

---

① 《西藏历代法规选编》，西藏人民出版社1989年版，第46页。

② 同上书，第88页。

盗"，即保证标的物不为第三人追夺或主张权利。如前引《寅年令狐宠宠卖牛契》中有"如后牛若有人识认，称是寒盗，一仰主保知当，不干买人之事"。《未年尼明相卖牛契》有"如后有人称是寒道（盗）……认识者，一仰本主买上好牛充替"；《未年安环清卖地契》中有"如后有人干扰识认，一仰安环清割上地佃种与国子"，这些契约中的具体约定都体现出无欺诈担保制度的特点。

再如敦煌出土吐蕃古藏文 P. T. 12973 号购马契约：

> 羊年春，尚腊桑与尚……等在将军衙署……比丘和尚张本嘉从蔡多部落甲杂腊赞处购马一匹，毛色、纹理为：儿马，白额，马身有叶状与散点斑纹。若因此马发生任何大小纠纷，唯腊赞是问。为免发生其他官司，立此购马之约：马身如无残无缺，立即交与和尚本嘉，此马在夏季毛色如改变，纹理有增减，立即找到证人填换契文。如此交易，若被认可，向售马人交付成色足（银）五两，如腊赞被派支王差或不在家，照前所应若找到中人（说和人）甲杂部落的洛宗木和彭岱苏赞。说和证人：论腊桑腊顿、论腊桑多子、吴高戎、周达来、哈华华、蒙达错、蒙尚结诸人立契约盖印，马主和应诸人按指印，旧契有和尚本嘉掌握。牙登苏赞（盖印）①

这件买卖契约的标的是马，因此，契约详细描述了马的特征，同时明确约定，如果因买卖此马引发任何大小纠纷，都要向卖方腊赞追究责任。

（四）恩赦担保

恩赦担保是极具特色的契约担保。中国古代封建王朝往往在皇帝登基、重大事件等日子颁布法令、宣布大赦天下，赦免债务、减免刑罚等。恩赦担保针对这一情况，当保证契约达成后，即使遇有恩赦，契约内容仍不得更改、具有法律效力，其实质是通过契约排除公权对私权的干预。

吐蕃统治敦煌时期，一些契约约定很高的处罚以阻止原主在遇到恩赦时寻求豁免债务，较晚的敦煌契约则约定了声明遇赦不除的条文。在

---

① 王尧、陈践：《敦煌古藏文文献探索集》，上海古籍出版社 2008 年版，第 289 页。

为了帮助借贷人渡过难关直到收获季节的借贷种子或谷物的借贷契约中，此类声明最为常见，现存41例①，其中，S.1475号4V《酉年下部落百姓曹茂晟便豆种帖》：

> 酉年三月一日，下部落百姓曹茂晟，为无种子，遂于僧海清处便豆壹硕捌斗。其豆自限至秋捌月送纳卅日已前送纳。如违不纳，其豆请陪；一任挈夺家资杂物，用充豆直。如身东西［不在］，一仰保人代还。中间或有恩赦，不在免限。恐人无信，故立此帖。两共平章，画指为信。
> 豆主
> 便豆人曹茂晟年五十
> 保人男沙弥法珪年十八
> 见人
> 见人僧慈灯②

这是一份免除利息的借贷契，一名僧人借给一名沙弥的父亲豆种，规定要按时偿还，特别是在旁注中，用大写字体标出了偿还期限。如果沙弥之父无力准时偿还所借的豆种，那么他就要被迫偿还其最初所借豆种的两倍。如果借债人无力偿还债务，这份契约授权放债的僧人可以出卖借债人的"家资杂物"。保人是借债人的儿子，如果父亲辞世的话，儿子要负责还债。放债人没有在契约上签名画押，这说明放债人在此项交易中居于优势地位。借债人和保人、见人都在契约上画了指，表示他们都赞同这个协议。借债人曹茂晟的身份是下部落百姓，标志着这份契约是在吐蕃统治下订立的。

这份契约明确约定，拒绝将朝廷的恩赦适用于本宗交易，即便朝廷下诏宽免所有债务，沙弥之父所欠僧人的债负也依旧维持不变。吐蕃统治下契约所涉及的各方并非中原之人，鉴于此时中原政权无力控制敦煌，

① 山本达朗、池田温：Tun－huangand Turfan Documents Concerning Socialand Economic History，Volume3，Contracts：A，Introdductionand Taxts，东京：东洋文库1987年版。

② 唐耕耦、陆宏基：《敦煌社会经济文献真迹释录》第2辑，书目文献出版社1986年版，第83页。

这种对中原皇帝的诏令的拒绝不过是对事实的一种陈述。

另外一份吐蕃统治时期的契约《未年安环清卖地契》也包括了同样的规定，之前已有详述。虽然契约未表明在吐蕃统治时期究竟是继续奉行哪一个朝廷的恩赦，但是，一般认为，一旦颁布豁免私人债务的恩赦，所有交易均不再有效。此份契约是安环清因偿还债负将土地出卖给武国子，如遇恩赦则安环清可以偿债为由请求要回自己的土地，然而这件契约为了拒绝适用恩敕，规定卖主将被重罚黄金5两，代价之高使其不致于试图因恩赦要回土地。

契约中关于恩敕担保制度的条款非常重要，因其表明进行普通交换的老百姓意识到皇权统治的独裁专制性质，并通过契约的恩赦担保条款摆脱皇权控制。虽然皇权强大无比，但签订这些契约的平民百姓却并不认为订约之后朝廷取消其私人协议是可以接受的。

第三节　侵权行为之债

一　藏族古代侵权行为法的历史发展

侵权行为法是人类最古老的法律部门之一。古代西藏并没有"侵权行为法"这一词汇，但是，作为保护社会成员的财产和人身安全的法律，围绕侵权行为的认定和处理形成了实质意义上的"侵权行为法"，这在人类社会及法律文化发展过程中是一种普遍存在的法律现象。西藏古代社会也不例外，这种实质意义上的"侵权行为法"是藏族古代法律制度的重要组成部分，也是藏族传统法文化极具特色的内容之一。西藏的古代立法和司法实践中，不仅有散见于古代律令各个篇章之中的侵权行为法律规范，还针对不同类型的侵权行为作出的不同规定，如吐蕃王朝法律条款中包含有许多侵权责任的内容，并形成颇具特色的侵权责任制度，而敦煌藏文历史文书中的《狩猎伤人赔偿律》、《牦牛侵害救援与否的奖惩规定》、《纵犬伤人赔偿律》等，都是西藏立法史上重要的侵权行为法立法成果。

西藏古代侵权行为法不仅是藏族古代法律制度的重要组成部分之一，作为最为古老的法律部门之一，西藏古代侵权行为法经历了一个从复仇到赔偿的漫长发展历程。不仅如此，由于藏族古代社会的超级稳定性、青藏高原的封闭性及藏传佛教"不杀生、重轮回"的观念，藏族古代侵权行为法及其责任承担方式等虽然非常详细、完备，但是从8世纪吐蕃王朝崩溃到民主改革前，其立法思想、主要内容、司法过程都大体一致，甚至至今仍然在藏区民间社会发挥作用，仿佛藏族古代侵权行为法停留在"凝滞的时代"。因此，本书对将描述出藏族古代侵权法的发展脉络及其特点，并分析其"凝滞"的原因，以期能为今天的西藏社会发展、法制进步提供一定的历史经验。

（一）西藏古代侵权行为法的产生

1. 藏族古代侵权行为法的渊源

许多学者认为侵权行为可以追溯到原始氏族社会的复仇习俗。正如摩尔根所说："自有人类社会，就有谋杀这种罪行；自有谋杀这种罪行，就有亲属复仇来对这种罪行进行惩罚。"[1] 人类社会早期，由于社会公共权力组织——国家并不存在，因此，包括杀人在内的各类纠纷都是私力途径进行救济，而杀人视为最严重的侵权行为，通过最严重的暴力方式——复仇进行解决。加之原始社会时期人们的财产观念不强，对损害赔偿的意识淡漠，而复仇更多的是因为氏族成员将其视为全体成员的神圣义务，"带有像结婚和财产那样的集体的性质"[2]，因此，复仇的目的是惩罚加害人、满足被害人及全体氏族成员感情上的需求，而非对受害者进行补偿，因此，血亲复仇成为原始社会人们普遍遵守的原则。

西藏社会早期，对杀人行为实行复仇原则。《格萨尔王传》中说，格萨尔为"一报杀我长兄嘉察的仇，二救被抢去的爱妻，三雪毁我岭国的恨"，杀死黄霍尔王，还"用他的心祭岭神，用他的血祭外鬼"。《后汉书·西羌传》则记载："西羌……不立君臣，无相长一，强则分种为酋豪，弱则为人附落，更相抄暴，以力为雄。杀人偿死，无它禁令"[3]；《新红史》也记载，止贡赞普被大臣洛昂所杀，王妃之子茹拉杰杀死洛昂，

---

① 参见［美］摩尔根《古代社会》，杨东莼等译，商务印书馆1977年版，第75、85页。
② ［法］拉法格：《思想起源论》，王子野译，三联书店1963年版，第71页。
③ 《后汉书·西羌传》。

并迎回其同母异父之兄恰墀登上赞普之位。① 据《敦煌本吐蕃历史文书》
记载，吐蕃王朝建立后，"及至牛年（653 年），赞普驻于辗噶尔……于
多思麻，甘·墀桑介达为复仇者所杀，报血仇也。是为一年"。② 可见，
复仇是早期西藏社会对杀人行为通行的做法，这种"杀人偿死"和"报
血仇也"，都是指当时的藏族社会普遍存在的复仇习俗。此时，藏族社会
对杀人、伤人等侵权行为进行复仇已达到惩罚加害方的目的，尚未产生
以救济和补偿为目的的侵权行为法，而实行国家公力救济的刑法更是尚
未产生。

2. 藏族古代侵权行为法的产生

原始社会末期进入阶级社会后，在经历血亲复仇、同态复仇之后，
"血亲复仇逐渐为支付赔偿金所代替"③，即代偿复仇。围绕着侵权行为的
认定及赔偿的侵权行为法开始产生。此时，国家尚未产生，犯罪理论及
刑罚观念尚未形成，"被认为受到损害的是被损害的个人而不是'国
家'……保护公民使不受强暴或诈欺的，不是'犯罪法'而是'侵权行
为法'"。④ 公元前 3 世纪左右，聂赤赞普被拥立为王，西藏原始社会解
体，出现公共权力统治和王位世袭制，私有制、私有财产及财产观念普
遍存在，藏族古代侵权行为法产生并得到初步发展。其内容主要是对杀
人等侵权行为进行赔偿，而赔偿数额的商定由双方协商。据藏文资料记
载，西藏历史上通过支付赔偿金对侵害人身权的行为进行赔偿的观念在
聂赤赞普时期就已出现：

　　　　吐蕃六部之父因被年所杀，
　　　　于是便决定找黑魔报仇。
　　　　吐蕃六部说，
　　　　我们将找魔报仇，
　　　　我们将要求年为杀人而付赔偿。
　　　　到了此时此刻，

① 参见《班钦索南查巴·新红史》，西藏人民出版社 1984 年版，第 25—26 页。
② 王尧、陈践：《敦煌本吐蕃历史文书》，民族出版社 1992 年版，第 145 页。
③ 同上书，第 177 页。
④ ［英］梅因：《古代法》，沈景一译，商务印书馆 1959 年版，第 208—209 页。

　　　　恰族的儿子吉楚甲瓦，

　　　　便在人类与年神之间调停。

　　　　他说，你们这些年神，

　　　　要为杀害六部之父付出赔偿。

　　　　于是，为了赔偿他们，

　　　　年神把东拉玛冲木交给了东族，

　　　　年神分别送了一只棕色绵羊和一只白狗，

　　　　但六部却由于赔偿太少而不满意。①

　　从上述记载可以看出，当发生杀人行为时，即使是神灵也不能凌驾于人类之上，神灵必须遵守侵权赔偿的法律，神对人的伤害必须通过支付一定的赔偿以解决纠纷，这种纠纷解决方式不仅使年神受到一定的惩罚，吐蕃六部也得到救济和补偿，从而避免人与神之间更大规模的复仇和冲突。

　　不仅人神之间也适用赔偿原则，世俗社会也要服从侵权赔偿的规则。《土观宗派源流》记载："从聂赤赞普至赤德祖赞之间，凡二十六代均以苯教治理王政"，木赤赞普（约前141—前87年）非常热衷苯教文化，不仅广纳贤才，还请苯教法师参与政治、经济、文化等事务，苯教势力空前强大。而作为神灵代言人的苯教法师，其政治权力和社会地位很高，"赞普王权大，大臣议事大，辛苯能力大"②，为维护苯教法师的权利，木赤赞普向全社会公布：

　　　　苯教法师为神族后裔，法律上明确规定苯教法师的生命受到侵害时，部落民众不但有义务供出凶手，并要向苯教法师赔偿数额巨大的赔偿金作为命价；对偷盗和抢劫苯教法师者要按照被偷、被抢财物的一百倍、一千倍的罚金向苯教法师赔偿。③

---

　　①　益西加措：《元朝以前藏族的新闻与新闻传播》，《西藏研究》1989年第1期。

　　②　索南才让：《吐蕃几位赞普的死因探析》，《青海民族学院学报》（社会科学版）2006年第3期。

　　③　南杰·隆英强：《试论藏族传统法文化在中华法系中的地位与价值》，见《中国法律传统与法律精神——中国法律史学会成立30周年纪念大会暨2009年会论文集》，山东人民出版社2009年版，第983—995页。

到松赞干布的祖父达布聂赛赞普时期，吐蕃社会已经开始出现赔偿"命价"的习俗①。敦煌吐蕃历史文献《达布聂赛传》记载：

> 当雅隆"蕃"部落达布聂赛赞普之时……森波杰（墀邦松）之岸本韦·雪多日库古、线·墀热顿孔二人于陈巴湖边格斗，线氏竟将韦氏杀害。韦之兄弟名旁多热义策者，至森波杰前诉冤。曰："臣之弟为线氏杀害矣，应如何赔偿抵命？"森波杰竟曰："线·墀热宽策布身为内相，我不好说也，以善诛不善，诛则诛矣，何用抵偿？"此言，义策心中极为不满，亦感心丧神败。②

这一记载反映出：第一，文献虽未说明当时对杀人行为进行赔偿的标准和规定，但明确指出"臣之弟为线氏杀害矣，应如何赔偿抵命？"说明此时的西藏社会，杀人者进行赔偿是普遍遵行的法律规则；第二，杀人者赔偿的观念已经被广为接受，对于未能按照惯例进行赔偿的行为，会引起受害一方的不满甚至报复，从而引起更大规模的冲突。

综上，从雅隆部落崛起到吐蕃王朝初期，支付赔偿金对侵权行为进行赔偿的赔命价观念已经出现，司法案例和立法实践也认可和逐步确立了这一制度。但社会中仍然在一定范围保留着血亲复仇的习俗。可见，这一时期，藏族古代侵权行为法已经形成并得到初步发展，赔偿被认为是侵权行为的主要责任方式。

（二）西藏古代侵权行为法的发展

公元7世纪吐蕃王朝建立后，藏族古代侵权行为法日益丰富、发展，侵权赔偿制度得到进一步发展和完善。主要表现在以下几点。

1. 侵权行为法与刑法的分离

松赞干布时期是藏族法制史上重要发展阶段，这一时期的立法成果奠定了藏族古代法律制度的基础。松赞干布时期的立法已经出现侵权赔偿的内容。《法律二十条》明确规定："争斗者，罚款；杀人者，以大小

---

① 参见高瑞《吐蕃古藏文文献选读》，中央民族大学出版社1995年版，第234页。

② 王尧、陈践：《敦煌本吐蕃历史文书》，民族出版社1992年版，第160页。

论抵"①;《人世十六净法》的"不杀生之法"也规定:"误杀者需赔偿命价,有意杀人者以活人偿命"②。吐蕃王朝开始通过立法对故意杀人者进行刑事制裁,而对误杀者则实行命价赔偿的侵权损害处罚。这种根据加害人主观过错的不同,对故意和过失造成的杀人行为分别处以刑法制裁和民事处罚的做法表明,吐蕃王朝建立后,随着国家这一强制性公共权力机关的建立,原来的血亲复仇、同态复仇转而由国家政权来代为执行,犯罪的观念开始出现,对犯罪者进行刑事制裁以取代私人的同态复仇,侵权行为法与刑法开始分离。

2. 侵权损害赔偿金额的法定化

这一时期,藏族古代侵权行为法的损害赔偿金额,由双方当事人通过契约商定,逐渐发展到由法律确定侵权损害赔偿的金额。松赞干布时期的《神教十善法》开始出现"杀人者偿命价千金;但凡有违之者,均科以相应的处罚"、"杀人者罚命价银二万一千两,偷盗者罚八十倍赔款"③ 的规定。此后,敦煌吐蕃藏文文书中的《狩猎伤人赔偿律》、《牦牛侵害救援与否的奖惩规定》、《纵犬伤人赔偿律》以单行法律条文的形式,对狩猎伤人、纵犬伤人和盗窃行为等侵权行为造成的损害,根据双方身份等级的不同规定了较为严格、详细的赔偿标准和执行办法,是藏族古代财产法的重要立法成果。如《狩猎伤人律》针规定:

> 大论、大囊论、赞普舅氏任平章政事之职者、任大论助理者等四种大尚论,其本人、其祖、其父,为箭所伤害,赔偿命价相同。
>
> 这些命价相同之人……查明实情,系被箭射死,赔偿(银)一万两,交受害者(一方)和知情的告发人(以下简称告发人)平分。若无告发人,一万两全归受害者。中箭人如未身亡,赔偿五千两,由受害人和告发人平分。若无告发人,五千两全归受害人。
>
> ……身中流矢而未亡,付给一只肉羊作为医药、食品银。
>
> ……若盗窃价值四两(黄金)以下,三两(黄金)以上之实物,

① 萨迦·索南坚赞:《西藏王统记》,民族出版社1981年版,第76页。
② 《西藏历代法规选编》,西藏人民出版社1989年版,第46页。
③ 达仓宗巴、班觉桑布:《汉藏史集》,陈庆英译,西藏人民出版社1986年版,第90页。

为首者诛，次者驱至近郊，其余一般偷盗者分别赔偿。①

　　需要指出的是，这三部法律中，既规定了侵权行为赔偿的实体法，又有侵权行为赔偿的程序法，如《狩猎伤人赔偿律》规定：

> 因狩猎等射中，无论丧命与否，放箭人发誓非因挟仇而有意射杀，可由十二名公正且与双方无利害关系的担保人，连同事主本人共十三人，共同起誓。如情况属实，其处置可与《对仇敌之律例》相同，不必以命相抵。查明实情，系被箭射死，赔偿（银）一万两……射中他人而抵赖，不予承认，或谓"此箭非我所射"，中箭人无论身亡与否，其处罚与《对敌之律例》同。如不抵赖，虽已起诉，亦可按《对复仇人起诉之处置律例》对待。②

　　其中规定，因狩猎射中他人必须有12个证人及其本人共13人共同起誓，以证明本人并非故意，这属于诉讼方面的规定；而赔偿命价的规定则属于实体法的内容等。需要指出的是，吐蕃三律明确规定，对违反侵权行为法及故意实施杀人、伤害行为者，要进行刑事制裁：

> 放箭人发誓非因挟仇而有意射杀……如情况属实，其处置可与《对仇敌之律例》相同，不必以命相抵。
> ……无论是给死者之命价银还是给伤者医药、食品银，不管是谁，缺一两将处以死刑。

　　可见，吐蕃王朝制定的《狩猎伤人赔偿律》、《牦牛侵害救援与否的奖惩规定》、《纵犬伤人赔偿律》，不仅详细规定了西藏社会侵权行为的种类、赔偿标准及诉讼程序，还对违反侵权行为法的行为进行刑事制裁，以国家强制力保证三部法律的有效执行。
　　值得一提的是，敦煌文献中提到的《对仇敌之律》应当是特别针对血亲复仇行为制定的侵权行为特别法。由于血亲复仇的习惯仍大量存在

---

① 王尧、陈践：《敦煌吐蕃文献选》，四川民族出版社1983年版，第34页。
② 同上。

于吐蕃社会，因此吐蕃王朝为减少复仇杀人现象、稳定社会秩序，特别针对血亲复仇行为制定了《对仇敌之律》，以解决复仇行为发生后的命价和偿命金问题，并惩治无故杀人或杀人后抵抗的行为。这一点可以从敦煌藏文文献中得到佐证。吐蕃王朝中后期，国力空前强盛，对敦煌、西域等占领区的人民按吐蕃制度编制部落，并使用吐蕃本部法令，吐蕃写卷文书 P. T. 1077 号《督都为女奴事诉状》中多次提到"吐蕃律令"、"吐蕃法令"，说明吐蕃在新占瓜沙一带实行了吐蕃的法律。《敦煌古藏文写卷》P. T. 1047 号、1055 号"吐蕃卜辞"和 P. T. 1283 号、P. T. 2111 号《礼仪问答写卷》中提及，复仇案件"可依复仇律行之"、"仇杀案件处理的律条"，说明在吐蕃占领的敦煌地区已有专门针对复仇案件的法律，这也和《狩猎伤人赔偿律》中提到的"如誓词属实，其处置可与《对仇敌之律》相同"的记述吻合。

3. 藏族古代侵权行为法的普遍适用

吐蕃王朝晚期，侵权赔偿已经成为普遍认可的法律制度。公元 8 世纪末赤松德赞执政晚期，由于王子穆底杀死大相尚结赞之子尚武仁，赤松德赞以吐蕃老臣桂氏制定的"三喜法"判决此案：

> 委任牟尼赞普执掌国政，使牟尼赞普及其母蔡邦氏欢喜；给尚武仁家族以一日路程方圆的土地，当作命价赔偿费，使那囊氏家族欢喜；将王子穆底放逐到遥远的门隅进行惩罚，以示王子犯法、与民同罪，使臣民上下欢喜。[1]

本案中，吐蕃王室考虑到大相尚结赞的政治影响和军事力量，不得不向臣下赔偿相应的命价以解决王子杀人的命案。此外，《掘藏宝库》也讲到，国王之子莲花生大师幼年时，用石头击中一个臣民之子，此人因此而死，众臣民要求惩罚王子，国王便献出其所有的财产，作为对被害者生命的赔偿。这两件案例都反映出，除民间社会外，吐蕃王室及贵族也要遵循命价赔偿的规则，藏族古代侵权行为法得到普遍适用。

此外，赔偿在战争也得到适用。如 823 年吐蕃与唐朝会盟后，通过军费赔偿的方式使得唐蕃之间的战争得以停止，"唐蕃甥舅会盟碑"东侧藏

---

① 参见巴卧·祖拉陈哇《贤者喜宴》，黄颢译，中国社会科学院民族研究所，1989 年。

文中记载:

> 迨金城公主降嫁赞普之衔，成此舅甥之喜庆矣。然，中间彼此
> 边将开衅，弃却姻好，代以兵争，此刻圣聪忧患之时，以军费赔偿
> 乃霈利益，彼此一切怨隙均已由欢忭替代，延伸继续，乃如此之亲
> 好咸谊也……①

这一时期，以命价赔偿为特点的藏族侵权行为法已被吐蕃君民所接
受和执行，成为当时藏族社会普遍遵行的法律制度。同时，随着吐蕃王
朝的发展，农业生产得到发展、商品交换日益频繁，财产观念加强，人
们不仅强调对侵权行为进行物质补偿，而且赔偿金的数额由最初的双方
自由协定发展到国家通过制定法对赔偿的赎金数额作出明确规定，即法
定化的赔偿标准和执行方式，藏族侵权行为法得到充分发展。

（三）藏族古代侵权行为法的完善

8世纪末，吐蕃王朝崩溃，从9世纪到13世纪西藏进入近400年的
分裂割据时代。其间，西藏相继出现了拉萨王系、拉达克、亚泽、阿里、
唃厮啰等多个地方割据政权。这些地方政权以地域为基础，保留着血缘
氏族残余的部落组织，构成若干大小部落的联合联盟，各自为政、互不
相属、分裂分治。吐蕃王朝的崩溃打破了国家统一立法、强制推行的步
伐，各割据政权在沿用吐蕃王朝法律制度的同时，大都根据地域、风俗
的不同按照各自的习惯法规范管理社会。在这种情况下，藏族古代侵权
行为法无法继续在国家统一制定法的道路上继续前进，被迫转向以吐蕃
王朝制定法为指导、各地方政权各自立法、因地因俗制宜继续发展的
道路。

1240年，西藏纳入元朝治下，结束了分裂割据的混乱局面，走向政
教合一的教派统治时代。② 13世纪后，西藏建立了中央政府统一管理和西
藏地方政府施政相结合的双层治理模式，相继出现萨迦王朝（1265—
1349年）、帕竹王朝（1349—1618年）、藏巴汗王朝（1618—1641年）、

---

① 王尧:《吐蕃金石录》，文物出版社1982年版，第43页。

② 达仓宗巴·班觉桑布:《西藏史集》，陈庆英译，西藏人民出版社1986年版，第276页。

甘丹颇章政权（1642—1951 年）等政权，各政权分别制定西藏地方性法律，同时，中央王朝也根据西藏实际情况，审时度势、因地制宜立法，以实现对西藏地方的有效管理。侵权行为法是其中的重要内容之一。这一时期，藏族古代侵权行为法日益成熟和系统，立法内容详尽、完善，出现众多立法成果。

14 世纪中叶，帕竹政权《十五法典》"杀人命价律"和"伤人抵罪律"，对侵权损害赔偿规定了更为详细、完整的损害赔偿标准和执行方法，如"普通人的命价分上中下三个等级，上中下又各分三等，共二十七级"、"到本地以外去偷盗，数量较大的赔三罚一，数量小的赔三；邻里之间互相行窃的，根据被盗的东西来定损失费、道歉费及处罚类型"等。①

17 世纪初的《十六法典》，是藏族古代侵权行为法取得重大进步的立法成果。表现为：第一，《十六法典》出现了"赔命价（ﾟﾞﾄﾞﾄ）"的概念，规定了详细的赔命价（ﾟﾞﾄﾞﾄ）制度，还将赔命价分为死命价（ﾟﾞﾄﾞﾄ）和活命价（ﾟﾞﾄﾞﾄ）两种；第二，《十六法典》延续了之前西藏成文法的传统和内容，进一步细化了侵权损害赔偿的标准和执行办法，如赔命价分为上中下三等：

> 上上是至高无上的，命价无法偿还；上中是有三百以上仆从的头领、政府宗本、寺院堪布（寺院主持人）等，彼等命价值金三百至四百两；上下是札仓（僧院）之活佛、比丘（出家后受过具足戒的僧人）、政府俗官及有一百名仆从的官员等，彼等命价值金二百两……下下是如旧法典所述的流浪汉、铁匠、屠夫等三种人，彼等命价值草绳一根。

对盗窃行为规定了罚赔制度：

> 偷地方上与己同等地位即近处百姓之财物，罚赔七至八倍；偷盗邻居之财物，罚赔八至九倍；偷距离远而未能返家之盗贼，对其

---

① 《西藏历代法规选编》，西藏人民出版社 1989 年版，第 146—148 页。

以退赃、科罚、赔新等三种方法进行惩处。①

同时，《十六法典》提出"若因封地地界发生纠纷，使用暴力致残或伤人性命，伤者会恶语攻击，混淆视听。故应在对酿成事端的根源调查清楚之后再作处理"② 的过错责任归责原则。

此外，《十六法典》规定了动物侵权损害赔偿制度及其赔偿标准、归责原则等，规定：

> 如山上的动物被猎狗追杀到河谷田野，狗主无论是任何人也要追究其责任，并罚酥油2—3雪，绝不允许连带动物被杀之地方。野物被无主之狗猎杀或被无知孩童猎杀的一类，鉴于这种情况，不予处罚，只将猎物上缴法庭即可……超越自己的草场范围，让牲畜在他人之地任意吃驻，将越境的牲畜赶回作为处罚或"山价"处理。若有约在先，对稍有越界的地方，实事求是地加以分析，力求证据充分，然后酌情定罚。③

还规定：

> 赔命价要根据个人的等级。萨迦班智达说：有百匹马的，也有千头牛的。特别优秀的人被杀，要赔10万头（匹）；智者（知识分子）被杀，命价无限。……普通人的命价分上中下三个等级，上中下又各分三等，共二十七级。其中上上等的命价为110两或115两，上中等的命价为90两，上下等的命价为80—85两，上等的命价为70—75两，中中等的命价为60—65两，中下等的命价为50—55两，下上等的命价为40—45两，下中等的命价为30—35两，下下等的命价为20—25。④

---

① 《西藏历代法规选编》，西藏人民出版社1989年版，第85—98页。

② 参见《西藏历代法规选编》，西藏人民出版社1989年版，第90页。

③ 司，西藏古代的一种容量单位，1钱为24司。

④ 《西藏历代法规选编》，西藏人民出版社1989年版，第46页。

《十六法典》还规定妇女、儿童、盗贼、罪犯等特殊主体的命价赔偿标准：

> 杀害妇女的事很少发生，如果发生，命价为10—15两之间。不满8岁的儿童用刀伤人致其死亡时，只赔丧葬费。盗贼在行窃时被杀，虽无赔命价之说，但可进行诉讼，最多赔些丧葬费，具体事项具体对待。杀死被俘人员和证人时，可根据第司律，由双方协商，视具体情况而定，或赔双倍命价。[①]

17世纪中期的《十三法典》与《十六法典》上大同小异，只是对赔血价制度进行进一步补充：如规定"按照等级划分，首先查明那一方先动手，分清责任，无理一方要赔偿；其次是鉴定伤情，查清是内伤还是外伤，是否流血，是否裂唇露骨，再依据伤势决定血价金额。血价因人的身份不同，赔偿金额也有所不同"[②]；进一步修订了创伤疗养费以及实物，如青稞、酥油、干肉、湿（鲜）肉、牛马等抵偿命价的折算标准，补充了对持械行凶、动刀伤人及致人受伤而未及时抢救造成死亡的一类案子的处罚和医疗费的规定。

除地方政权制定法之外，西藏割据势力和部落也制定了不同的地方性法规和部落习惯法，其中也有关于侵权损害赔偿的内容。如四川德格土司根据《十五法典》制定的《成文法律十三条》，规定"杀人者要赔偿命价……有能力者，则可以普通命价的10—20倍赔偿命价"，"伤害他人眼、耳、鼻、手、足等，致其残废，按受害者不同身份，以命价二分之一赔偿，并将其三分之一作审理费"，"盗窃僧侣、官员的财物或寺院的法器等，按所偷价值3—9倍赔偿，并罚吊1—9次，罚鞭笞100—900下，刑罚轻重取决于赃物价值的多少；盗窃商人或普通人的财物，除退还原物及罚50元外，另再赔钱25元，送官方审理费30元"。[③] 直到近代，西藏各地仍延续着侵权损害赔偿的侵权行为法：

---

①　《西藏历代法规选编》，西藏人民出版社1989年版，第46页。

②　同上书，第146—148页。

③　参见《四川省甘孜州藏族社会历史调查》，四川省社会科学院出版社1985年版。

西番罚服之例，照被杀之身份，以为赔偿之差。重者偿百金，轻者半之，折交茶包之类，外给马一匹，鸟枪一，刀一而已。或曰，轻者罚茶八十包，约值银三百两；重者发出经卷一百八尺牒，约值银六百两；最重罚出经卷及他物，值银千两以上。其不能偿者，由本村之人担任。甲村之人负乙村之人债务，甲村亦有摊赔之责。番酋判断词讼，两造皆有讼费，而被告所出为多。如番酋处断不公，则自相报复，酿成命案者，往往而是。①

民主改革前，赔命价、赔血价仍然是西藏社会主要的侵权损害赔偿方式，如甘南宕昌县新城子藏族乡习惯法规定，过失伤人或牲畜伤人要赔血价，数量多少有双方商定。②青海玉树囊谦部落习惯法规定："打死千百户头人，命价最高为100锭银子，次之，60锭银子，最少也得赔偿2000块大洋……斗殴致伤，赔约50锭银子，或由干布、百长、百户打200皮鞭……偷平民，偷一赔二；偷活佛，投以赔九；偷部落头人，偷一赔十"等。③

综上，13世纪以后的西藏地方政权制定法、割据势力的地方性法规以及各部落的部落法规中，在侵权行为的种类、赔偿标准及执行方法等方面的规定大体一致，并不断补充和完善，使得藏族古代侵权行为法走向成熟。

二　藏族古代侵权行为之债的构成要件和归责原则

（一）侵权行为之债的构成要件

本文以敦煌文献P.T.1071号《狩猎伤人律》为例，对藏族古代侵权行为之债的构成要件进行阐述：

大尚论及其祖、父诸人，或因狩猎射箭相伤，以及上述尚论人

---

① 周希武：《玉树调查记》，青海人民出版社1986年版，第71页。
② 杨士宏：《安木多东部藏族历史文化研究》，民族出版社2009年版，第143页。
③ 参见张济民《渊源流近——藏族部落习惯法规及案例辑录》，青海人民出版社2002年版，第44—45页。

等，被瑜石告身者以下，平民百姓以上之人，因狩猎而射中之处置律：

> 大论、大囊论、赞普舅氏任平章政事之职者、任大论助理者等四种大尚论，其本人、其祖、其父，为箭所伤害，赔偿命价相同。

> 这些命价相同之人，若彼此因狩猎等被射中，或者这些尚论，为瑜石告身以下、颇罗弥告身以上，以及和他们命价相同之人，因狩猎等射中，无论丧命与否，放箭人发誓非因挟仇而有意射杀，可由十二名公正且与双方无利害关系的担保人，连同事主本人共十三人，共同起誓。如情况属实，其处置可与《对仇敌之律例》相同，不必以命相抵。查明实情，系被箭射死，赔偿（银）一万两，交受害者（一方）和知情的告发人（以下简称告发人）平分。若无告发人，一万两全归受害者。中箭人如未身亡，赔偿五千两，由受害人和告发人平分。若无告发人，五千两全归受害人。射中他人而抵赖，不予承认，或谓"此箭非我所射"，中箭人无论身亡与否，其处罚与《对敌之律例》同。如不抵赖，虽已起诉，亦可按《对复仇人起诉之处置律例》对待。①

侵权行为之债的构成要件包括以下四个方面：

1. 违法行为

违法行为是侵权行为之债产生的前提，指行为人违反法律而实施的行为，包括作为和不作为。

作为的违法行为，是侵权行为的主要行为方式，主要是指侵害他人人身权（生命、身体）和财产权等，如大论、大囊论、赞普舅氏及其祖、父，"为箭所伤害，赔偿命价相同"。《狩猎伤人律》的题目就阐释了侵权行为构成要件的前提，即因狩猎射中他人的违法行为是侵权行为产生的前提。

不作为的违法行为，是指行为人违反特定的作为义务，这种特定的作为义务主要是来自法律的规定、行为人先前的行为或者职业或职务的要求。如《狩猎伤人律》中规定了因不作为违法行为进行命价赔偿的情况：救助"陷于牦牛身下"是法律规定的特定义务，如果有人对其他人

---

① 王尧、陈践：《敦煌吐蕃文献选》，四川民族出版社1983年版，第7—8页。

"陷于牦牛身下"而不进行救助，就违反了法律规定的救助义务，因此，见死不救者要根据受害人身份的高低，支付相应的命价以赔偿未被救助的受害人：

> 对于命价相同之人，一人限于牦牛身下，一人若在近旁不予救援，因而被牦牛伤害致死，对见死不救者惩罚如下：罚银五百两交与死者一方。若因未救而致伤，其惩罚为：罚银二百五十两，交与自牦牛身下幸免者。若从牦牛身下救人，被救者则以女儿赏之，无女则给妹，无女无妹则给银三百两。……
>
> 大尚论四种人……被牦牛伤害致死，对见死不救者惩罚如下：罚银五百两交与死者一方。罚银五百两以后，由于懦弱行为罚挂狐皮。陷于牦牛身下之人未死，对不救者之惩处为：给懦夫挂狐皮完事。若从牦牛身下救人，被救者当以女儿或妹妹酬之，或赠银一百五十两亦可。二者只取其一。①

从中可见，对于因不救助他人引发的侵权之债，没有履行救助义务的人也要承担损害赔偿责任，向被牦牛伤害或杀死的人支付一定数量的赔命价。同时，藏族社会特别注重勇敢的道德要求，因此，除金钱赔偿外，还要身挂狐皮以示羞辱，这一点是极有特色的。

2. 损害事实

损害事实，是指一定的行为致使权利主体的人身权利、财产权利以及其他利益受到侵害，并造成财产利益的减少或灭失的客观事实。② 必须要有损害事实的客观存在，才能判定侵权之债的成立，没有损害事实发生，即使有违法行为，侵权之债也不能成立。

对于侵害人身权利造成人的死亡或受伤的侵权行为，《狩猎伤人律》规定，当发生因狩猎射箭致人死亡或受伤的损害事实时，从大尚论、大囊论、赞普舅氏、瑜石告身尚论、金告身尚论、颇罗弥告身尚论、银告身尚论、黄铜及红铜告身、大藏以及百姓等各等级民事主体，都可以根

---

① 参见王尧、陈践《敦煌吐蕃文献选》，四川民族出版社1983年版，第26—28页。
② 参见杨立新《侵权损害赔偿案件司法实务》，新时代出版社1993年版，第38页。

据身份等级的高低，按照法律的规定标准，获得相应的命价赔偿。①

对于侵害财产权造成他人财产损害的侵权行为，松赞干布制定的《吐蕃三十六制》中"未予不取法"规定："若偷盗三宝的财物，赔偿百倍；偷盗国王的财物，赔偿八十倍；偷盗百姓的财物，赔偿八倍。"② 敦煌文献《盗窃追赔律》残卷也规定，"若盗窃四两（黄金）以下，三两（黄金）以上之实物，为首者诛，次者驱至近郊，其余一般偷窃者分别赔偿"③。应当说，盗窃财产也是重要的侵权行为，对盗窃行为进行侵权损害赔偿的方式主要是罚金，罚金的标准基于被盗财产主人的身份高低不同而有所不同，一般来说，地位越高，罚金标准越高，反之亦然。

3. 因果关系

因果关系是一个哲学概念，侵权责任构成中的因果关系，是指违法行为作为原因，损害事实作为结果，在它们之间存在着前者引起后者、后者被前者所引起的客观联系。

违法行为与损害结果之间的因果关系，《狩猎伤人律》规定，判定是否承担侵权责任的标准，就是根据射箭与伤害事实之间是否有因果关系，只要射中他人，直接因果关系就存在，假使此人予以抵赖，将会加重责任，按照《对仇敌之律例》承担。

4. 主观过错

过错，是指行为人通过实施其侵权行为所表现出来的在法律和道德上应受非难的状态，是民法的侵权行为之债的一个重要条件。

过错包括故意和过失：故意是指行为人已经预见到自己行为的损害后果，仍然积极追求或听任该后果的发生；过失，是指行为人因未尽合理的注意义务而未能预见损害后果，并致损害后果的发生。

过错是侵权责任的归责原则之一，行为人的主观过错的状态是判定其是否承担侵权责任以及承担何种责任的重要标志之一。

过错责任要求，"有过错则有责任，无过错则无责任"。行为人有主观过错，就应当承担赔偿责任，如《狩猎伤人律》规定，如果狩猎中射

---

① 参见王尧、陈践《敦煌吐蕃文献选》，四川民族出版社1983年版，第26—28页。

② 参见周润年译注，索朗班觉校《西藏古代法典选编》，中央民族大学出版社1994年版，第53—54页。

③ 参见王尧、陈践《敦煌吐蕃文献选》，四川民族出版社1983年版，第37页。

中他人，只要向神灵发誓是出于过失，则按照损害赔偿之债处理，只需缴纳一定数量的赔偿金即可；如果是因挟仇而故意射杀他人，则要对故意杀人者处以死刑，"以命相抵"。

（二）侵权责任的归责原则

侵权责任的归责原则是侵权行为法的灵魂和统帅，是侵权行为法理论的核心。是指确定侵权行为人侵权损害赔偿责任的一般准则，是在损害事实已经发生的情况下，确定侵权行为人对自己的行为以及与自己具有特定关系的人或物所造成的损害是否需要承担民事赔偿责任的原则。[①]

藏族古代侵权行为法的归责原则，经历了由单一的结果责任原则向多元归结果责任原则和过错责任原则并行的历史进程。

1. 结果责任原则

结果责任原则是在特定历史条件下产生的。侵害他人人身和财产权利的行为是伴随人类社会发展的现象之一，在人类社会早期，解决这一纠纷主要是复仇。随着时间的发展，以损害赔偿代替同态复仇的侵权责任承担方法开始出现，此时，无论出于何种原因，只要损害事实存在，加害人一方就要承担赔偿责任，这种归责原则就是结果责任原则，应当说，这是侵权纠纷解决的重大进步，不仅减少了不必要的人身损害，也有利于社会的安定。

在藏族古代早期的成文法中，在侵权责任归责原则上采取结果责任原则，也叫加害原则，即行为人的行为只要造成损害事实，无论其主观上是否有过错，就应当承担侵权损害赔偿责任。

以损害事实为侵权责任归责原则在松赞干布制定的成文法中已明确规定。《基础三十六制》中规定："误杀者需赔偿命价，有意杀人者以活人偿命"，该法条以加害结果为侵权行为的归责原则，误杀者无论基于放任还是过失，杀人者都要赔偿命价。这种情况在松赞干布之后的《狩猎杀人律》、《纵犬伤人赔偿律》中也有规定，如《纵犬伤人赔偿律》中就规定：

尚论颇罗弥告身者以上本人或与其命价相同中一人，被银告身

---

① 杨立新：《侵权行为法专论》，高等教育出版社 2005 年版，第 70 页。

以下、铜告身以上或与其命价相同者，放狗咬噬致死，或因放狗惊骇骑于牦牛等上之人，坠地致死，对放狗者之惩罚为：无论何种方式伤人致死，将放狗者处死，其妻女赶走，全部财物、牲畜赔偿死者一方，奴户留给其另立门户之子。无另立门户之子，则交给死者之父，无父，虽有兄弟近亲也不能给。（奴户）愿为何人之民，何人之奴，各随己愿。①

这一条款表明，在追究侵权责任时，《纵犬伤人赔偿律》并没有考虑侵权人的主观过错，只是以纵犬造成他人死亡的客观损害事实为归责标准。

结果责任原则本身存在一定缺陷，主要是不考虑加害人的主观过错，造成赔偿数额也不因主观过错而有差异，损害赔偿的目的也仅限于补偿受害人放弃复仇的行为，其本意并不是为弥补受害人的损失。如《格萨尔王传》中讲到，格萨尔到霍尔国复仇之时，霍尔国的大臣辛巴梅乳泽因为表示与格萨尔友好，说道：

　　雄狮王呵，如今您来报仇雪恨，请手下留情饶我的命。我有黄金十八驮，白银十八驮，绸缎十八驮，松石珊瑚十八驮，青稞麦子十八驮，骡马牛羊数不清，都献给您，雄狮王，以赎我的罪过吧。

可见，赔偿金的支付是赎罪的代价，其目的是避免格萨尔复仇。因此，从本质上讲，早期的侵权赔偿只是一种赎金，这显然不利于冲突的彻底解决，并没有补偿受害人损失的含义。

2. 结果责任原则和过错责任原则的并行

过错责任原则，是指行为人因故意或过失不法侵害他人权利时，对其行为所产生的损害赔偿责任。

吐蕃王朝建立后，松赞干布在其制定的《基础三十六制》中规定"误杀者需赔偿命价，有意杀人者以活人偿命"，这一条文不仅确认了结果责任原则，即误杀须赔偿命价，同时，这一规定也开始区分侵权行为的主观形态——故意和过失，即以主观形态的故意或过失来确定侵权行

---

①　参见王尧、陈践《敦煌吐蕃文献选》，四川民族出版社 1983 年版，第 35—36 页。

为的责任履行方式：过失导致的杀人、伤害的侵权行为以血价赔偿来承担责任，而故意杀人的行为被纳入犯罪，故意杀人者要偿以性命。这一规定正是过错责任原则的开始确立。松赞干布之后的立法也承袭了结果责任原则和过错责任原则并行的做法，如敦煌藏文文献的《狩猎伤人律》对各民事主体因射箭伤人的确定是以过错责任为归责原则的，各条文中都有"因狩猎等射中，无论丧命与否，放箭人发誓非因挟仇而有意射杀，可由十二名公正且与双方无利害关系的担保人，连同事主本人共十三人，共同起誓。如情况属实，其处置可与《对仇敌之律例》相同，不必以命相抵。查明实情，系被箭射死，赔偿命价……两"① 的惯语，对过失伤人者，均以赔偿命价方式处理，而对于故意杀人者，则必须以命相抵；同时，《狩猎伤人律》对身陷牦牛之下的情况，也规定了结果责任原则，即见死不救者对因牦牛伤害的致死者要进行赔偿。

藏族古代侵权行为法的归责原则立法，从吐蕃王朝时期经《十五法典》、《十六法典》到17世纪的《十三法典》，都采用结果责任和过错责任并行的双重侵权行为归责原则，如《十三法典》的"见血赔偿律"规定："若因封地地界发生纠纷，使用暴力致残或伤人性命，伤者会恶语攻击，混淆视听。故应在对酿成事端的根源调查清楚之后再作处理。"② 即在判定伤害侵权行为时，既要考虑伤害后果，即受伤事实，又要考虑受伤者和伤害方的主观状态，须调查清楚伤害事件的根源，而不是只听从受伤者一方的说辞。

直到民主改革前，西藏地方的习惯法仍沿用这一双重原则模式。如青海果洛地区藏族部落习惯法规定，对案件的赔偿要考虑多种因素，包括双方当事人身份的不同、人品的优劣、受伤的轻重程度、伤害的部位、动手伤人的先后顺序、受伤是在正面争斗时还是在背部逃遁时等多处细节，在以损害事实为基本归责原则的同时，通过多种细节判断加害人和受害人的主观过错以及前期行为等，综合考虑损害赔偿的数额和标准。③

---

① 王尧、陈践：《敦煌吐蕃文献选》，四川民族出版社1983年版，第7—26页。
② 《西藏历代法规选编》，西藏人民出版社1989年版，第146—184页。
③ 参见张济民《诸说求真——藏族部落习惯法专论》，青海人民出版社2002年版，第253页。

三　藏族古代侵权行为的种类

藏族社会日常生活中发生的侵权行为多种多样，如部落之间、部落内部在放牧中发生的草场纠纷、伤人案件等，牲畜的偷窃、抢夺、丢失等，因狩猎、纵犬、牦牛等引发的伤人、毁坏庄稼。依据不同的标准，可以对其进行不同的分类，不同类型的侵权行为适用不同的归责原则、构成要件、举证责任与责任形式。

（一）一般侵权行为与特殊侵权行为

以侵权行为的归责原则、责任构成要件为标准，可将侵权行为分为一般侵权行为与特殊侵权行为。一般侵权行为为侵权行为的常态，司法实践中最为多见。特殊侵权行为为侵权行为的例外，只有在法律有特别规定的情况下，特殊侵权行为才能成立。

1. 一般侵权行为

一般侵权行为，也称普通侵权行为，是指行为人基于自己的过错致人损害而应承担民事责任的行为。一般侵权的归责原则是"过错责任原则"，即承担责任要以行为人有过错为要件，如敦煌文献《狩猎伤人律》中很多条款都规定："因狩猎等射中，中箭人不论身亡与否，放箭人起誓非因挟仇有意射杀，可有十二名担保人，连同事主十三人共同起誓。如誓言属实，其处罚与《对仇敌之律》相同，不必以命相抵。"说明区分故意和过失是决定刑事制裁或民事制裁的依据，而"起誓"是其中的重要环节。14世纪帕竹政权的《十五法典》"流血抵罪律"是以过错责任为侵权行为的归责原则："从前有如下规定：上等人的1滴血要赔1钱金子；中等人的1滴血要赔1陶罐实物（粮食等）；下等人的1滴血赔1斗（粮食）。现今，要视当事人双方的过错大小、伤势轻重来决定。"[①]17世纪藏巴汗政权的《十六法典》也规定在诉讼中法官要查明加害人的主观动机，并根据过错程度进行赔偿："中间人要向法庭说明缘由，凶手要将杀人之动机向官员交待清楚，这样赔偿金即应按命价的半价计算，

---

①　周润年译，索朗班党校：《西藏历代法规选编》，西藏人民出版社1989年版，第46页。

先将各项赔偿金交给法庭，然后由法庭按规定进行公平合理的判决。"①

本文中先前提到的敦煌文献《博牛纠纷诉状》也是一件一般侵权案件。此案中曹尔阿部落的南克穷先将自己的一头棕红色黄牛卖给张夏夏，后又将此牛用一匹独眼马换给李登奴。被张夏夏从牧群中发现后告到地方官和法院。地方官和法院经审理、调查和质证，判决"此牛有标记，应归原主"。并由各方盖印生效。

这一侵权纠纷中，侵权人南克穷故意将已卖给张夏夏的牛又换给李登奴，是有过错的；他积极实施侵权行为并产生后果；且侵权行为与侵权后果有着因果关系；整个侵权行为也违背了当时吐蕃有关财产保护的法律和诚信风尚。由此，这一案件已具备一般侵权责任的四个构成要件。经地方长官和法院依法律程序审处后，作出此牛"应归原告"的判决，符合侵权责任的承担形式，是正确的。当然，此案也形成了违约责任，应属于侵权责任与违约责任的竞合。

2. 特殊侵权行为

特殊侵权行为，也称特种侵权行为，是指行为人虽无过错，但根据法律规定强使其承担民事责任的行为。特殊侵权的归责原则是"无过错责任原则"，也称"严格责任原则"，即承担责任不以行为人有过错为要件，也就是说，行为人没有过错也要承担责任。藏族古代法律对特殊侵权行为的规定主要分为：

（1）饲养动物致人损害的侵权行为，是指因饲养的动物造成他人人身或财产损害而依法由动物饲养人或管理人承担损害赔偿责任的行为。

饲养的动物一方面是其所有人的财产，另一方面由于其可以独立行动，有可能对他人的人身或财产造成损害。动物的饲养者对自己饲养动物承担赔偿责任可以督促饲养人或管理人加强对动物的管理，防止避免损害的发生。如果不是饲养的动物而是野生的动物，造成损害事实的不需承担侵权责任，如《十三法》规定"若是不驯服的野性牲畜跑到草场吃草，就设法赶走，不需要赔偿损失"。

敦煌文献 P.T.1073 号《纵犬伤人赔偿律》规定了饲养的动物致人受伤的侵权赔偿责任："男子放狗咬人致伤惩罚从严，罚骏马一匹，并根据伤情赔偿相应之医药费用。女子放狗咬人致伤，罚母马一匹，根据伤

---

① 《西藏历代法规选编》，西藏人民出版社 1989 年版，第 88 页。

情赔偿医药费用给受害者"①。《十三法典》则规定："倘被狗咬致死，要向狗主人追赔命价。"②

　　17世纪的《十六法》对动物侵权规定得最为详细、内容最为完善：第一，规定动物侵害人身权致人死亡的侵权责任："无有思维之牲畜造成死亡事故，牲畜之主人应付死主四分之一的善事费用，而无需支付命价"③；第二，规定了动物侵害财产权的侵权责任："主人故意将自己的牲畜赶往他人所属之草场吃草，若昔日有协议，给予象征性的赔礼费即可。若系牲畜自行进入草场或田地，牲畜之主则不必支付赔偿金"④；第三，规定了动物之间的相互伤害行为的侵权处理原则："山上的动物被猎狗追杀到河谷田野，狗主无论是任何人也要追究其责任，并罚酥油2—3'雪'，绝不允许连带动物被杀之地方。……假若骡马驴等被有角牲畜触伤而亡，在藏北一带称'带角凶手'，当发生此类事件，捉拿真正的'带角凶手'顶替完事。在西藏法典中，于各自的领地范围内，骡马等若自动来到有角牲畜跟前而被带角牲畜撞伤而致亡者，则赔偿本身价值的十分之一。若带角牲畜跑到骡马群内触伤骡马等致亡时，则赔偿损失的一半。被狗伤，称狗为'狗凶手'，狗的主人要向被伤者缴纳粮食1—3斗作为疗养费。"⑤狗主不前来阻挡，致伤他人，并撕破其衣服，被伤者在处于无奈的情况下用石头或刀子置狗于死地者，不偿还狗命。主人极力阻挡家犬，而有意追杀、用刀左刺右打而致狗死亡者，应偿拿2—3两白银来偿命。

　　（2）无民事行为能力人致人损害的侵权行为。

　　无民事行为能力人，是指因其主体资格受到限制，无法承担民事责任能力的人。藏族古代法律中，一般认为"未满8周岁的孩童"和"完全不能辨认自己的行为的疯子"是无民事行为能力人。无民事行为能力人造成他人损害的，需由监护人承担一定的侵权赔偿责任。《十五法典》规定："不满8岁的儿童用刀伤人致其死亡时，只赔丧葬费"；《十六法典》规定："疯子和8岁以下孩童，因彼等未有分辨是非之能力，故除为

　　①　王尧、陈践：《敦煌吐蕃文献选》，四川民族出版社1983年版，第35—36页。

　　②　《西藏历代法规选编》，西藏人民出版社1989年版，第98页。

　　③　同上书，第90页。

　　④　同上。

　　⑤　同上书，第88页。

死者做善事外，无需支付命价"。①《十三法典》则规定："8 岁以下的孩子扔物打死人，则依对神经错乱者之法而定，只需付进行佛事活动的费用，不偿付命价。神经错乱者，用箭、石、刀等各类武器致伤人命，导致死亡，亦只付进行佛事活动的费用，而无付命价之习俗。但因神经错乱导致较大事件，则要负担命价的三分之一。"②

（二）积极侵权行为和消极侵权行为

1. 积极侵权行为

积极侵权行为，是指以作为的方式主动实施的侵权行为，侵害对方当事人的人身权和财产权。侵占、毁坏他人财产、殴打他人、剥夺他人生命、伤害他人健康、侮辱他人名誉等都是积极侵权行为。关于积极侵权行为的规定，在藏族古代法律中大量出现：松赞干布的"不杀生之法"对杀人者规定需赔偿命价，"未予不取法"对侵占他人财物规定需赔偿数倍；《狩猎伤人赔偿律》、《纵犬伤人赔偿律》、《盗窃追偿律》三部律例中有大量对积极侵权行为及侵权责任承担方式的条文，如"大论、大囊论、赞普舅氏在平章政事之职者、任大论助理者等四种大尚论，其本人，其祖，其父，为箭所伤，赔偿命价相同。这些命价相同之人，若彼此因狩猎等被射中，或者这些尚论，为玉石告身以下，颇罗弥告身以上，以及和他们命价相同之人因狩猎等射中，无论丧命与否，放箭人发誓非因挟仇而有意射杀，可由十二名公正且与双方无利害关系的担保人，连同事主本人共十三人，共同起誓……男子放狗咬人致伤惩罚从严，罚骏马一匹，并根据伤情赔偿相应之医药费用。女子放狗咬人致伤，罚母马一匹，根据伤情赔偿医药费用给受害者……若盗窃价值四两（黄金）以下，三两（黄金）以上之实物，为首者诛，次者驱至近郊，其余一般偷盗者分别赔偿"③ 等。之后的《十六法典》、《十五法典》、《十三法典》中的命价赔偿律、血价赔偿等也有众多的条文，是西藏地方制定的成文法的重要内容。

---

① 《西藏历代法规选编》，西藏人民出版社 1989 年版，第 35 页。

② 同上书，第 98—99 页。

③ 参见王尧、陈践《敦煌吐蕃文献选》，四川民族出版社 1983 年版，第 7—38 页。

2. 消极侵权行为

消极侵权行为，是指行为人违反法律规定的作为义务而不作为，致使损害事实发生的侵权行为。消极侵权行为存在的前提，是行为人负有特定的作为义务，不履行特定义务者要承担侵权责任。这种特定的作为义务，不是一般的道德义务，而是法律所要求的具体义务：

第一，来自法律的直接规定。如法定的救助行为，《狩猎伤人律》中特别规定，任何人对陷于牦牛身下、处于危险之中的人都有救助的义务，对于见死不救者，规定"这些命价相同之人，陷于牦牛身下，在其身旁见而不救，以致被牦牛伤害致死者，对其见死不救之人，罚银三百两，交给死者一方。或因之受伤，对其见牛伤人不从牦牛身下救人者，罚银一百五十两，交与牦牛身下脱险者"；同时，对于见义勇为者，法律还规定获救者必须给予一定的报酬："若从牦牛身下救人，被救者要将自己的女儿作为礼物相酬。无女则以妹酬，无妹无女或酬而不受，则须赠银一百两。"①

第二，来自业务或职务的要求，如饲养动物者应对其所饲养的动物负有管理的作为义务。《纵犬伤人赔偿律》中对狗主人设定了管理义务，如果狗伤人或伤人致死，狗的饲养者须承担侵权责任，"未另立门户之男子，放狗咬人致死，将其父子共有之财产、牲畜中分家后属于该人之部分，判为死者一方之份产。此份财产、牲畜，全部配给死者一方……放狗咬尚论，受伤未死；放狗惊骇骑于牦牛等上之人致使受惊坠地，受伤未死，将放狗者单身赶走，财物、牲畜之四分之一赔与受伤者"。②

第三，来自行为人先前的行为，行为人先前的行为给他人带来某种危险，对此，行为人必须承担避免危险的作为义务，否则就应当侵权责任。如《十三法典》"杀人命价律"规定，"旧法典还载明'死后不问伤害罪'一说。在斗殴中致死人命者，如其本人也受伤，则不再问其罪。如将公正放首位，则要根据伤势轻重从命价中偿付"，"伤人赔偿律"则规定，"如以暴力殴打他人，被打者无法忍受，率而还击，致伤对方，除负治伤之责外，无需赔偿。对斗殴中先拔刀者，须予严惩。……相互间因私利而持刀行凶，除赔偿治疗费用外，另加命价一两或半两，做出合

---

① 参见王尧、陈践《敦煌吐蕃文献选》，四川民族出版社 1983 年版，第 27—28 页。
② 同上书，第 35—36 页。

乎情理之判决"。①

（三）侵害财产权行为与侵害人身权行为

根据侵害对象的不同，可将侵权行为分为侵害财产权的行为与侵害人身权的行为。对侵害人身权、财产权的侵权行为进行认定和处理是西藏古代法律侵权行为法的两大主要内容，西藏主要成文法中都设有单独的章节，这也是西藏古代侵权行为立法的重要特点。

1. 侵害人身权行为

西藏古代法律对侵害人身权行为的规定，主要分为：

第一，侵害生命权的侵权行为，即行为人非法剥夺他人生命的行为。《法律二十条》、《基础三十六制》、《十五法典》、《十六法典》《十三法典》等主要成文法中"杀人命价律"的内容，都是针对侵害生命权侵权行为的认定和处罚。如"对造成严重残废、眼瞎、腿瘸者，按法典规定标准偿拿医疗费用。头部及四肢严重伤残须截肢者，根据截肢的范围和取出骨片的大小量刑罚款。罚黄金 1 钱，按市价折青稞 16 藏斗。因关键部位，如手脚、静脉、骨骼致伤，造成四肢严重残废及失明的案件，拿全部命价的四分之一作为致残疗养费。断指或指残者，折现款当场交付作为疗养费。轻伤偿付四分之一。致使皮肤大面积受伤、流血者，要查验伤势的轻重缓急，是否及里，是否在关键部位，预计伤愈的时间，医疗费以 1 钱为起点，多少则用衡量处罚的准则断定。若发生争议，不再立案"。② 西藏成文法中与之相似的规定不胜枚举，是西藏古代侵权行为法的重要内容之一。

第二，侵害身体权的侵权行为，即行为人非法致使他人身体完整性受到损害的行为，西藏各成文法中有关"伤人赔偿律"的规定都是针对侵害身体权的侵权行为设立的判定原则及赔偿标准，主要内容是因打架斗殴造成人身伤害后，根据伤害程度进行赔偿的制度。从松赞干布开始，伤人者须向受伤者赔偿活命价，到《十三法典》的"见血赔偿律"初次规定"赔血价"，规定因打架斗殴造成人身伤害后，根据伤害程度

---

① 周润年译，索朗班觉校：《西藏历代法规选编》，西藏人民出版社 1989 年版，第 98—99 页。

② 同上书，第 146—148 页。

进行赔偿，如"头部及四肢严重伤残须截肢者，根据截肢的范围和取出骨片的大小量刑罚款。罚黄金 1 钱，按市价折青稞 16 藏斗。因关键部位，如手脚、静脉、骨骼致伤，造成四肢严重残废及失明的案件，拿全部命价的四分之一作为致残疗养费。断指或指残者，折现款当场交付作为疗养费。轻伤偿付四分之一。致使皮肤大面积受伤、流血者，要查验伤势的轻重缓急，是否及里，是否在关键部位，预计伤愈的时间，医疗费以 1 钱为起点，多少则用衡量处罚的准则断定。若发生争议，不再立案"。[1] 同时，详细规定不同身份的人赔血价数额的标准："上等人的 1 滴血值 1 钱，下等人的 1 滴血值 1 司。领主和奴仆之间，奴仆被领主失手致伤，只负责治疗，没有领主向奴仆缴纳创伤费的先例。在斗殴中，二者俱伤，一方有悔恨之意，但另一方不但不忏悔，反而强词夺理、歪曲事实，对此类人只负责治伤无需赔偿。持刀格斗，对先动手者处罚半两至 1 钱罚金。"[2]

2. 侵害财产权行为

西藏古代法律中，侵害财产权行为主要体现在侵害牲畜、草场等方面。

牲畜不仅是西藏重要的生产生活资料，也是重要的财产形式。对侵害牲畜的侵权行为，法律有严格的规定。如"若有无法驾驭的牲口被他人杀死，肉缴主人作为赔偿，或将肉归还主人后客请对方，以示赔礼。处于恶意歹心杀生者，要赔其价值的 2 倍"[3]。《十三法典》规定："君主和头人发布命令，要求迅速围追猎物；属民假若不及时响应，则难免怪罪与惩处。如从自己围追范围内逃失 1 头野牛得缴纳 8 个猎物，即是逃失 1 头野驴或 1 只兔子也要缴纳 1 件猎物。在领地内先发土箭射中猎物者，全归己有。在指定范围内追捕动物时因失手射死人或坐骑，只付为死者念经超度之费用外再无须交任何东西。当野物单独奔跑时，最先射中者，只交 1 尾巴。既是 100 一多骑士围猎 1 只野兔，也要将肉按应得多少合理分配。如由猎狗追捕，就按民俗习惯解决。"[4]

---

[1]　《西藏历代法规选编》，西藏人民出版社 1989 年版，第 146—148 页。
[2]　同上。
[3]　同上。
[4]　同上。

　　草场是西藏重要的生产资料和生活区域，法律中有许多对侵害草场造成损害行为的判定和处理规定，如"烧毁他人之麦秸、木料等，也要按上述有关规定，除进行惩处外，还要向物主交付偿金及其适当的赔礼费。又如居心不良者于夏天往他人之田地里乱灌水及拔青苗、放牲畜入田等，亦要依上述有关规定对其惩处，其交付主人之赔偿，应将秋天收获粮食的数量和春播籽种之数量加在一起计算"。① 再如，"对于放火纵烧庄稼、森林、草场的事件，不仅要量罪判刑，且向主人赔偿加倍的损失，还据情节轻重附加忏悔赎罪费。……另外，又如出于恶意向春田放水、庄稼未熟乘绿割掉，以及放进牲畜等等，对这种人的处罚应是上述规定的 4 倍，还要求为主人赔偿秋收的损失及重播的种子。……有关草山的问题，超越自己的草场范围，让牲畜在他人之地任意吃驻，将越境的牲畜赶回作为处罚或'山价'处理。若有约在先，对稍有越界的地方，实事求是地加以分析，力求证据充分，然后酌情定罚"。②

四　藏族古代的侵权损害赔偿及免责事由

（一）概述

　　侵权损害赔偿，是指当事人一方实施侵权行为对他方当事人造成损害，在当事人之间产生的请求赔偿权利和给付赔偿义务的债权债务关系，当债务人不自觉履行赔偿义务时，这一债务即转化为损害赔偿的民事责任。③ 侵权损害赔偿的特点有：第一，侵权损害赔偿的根本目的是补偿损失，使受到损害的权利得到救济，此外，侵权损害赔偿也有制裁违法行为、抚慰受害人的作用；第二，侵权损害赔偿，对侵权行为造成的人身损害、财产损害，都以财产的方式救济受害人；第三，侵权损害赔偿发生在相对的当事人之间，即权利主体和义务主体都是特定的，受害人只能向特定的行为人请求赔偿，加害人也只需向特定的受害人履行赔偿义务。

　　"损害赔偿之最高指导原则在于赔偿被害人所受之损害，俾于赔偿

---

①　《西藏历代法规选编》，西藏人民出版社 1989 年版，第 90 页。

②　参见《西藏历代法规选编》，西藏人民出版社 1989 年版。

③　杨立新：《侵权行为法专论》，高等教育出版社 2005 年版，第 317 页。

之结果，有如损害事故未曾发生者然。"① 侵权责任法对侵权行为当事人之间的关系调整，一般有两种功能：一是保护受害人功能，目的在于弥补受害人的实际损害；二是惩罚加害人功能，目的在于惩戒加害人的不当行为。但是，从根本上讲，"侵权行为法的重要机能在于填补损害及预防损害"②，侵权责任法的立法目的在于救济受害人，而非惩罚加害人，这是因为：第一，侵权责任法是民法的有机部分，其基本理念是通过履行侵权行为之债，即救济受害人，以弥合因侵权行为而被破坏的社会关系，而惩罚加害人的功能主要由刑法来承担。从历史上看，侵权责任法与刑法在产生之初往往没有明确的区别，由于强制性的公共权力主体并不发达，对侵害他人人身或财产的行为处理的目的是强调恢复被破坏的社会关系，因此，复仇、损害赔偿都是重要的责任承担方式。随着社会发展，侵权责任法和刑法开始向不同方向发展，在社会功能上有了明确的分工：侵权责任法是私法，其主要功能是救济受害人，而刑法是公法，其主要功能是惩罚加害人。③ 第二，从民事财产法的分工看，物权法是权利法，以规范财产权利的类型、行使为主要内容，而侵权责任法是救济法；以救济受损的权利人、恢复被破坏的社会关系为主要内容；物权法是对财产权事先的保护，而侵权法以损害为前提，是对损害事实事后的救济，其核心在于解决权利受侵之后的救济问题。

赔偿制度是藏族历代法典的重要内容，是藏族古代法律制度的一大特点，不仅是民事财产保护和侵权责任承担的基本方式，而且成为杀人、伤害、盗窃、奸淫等行为的重要责任方式。用民事赔偿替代刑事处罚，用赔命价替代死刑处决，这与中国中原地区历代封建王朝法典中以刑罚手段裁判民事案件的传统做法恰恰相反，是藏民族法律文化与法律智慧的一大创设。它与藏民族所处的严酷自然环境，与人口的稀少、生产力的低下和宗教的影响等不无关系，特别是反映在法律思想上，藏民族及其立法者十分重视民事财产责任。

藏族古代侵权责任法是以损害赔偿为核心建立起来的。在人类社会早期，侵害人身权的杀人行为和侵害财产权的盗窃行为是两种最严重的

---

① 曾世雄：《损害赔偿法原理》，三民书局1996年版，第17页。

② 王泽鉴：《侵权行为法》，中国政法大学出版社2001年版，第34页。

③ 参见杨佳元《侵权行为损害赔偿责任研究》，元照出版社2007年版，第10页。

侵权行为。从松赞干布起，针对这两类侵权行为就已确立了损害赔偿的基本原则：针对杀人行为，规定"误杀者需赔偿命价，有意杀人者以活人偿命"；对盗窃行为，规定"偷盗者除追还原物外，加罚八倍"，"若偷盗三宝的财物，赔偿百倍；偷盗国王的财物，赔偿八十倍；偷盗百姓的财物，赔偿八倍"[①]。

吐蕃王朝晚期的《狩猎伤人赔偿律》、《纵犬伤人赔偿律》、《盗窃追偿律》对狩猎伤人、纵犬伤人和盗窃等侵权行为作了较为严格和详细的法律规定，规定了侵权人向受害人进行损害赔偿的标准和执行办法，需要特别指出的是，松赞干布时确立了吐蕃社会各阶层区分等级的告身制度，在这三部法律中确立了赔偿命价的等级差异原则，即根据赔偿双方的身份等级不同而赔偿标准差异悬殊。

14 世纪的《十五法典》在肯定对杀人、伤人、盗窃等侵权行为进行损害赔偿的基础上，规定了更为详细、完整的损害赔偿标准和执行方法，如"普通人的命价分上中下三个等级，上中下又各分三等，共二十七级"、"到本地以外去偷盗，数量较大的赔三罚一，数量小的赔三；邻里之间互相行窃的，根据被盗的东西来定损失费、道歉费及处罚类型"等。[②]

17 世纪初期的《十六法典》，延续了之前西藏成文法的传统和内容，进一步细化了侵权损害赔偿的标准和执行办法，如"人分为上中下三等……上上是至高无上的，命价无法偿还；上中是有三百以上仆从的头领、政府宗本、寺院堪布（寺院主持人）等，彼等命价值金三百至四百两；上下是札仓（僧院）之活佛、比丘（出家后受过具足戒的僧人）、政府俗官及有一百名仆从的官员等，彼等命价值金二百两……下下是如旧法典所述的流浪汉、铁匠、屠夫等三种人，彼等命价值草绳一根"，"偷地方上与己同等地位即近处百姓之财物，罚赔七至八倍；偷盗邻居之财物，罚赔八至九倍；偷距离远而未能返家之盗贼，对其以退赃、科罚、赔新等三种方法进行惩处"。[③] 同时，《十六法典》还确定了致人伤害赔

---

① 引自黄奋生《藏族史略》，民族出版社 1985 年版，第 71—72 页。

② 周润年译，索朗班觉校：《西藏历代法规选编》，西藏人民出版社 1989 年版，第 146—148 页。

③ 《西藏历代法规选编》，西藏人民出版社 1989 年版，第 85—98 页。

偿的"赔血价"制度，规定"要根据伤势之轻重来决定赔偿的数额……用刀砍伤者亦要根据伤势的轻重，决定其需要赔偿数量多少。对受伤者，凡是受严重内伤者，须交付赔偿金二三两；无内伤只有外伤者，若外伤面积为四指宽，则要交付其赔偿金二两，对此尚可协商妥善解决"。[①]

17 世纪中期的《十三法典》，在内容与《十六法典》上大同小异，对赔血价制度进行补充，如规定"按照等级划分，首先查明那一方先动手，分清责任，无理一方要赔偿；其次是鉴定伤情，查清是内伤还是外伤，是否流血，是否裂唇露骨，再依据伤势决定血价金额。血价因人的身份不同，赔偿金额也有所不同"。[②]

此外，西藏各地方割据势力制定的地方性法规和各部落的部落习惯法也受到西藏历代成文法的影响，以损害赔偿为首要的侵权责任形式。如德格土司制定的《成文法律十三条》源于帕木竹巴制定的《十五法典》，规定"杀人者要赔偿命价……有能力者，则可以普通命价的10—20倍赔偿命价"，"伤害他人眼、耳、鼻、手、足等，致其残废，按受害者不同身份，以命价二分之一赔偿，并将其三分之一作审理费"，"盗窃僧侣、官员的财物或寺院的法器等，按所偷价值 3—9 倍赔偿，并罚吊 1—9 次，罚鞭笞 100—900 下，刑罚轻重取决于赃物价值的多少；盗窃商人或普通人的财物，除退还原物及罚 50 元外，另再赔钱 25 元，送官方审理费 30 元"。[③] 再比如，青海玉树囊谦部落习惯法，对杀人行为，规定"打死千百户头人，命价最高为 100 锭银子，次之，60 锭银子，最少也得赔偿 2000 块大洋；打死百长、干布、居本等小头人，赔命价分别为 70 头牛、45 头牛、38 头牛；打死一般属民，只赔 5、6 头牛，或 1 锭银子，或 400 块大洋，并罚刻玛尼石经，念经悔罪"；对伤人行为，规定"头殴致伤，赔约 50 锭银子，或由干布、百长、百户打 200 皮鞭"；对盗窃行为，以被盗人的地位、身份的高低分等级处罚："偷平民，偷一赔二；偷活佛，投以赔九；偷部落头人，偷一赔十"等。[④]

从上述藏族古代侵权责任发展的历史过程来看，损害赔偿是最主要

---

① 《西藏历代法规选编》，西藏人民出版社 1989 年版，第 85—98 页。

② 同上书，第 146—148 页。

③ 参见《四川省甘孜州藏族社会历史调查》，四川省社会科学院出版社 1985 年版。

④ 参见张济民《渊源流近——藏族部落习惯法法规及案例辑录》，青海人民出版社 2002 年版，第 44—45 页。

的侵权责任承担方式，是藏族古代侵权责任制度的突出特点。

（二）藏族古代侵权损害赔偿的内容

1. 赔命价

人身损害赔偿，是人身伤亡的赔偿，也称人身伤害的赔偿。[①] 侵权行为法中的人身损害，包括致人伤害和致人死亡。

（1）赔命价（ སྲོག་སྟོང་། ，致人死亡的人身损害赔偿）

赔命价是藏族古代致人死亡的人身损害赔偿的首要责任方式，各个时期的法律对此规定得非常周详。如《狩猎伤人律》规定："因狩猎射箭，一人中流矢身亡，射箭人务需赔偿相应之命价。议定后，按应该赔偿之数付给"；《纵犬伤人赔偿律》规定："有夫之妇放狗咬人致死，将其全部佣奴、牲畜赔与死者一方；未婚之女放狗咬人致死，将其全部佣奴、牲畜赔与死者一方"。[②]《十五法典》讲到，"杀人命价律"是为了避免用杀人偿命的形式处理命案会同时杀害两条生命，从而犯下双重罪孽而制定的，还规定"杀人者不再偿命，而是以财产赔偿的方式加以抵偿"。之后的《十六法典》、《十三法典》的"杀人命价律"都对命价赔偿的数额进行了具体详尽的规定。

一般而言，赔命价（死亡赔偿金）包含以下部分：

第一，息兵款，即发生人命案后，被害者一方要出兵报仇，杀人一方为表示歉意和愿意谈判解决所支付给受害人一方的赔偿款。《十六法典》规定："父方、女婿筹集兵力之费用，皆须满足死主之要求"[③]，藏族部落习惯法也规定，"杀人一方要送给对方价值 100 块银元的牲畜，以示歉意"，藏语叫"古沟合"（ འགོ་བཀག་དངལ་རྫོགས། ）。[④]

第二，命价，藏语叫"尼什洞"（ མི་སྟོང་། ），即杀人一方付给受害者一方的人身赔偿，赔偿数额要根据死者的身份等级确定。一般情况下，打死男子，付给 81 头牛和 100 只羊，藏语叫"如勒"（ རུ་ལག ），再付给 100 块银元，称"如俄"（ རུ་དངལ ）；如死者为女子，则将牛羊和现金折半

---

① 参见张新宝《侵权责任法原理》，中国人民大学出版社 2005 年版，第 479 页。

② 王尧、陈践：《敦煌吐蕃文献选》，四川民族出版社 1983 年版，第 34 页。

③ 《西藏历代法规选编》，西藏人民出版社 1989 年版，第 40 页。

④ 洲塔：《甘肃藏族部落的社会与历史研究》，甘肃人民出版社 1994 年版，第 413 页。

付给。①

　　第三，丧葬费。吐蕃王朝时期，虽然确立了命价赔偿制度，但并未单独规定丧葬费，只是将其纳入命价之中。《十六法典》中规定，侵权人还需支付受害人葬礼所需的费用，包括死者死主之饭费、牛马等供品的费用以及做法事的费用等，丧葬费用要根据葬礼的规模而定，做法事时"要交付'玛尔'和'玛尔日'两种：'玛尔'包括金子、银子、上等茶叶、青稞、稻米等能消除罪孽之财物；'玛尔日'比'玛尔'要略微轻些，可交付少量青稞、中等茶叶和氆氇"，"若供品非牛马而是以其他物品来代替，则要交付双倍的财物"。②《十三法典》也规定："一般还要付给为死者做法事的青稞即抚慰费一半"③。

　　第四，凶手使用的马、枪等归死者家属，称为"麦什达麦五"（ང་མེ་ཏ་ང་མེ་ལྔ།）。

　　第五，压悲钱（精神损害赔偿）。《十六法典》规定："如今为平息死主之悲痛和忿怒，也要赐予'压悲钱'。……需满足死主之要求，将'压悲钱'增至二倍。"④ 从这一规定可以看出，这一规定是针对侵权行为给受害人关系密切的亲属所造成的精神损害所支付的赔偿，是一种间接的精神损害赔偿。

　　第六，子女抚养费。对伤人致死者，《十六法典》规定："若死者有小孩，其小孩在未成年之前，则须交付抚养金。"⑤

　　第七，调解费、办事费。《十六法典》规定："在交付命价之时，双方要向'古结'官员敬献洁白长哈达、中等茶叶、十二面薄绫等五包或七包，所有这些费用要妥善交付。此后依次准备妥四份笔墨之费用和工作人员的三顿茶叶、碟子、整腔羊肉、牛腿肉、四桶酒、六克糌粑。"⑥《十三法典》规定："执法人办事的费用是根据命价的高低规格收取，每80两收取一块茶叶、一条哈达以及铠甲为主的五种一份或七种一份，多少酌情而定。其中的四分之一要扣下以作他用，其中的四分之一为墨水

①　洲塔：《甘肃藏族部落的社会与历史研究》，甘肃人民出版社1994年版，第413页。
②　《西藏历代法规选编》，西藏人民出版社1989年版，第36页。
③　同上书，第98页。
④　同上书，第40页。
⑤　同上书，第38页。
⑥　同上书，第44页。

费。聚会之钱物的需要量，则酌情写在附加判词中。"① 藏族部落习惯法
也规定，纠纷调解完成后，凶手一方付给死者一方价值 400 银元的牲畜
中，死者的家属得 1/3，2/3 归调解人，其中，头人得 70%，其他调解人
得 30%；纠纷全部结束后，双方当事人和调解人要写一份协议书，签字
画押后保存在头人家中，为此还要支付酬金 1 只羊或 1 包茶。②

（2）赔血价（ཁྲག་རིན།，致人伤害的人身损害赔偿）

吐蕃王朝时期，虽然没有出现"赔血价"这一名词，但是已经出现
致人伤害的伤害赔偿金的相关规定，如《狩猎伤人律》规定："身中流矢
而未亡，付给一只肉羊作为医药、食品银"，《纵犬伤人赔偿律》规定：
"放狗咬噬尚论，受伤未死，放狗惊骇骑于牦牛等上之人致使受惊坠地，
受伤未死：将放狗者单身赶走，财物、牲畜之四分之一赔与受伤者；放
狗人若为妇女，将其逐出，其财物、牲畜之半数赔与受伤人。"③ 14 世纪
时的《十五法典》专设"流血抵罪律"一章，提出伤害赔偿的原则"要
视当事人双方的过错大小、伤势轻重来决定"，还根据受害者身份高低确
立了人身伤害赔偿金的标准；17 世纪初的《十六法典》专设"伤人血价
律"一章，初次命名"赔血价"，还特别规定了伤残赔偿金的标准；《十
三法典》也基本延续了这些规定。赔血价一般包括以下部分：

第一，血价（人身损害赔偿）。如《十五法典》规定："上等人的 1
滴血要赔 1 钱金子；中等人的 1 滴血要赔 1 陶罐实物（粮食等）；下等人
的 1 滴血赔 1 斗（粮食）。……一般要赔整羊 1 只、青稞 2 驮、糖少许、
酥油 5 斤、盐巴 1 斗、油 2 斤。"④《十六法典》规定："对受伤者，凡是
受严重内伤者，须交付赔偿金二三两；无内伤只有外伤者，若外伤面积
为四指宽，则要交付其赔偿金二两，对此尚可协商妥善解决……倘若五
官中之眼和手、脚、指头等被致残者，要按伤残者命价赔偿费的四分之
一、三分之一和五分之一来计算。总之，要根据人的器官、手和脚的作
用的大小来决定赔偿金数量的多少。"⑤ 藏族部落习惯法中也有类似规定，
如甘肃西藏将打人一方支付给受伤者的款项称为"养伤款"（གསོ་རིན།），一

---

① 《西藏历代法规选编》，西藏人民出版社 1989 年版，第 98—99 页。

② 洲塔：《甘肃藏族部落的社会与历史研究》，甘肃人民出版社 1994 年版，第 413 页。

③ 王尧、陈践：《敦煌吐蕃文献选》，四川民族出版社 1983 年版，第 34 页。

④ 《西藏历代法规选编》，西藏人民出版社 1989 年版，第 85—98 页。

⑤ 同上。

般是 4 头牛，即按半个命价来计算，其中的 1/3 归受害者，2/3 归头人和调解人。

第二，医药费、治疗费。14 世纪时的《十五法典》规定："至于伤衣、血褥、赔情费等要根据具体情况来定。若伤势严重，可遵照原有赔偿法，细软与杂物的比价为一比一点五。"17 世纪初的《十六法典》设"伤人血价律"，"对于流血太多者，尚需给予其血垫碴媲等物，血垫的多少按当时的情况而定"。17 世纪初的《十六法典》规定："根据伤势的轻重要给予适量的赔偿费和两次请医生的治疗费。在治疗期间，要妥善安排好医生的饮食。此外，如果治好病，医生可取医愈费，亦符合法规。打人者不为受伤者请医生治病是不符合法规的，必须根据法律之规定交付治愈费。"①

第三，营养费。如《狩猎伤人律》规定："身中流矢而未亡，付给一只肉羊作为医药、食品银"②；《十六法典》规定："若受伤者本人是贵族，应交付其称为'活命价胜利金和养伤补血费'，其数额为命价的四分之一。……赔情的酒肉数量、杂物的种类和数量可根据具体情况而定"。③

第四，其他费用。包括：（1）肇事款。对一般的打架斗殴案，头人先向参与打架的双方当事人罚肇事款，然后再调解纠纷，根据双方的过错程度进行罚款；如果发生伤人案件，首先部落头人和调解人要处罚肇事的双方当事人各 1 匹马，归头人所有；（2）调解费。伤人案件中，伤人一方付给受害方的养伤款中，2/3 归头人和调解人，作为调解和办事的酬金；（3）"麦吉麦吾"（ དབྱིག་དམིགོ །），即伤人的凶器如刀、枪，没收后要交给受伤者；（4）念经费，藏语称为"各仁木吉"（ སྐུ་རིམ་བཤགས་པ །），即伤人者还要给受伤者支付祈求早日康复的念经费用等。④

值得一提的是，藏族文化中，狗不仅是日常生产和生活中的得力助手，也被视为家庭成员之一，因此，藏族人民不仅禁食狗肉，对伤狗者也比照伤人案进行赔偿。如甘肃西藏部落习惯法规定，凡外来户打死当地人的牧狗，每只罚 100 银元；凡当地人打死当地人的狗，陪 1 头牦牛；

---

① 《西藏历代法规选编》，西藏人民出版社 1989 年版，第 42 页。
② 王尧、陈践：《敦煌吐蕃文献选》，四川民族出版社 1983 年版，第 34 页。
③ 《西藏历代法规选编》，西藏人民出版社 1989 年版，第 42 页。
④ 洲塔：《甘肃藏族部落的社会与历史研究》，甘肃人民出版社 1994 年版，第 414 页。

打伤狗者，不论外来户或当地人，都要给狗的主人送哈达和酒，以赔情道歉；如果过路人被狗咬伤，则由狗的主人念经，并出钱养伤。①

2. 财产损害赔偿

财产损害赔偿，指侵害财产权所产生的赔偿责任，在藏族古代法律中主要是针对盗窃行为规定的损害赔偿方式。

藏族古代法律中对盗窃行为实行的责任承担原则是加倍赔偿原则。松赞干布的《法律二十条》就规定"偷盗者除追还原物外，加罚八倍"②，《贤者喜宴》也记载"盗窃王室财物偿百倍"，盗窃王和寺院之财物偿80倍，盗庶民财物偿8倍等。③吐蕃王朝中期，敦煌发现的吐蕃文献已经出现了独立的《盗窃追偿律》，其中，规定"若盗窃价值四两（黄金）以下，三两（黄金）以上之实物，为首者诛，次者驱至近郊，其余一般偷盗者分别赔偿"。④《十五法典》则规定："偷盗者赔偿8倍，并加被盗物。与第司法的不同点是：如到自己领地以外去抢劫，要赔七罚一或赔四罚一。相同点是：如到本地以外去偷盗，数量较大的赔三罚一，数量小的赔三；邻里之间互相行窃的，根据被盗的东西来定损失费、道歉费及处罚类型。……偷盗寺院集体财物者，逐出寺院；偷盗佛的供品者，罚被偷物的80倍；偷盗村长库房的罚被盗物的90倍。"⑤《十六法典》规定："偷盗赞普之财物等罚赔原物之万倍，偷至宝之财物罚赔80倍，偷与己同等地位人之财物，罚赔7—8倍或8—9倍不等，依退赃、科罚、赔新，盗者被抢、交付羞耻同情费等多种方法对小偷进行不同方式的惩处。"⑥《十三法典》规定："对偷盗'三宝'（佛、法、僧）之祭品、他人财产者的处罚，传统习惯为偷1罚80，而行盗者往往属贫穷之辈，后改为赔偿所盗物品的20倍，限期交清。……对于偷盗百姓的牲畜和财物者，罚金为7—8倍（相当于实际处罚的4—5倍）。……若有不交纳罚

① 洲塔：《甘肃藏族部落的社会与历史研究》，甘肃人民出版社1994年版，第414页。

② 引自黄奋生《藏族史略》，民族出版社1985年版，第71—72页。

③ 巴卧·祖拉陈哇：《贤者喜宴》，黄颢译，中国社会科学院民族研究所，1989年，第193页。

④ 王尧、陈践：《敦煌吐蕃文献选》，四川民族出版社1983年版，第37页。

⑤ 《西藏历代法规选编》，西藏人民出版社1989年版，第46页。

⑥ 同上书，第88页。

金的情况，则将案犯押解法庭，澄清事实，加以惩处。"①

从上述规定可以看出，西藏古代法律对于盗窃行为以加倍赔偿为责任承担方式，这种方式实际上是惩罚性损害赔偿。所谓惩罚性损害赔偿，也称为示范性的赔偿或报复性的赔偿，是指作出的赔偿数额超出实际的损害数额的赔偿，具有补偿受害人遭受的损失、惩罚和遏制不法行为等多重功能。惩罚性赔偿的重点在于惩罚而非补偿，不能作为侵权损害赔偿的一般性规则予以规定，而只能在盗窃行为这种例外情况下适用。② 这是由于盗窃行为这一行为加害人主观过错较为严重，尤其是动机恶劣、具有反社会性和道德上的可归责性，即使没有发生实际损害，也要承担惩罚性赔偿责任。

此外，藏族古代侵权责任承担方式还有返还原物的方式，如敦煌吐蕃文献《盗窃追偿律》规定："若偷盗价值一两七雪二南姆（黄金）以下，一南姆以上之实物者，将其盗来之物全部退还物主。"③

（三）藏族古代侵权赔偿的免责事由

1. 因受害人的过错导致的损害，免于赔偿。17 世纪初的《十六法典》规定："受伤者倘若无理，则受伤者应交付对方五成或三成之胜利金，对方亦无须交付受伤者补偿费"，"狗主不前来阻挡，致伤他人，并撕破其衣服，被伤者在处于无奈的情况下用石头或刀子致狗于死地者，不偿还狗命"。④

2. 于受害人先期行为导致死亡的，免于赔偿命价。如《十五法典》规定："盗贼在行窃时被杀，虽无赔命价之说，但可进行诉讼，最多赔些丧葬费，具体事项具体对待。"⑤《十六法典》则规定："打伤盗窃者无需付赔偿费用；用弓箭或石块打死盗贼者，除交付命价补偿外，无需交超度之费用。"⑥

3. 无民事能力人免于承担赔偿责任，如《十六法典》则规定："傻

---

① 《西藏历代法规选编》，西藏人民出版社 1989 年版，第 88 页。

② 参见尹志强《侵权行为法的社会功能》，《政法论坛》2007 年第 5 期。

③ 王尧、陈践：《敦煌吐蕃文献选》，四川民族出版社 1983 年版，第 37 页。

④ 《西藏历代法规选编》，西藏人民出版社 1989 年版，第 88 页。

⑤ 《西藏历代法规选编》，西藏人民出版社 1989 年版。

⑥ 同上书，第 88 页。

子或边地语言不同之流浪者，因饥饿不能忍受而进行盗窃，要给予'羞耻同情费'，即适量的食品和衣服。"① 《十三法典》规定："无意识致使他人坠入深渊，8 岁以下儿童误伤人命、射箭投石偏离方向伤人、互相弄刀死于非命者，只要有目睹者作证，一般不追究法律责任，但肇事者须引以为戒，并适当为死者超度"②，不满 8 岁的儿童用刀伤人致其死亡时，只赔丧葬费。③ 即如果行为人并没有伤害、杀死他人的主观过错，包括无意识（如精神疾病等）、没有判断能力的儿童、意外以及由于行为人与受害人之前的争斗行为等，造成侵害被害人的事实，法律明确规定行为人不承担损害赔偿责任，但是，出于公平原则的考虑，需要支付一定的超度费用，作为对受害一方亲属的精神安慰。

4. 侵权人与受害人过错相当，则"双方无理由格斗致伤人命，只对死者的赔偿从严执行，诉讼方面不作任何结论和判决"④。即双方各有过错时，各自根据过错大小承担赔偿责任。

---

① 《西藏历代法规选编》，西藏人民出版社 1989 年版，第 88 页。
② 同上书，第 146—184 页。
③ 同上书，第 46 页。
④ 同上书，第 146—184 页。

第五章

游牧文化视角下藏族古代财产法的特点

法律并不是社会力量的直接反映，而是对政治与社会关系的组织的需求与努力，在特定人群的脑海里呈现出来；因而，法律是受到思考方式与心灵状态以及祖先们的规制习惯所限定的。我们必须从根本上认定：整个文化是法律的背景。[①]

——［德］涂恩瓦

一 藏族游牧文化

（一）藏族游牧文化

除未经改造的或者人化的（自然物被人主观赋予感受和意义）自然环境外，凡人类创造出来、可以通过学习获得、可以通过各种信息媒介传承于后世的一切物质和非物质产品都是文化。[②] 一般而言，"文化"包含三个层次：第一，观念文化，即一个民族的心理结构、思维方式和价值体系，是深层次的文化；第二，制度文化，即历史发展过程中形成的各种制度，是中层次的文化；第三，器物文化，是指体现一定生活方式的具体存在，如住宅、服饰等，是表层次的文化。

人类学中，"游牧"是一种与特殊自然环境配合的生计、经济、社会和文化模式，是人类学总结的几大生计、经济、社会和文化模式中"牧

---

① R. Thurnwald：weden, wandelund Gestaltungdes Rechts, S. 15, Berlin. 转引自林端《儒家伦理与法律文化：社会学观点的探索》，中国政法大学出版社 2002 年版，第 22 页。

② 参见丹珠昂奔《藏族文化发展史》，甘肃教育出版社 2000 年版。

业"的一个亚类。① "游"指流动的人群，"牧"指游牧人的劳动方式和文化特征。由于青藏高原地理环境的特点，游牧是青藏高原藏族人民长久以来赖以生存发展的生计方式，而游牧经济形态和地理环境则在很大程度上决定着藏民族物质文化的特点，如生产工具的种类、居住方式和住房类型、交通工具和搬运方式、生活用具、起居、饮食习惯、衣饰等，同时，游牧经济形态和地理环境也在一定程度上决定着建立在物质文化基础之上的精神文化内容，如价值观念、哲学思想和信仰方式等。以上三种层次共同构成了藏族游牧文化。因此，藏族游牧文化可以定义为以游牧为核心要素和影响力的观念文化、制度文化和器物文化三个层次的文化综合体，是包含以游牧为核心要素和影响力的精神文化与物质文化的民族文化的综合体，是藏族传统文化的重要组成部分。

藏族游牧文化在青藏高原产生、发展并延续了几千年，积淀出稳定、深沉、丰厚的文化内涵：

首先，形成了以游牧生产为核心的知识文化体系，表现为：一是驯化动物的经验非常丰富，并形成了理论著作，如敦煌古藏文写卷中的《驯马经》、《医马经》（残卷）等；二是丰富的游牧经验形成了一整套有序、科学的畜牧知识体系，包括草场轮牧、草原有效利用、防灾防害、合理放牧、科学组群、畜种分牧、棚圈建设、授仔育仔、补饲防疫等内容。

其次，围绕游牧生产形成了完整的游牧生活文化体系，如饮食、服饰、居住、运输工具等都与游牧生活相适应，如游牧生活中不可缺少的藏式帐篷，常见的为牧民按照传统手工艺用粗牛毛制成粗氆氇、然后缝制而成的黑色牛毛帐篷，面积宽大、质地优良、防雪防雨、防寒保暖，便于拆卸、携带和修补。

再次，形成与游牧生活相适应的价值观、伦理观，如牧民将游牧经验编成谚语，如"春天牲畜像病人，牧民是医生，夏天好像上战场，牧民是追兵，冬季牲畜像婴儿，牧民是母亲"、"不行歪门邪道，又可找到财富，这有五种办法：一是立即公开地给别人面子（别人就会相帮自己）；二是公开地发展牲畜；三是公开地去当臣仆；四是公开地做买卖；

①　齐木德道尔吉、徐杰舜：《游牧文化与农耕文化》，黑龙江人民出版社2010年版，第18页。

五是公开地种地"①。

（二）藏族游牧文化的有限性和移动性

1. 藏族游牧方式的有限性

藏族游牧方式可被称为"有限的逐水草畜牧"，"逐水草畜牧"的
"'逐'是循自然规律所动，按自然变化指令而行的行为"②，并不是漫无
边际、无所顾忌的放牧，而是要遵守诸多规则，即人们的衣食住行依赖
于所放牧的家畜，而草场畜载量的有限性和季节的四时变换，使人们只
有在规律、持续的移动放牧过程中，才能满足人本身的生存需要和生活
需要。这种有限表现为：

第一，游牧活动在相对稳定的某一区域内进行。首先，藏族社会的
游牧活动严格遵循自然的变化规律。草原地区，不同部落、部族、家族
的游牧活动，是在一片相对固定的游牧区域内，按照规定的时间、牧道，
在部落组织（求德合）的统一安排下进行的。如青海阿曲乎部落规定牧
户按小亲族每10户编为1个"日郭尔"（帐户圈），每个"日郭尔"设一
个"求德合"（执法者），各"求德合"依照部落俗规和千户的安排，在
规定的迁圈时间、落帐地点、草场范围内四季轮牧。③ 其次，各游牧区域
的形成和分割是在长期的游牧生活中通过习惯与利益认同逐步形成和确
立的，部落间的游牧区域往往以山地、河流、沼泽等作为界线。各部落
大都制定部落规范，划定草场地界，处罚逾界放牧者，如青海玉树部落
规范规定，对错界驻牧的千户罚犏牛7头，百户罚犏牛3头，平民各户罚
牛1头。④ 从西藏游牧生产过程看，"逐水草畜牧"是一个相对概念，只
能将其理解为"一定领域内的游牧移动"。

第二，藏族社会游牧活动有着强烈的季节性或周期性。藏族"最基
本的移牧方式分为两种：夏天往北而冬季往南的水平移动，以及夏季往

---

① 详见英国国家图书馆藏《敦煌卷子 S. 2593V》，转引自敦煌研究院《敦煌研究文集》，
甘肃人民出版 1982 年版。

② 南文渊：《藏族牧民游牧生活考察》，《青海民族研究》1999 年第 1 期。

③ 参见张济民《渊源流近——藏族部落习惯法法规及案例辑录》，青海人民出版社 2002 年
版，第 42 页。

④ 同上。

高山而冬季向低谷的垂直移牧"①。青藏高原人们饲养的牲畜主要有牦牛、藏羊、藏马及藏山羊及藏狗等，每年 5 月底到 6 月初，牧草逐步长齐，牧民驱赶畜群进入海拔 3000 米以上的夏季草场，充分利用高寒草原牧草资源，冬季草场得以恢复。8 月底至 9 月初，气温下降、草籽成熟，牧民则将牲畜赶入秋季牧场。10 月下旬，牲畜被赶入海拔较低、位于平地或山沟的冬季牧场，避风向阳，气候温和，牧草返青迟、枯黄晚、性柔软，并且经过接近半年的恢复，为家畜存储的足够冬季草料。这一过程周而复始，既可以满足畜群的需要，又能保护草场。

第三，西藏游牧经济中的牧业与农业互为补充、不可分离。青藏高原是中国最大的牧场和重要的牧业生产基地，牧业产值较高，是藏族游牧经济的根本；而由于海拔较高、气温较低以及广种薄收等耕作方式，农业产值所占比例较低，是藏族游牧经济的重要补充。"西藏各地几乎都是农牧紧密联系的地区，山谷用于农业，附近的大山则为牛羊提供了牧场。农民与牧民紧密联系，他们往往是同一地区的人，居住在同一村庄，甚至是同一家庭成员。"② 除藏北、青南与川西北高原为纯牧业地区外，藏区大多数村庄里的大部分居民，在从事农业生产的同时，也从事牧业生产，甚至有少数人完全致力于牧业生产。在农区和半农半牧区，牲畜的饲养为农业生产提供畜力和肥料，为人们日常生活提供肉、奶、皮毛等畜产品，而农业也能为牲畜饲养提供一定数量的草料。因此，有人认为，西藏有完全意义上的牧区和牧民，却没有纯粹意义上的农耕者，几乎没有不染指牧业的农户。③ 总之，西藏的主要经济形态是以游牧经济为主，20 世纪 50 年代初，西藏的牧业产值占农牧业总产值的三分之二，在特定地理环境下西藏地区农业生产也与游牧经济息息相关、不可分割。另外，青藏高原草场面积非常广阔，游牧经济占绝对地位，而农业被限制在较为狭窄的地域内，因此，虽然农业生产往往是青藏高原政治力量崛起的重要因素，但是农业经济和文化影响力没有游牧经济的影响那么全面、广阔。

---

① 王明柯：《游牧者的抉择——面对汉帝国的北亚游牧部族》，广西师范大学出版社 2008 年版，第 21 页。

② ［美］卡拉斯科：《西藏的土地与政体》，陈永国译，西藏社会科学院、西藏学汉文文献编辑室，1985 年，第 72 页。

③ 周晶：《20 世纪前半叶西藏社会生活状态研究》，博士论文，西北大学，2005 年。

综上，"逐水草畜牧"是在特定领域的牧场按季节进行轮牧，因此，"逐水草畜牧"是一个相对概念，只能将其理解为"有限的游牧移动"。

2. 藏族游牧文化的移动性

"移动以及随时作有关移动的抉择，是游牧社会人群适存于资源匮乏且变量多的边缘环境的利器……移动，使得他们能利用分散且变化无常的水、草资源，也让他们能够及时逃避各种风险"①，"随畜牧而转移"，"逐水草迁徙"是藏族游牧文化的根本特点。

第一，游牧迁徙的规律性。从上述三种游牧方式看，游牧生产的两大要素——牧民和畜群，持续、有序的迁徙和移动。移动是牧民生产生活的方式和基础，牲畜跟随草场移动，牧民跟随牲畜移动，人与牲畜都要跟随自然变化的规律移动。同时，游牧总是按照一定的季节、地域、路线进行，不能违背这种规律，牧民须驱赶畜群按照既定的轨迹行进、保护畜群不脱离游牧的路线，因此，"由于游牧民族需要在不同季节为畜群在荒凉草原上寻觅生活资料，他自己的生活与行为必须准确地按气候与植物生长周期表行动"。② 牲畜的迁徙必须符合冬夏草场季节变换的规律，通过季节性的轮牧合理利用游牧区域内的植物资源。

第二，移动的牲畜。首先，人们为满足基本生存生活需求而饲养一定数量的牲畜，而畜牧生产必须由相对广阔的草原空间提供充分的牧草，牧民们必须通过有规律的转场迁徙满足畜群的食物需要，以恢复草原植被，因此，畜牧生产必须以游牧方式进行。其次，游牧社会的移动力，主要来自其主要财产（牲畜）都长了脚，来自其生产方式不固着于土地，来自其"作物"随时可收割（牲畜随时可食）无须等待秋收。最后，藏族游牧社会中，移动、迁徙的目的是本民族的生存和发展，因此，移动、迁徙是藏族人的生产方式，也是其生活方式。

此外，有三种因素影响游牧方式移动的频率：一是农业化程度，农业化程度较高的河谷地区，畜牧移动的次数较少、移动范围较窄；二是畜群规模，畜群规模越大移动频率越高、距离越远、范围越广；三是夏季雨水影响，夏季气候干燥、寒冷，则畜群移动距离较远，雨水丰富、

① 王明珂：《游牧者的抉择：面对汉帝国的北亚游牧部族》，广西师范大学出版社 2008 年版，第 26—27 页。

② 南文渊：《藏族牧民游牧生活考察》，《青海民族研究》1999 年第 1 期。

气候温暖，则畜群移动距离较短、频率较低。畜群移动的范围取决于所放牧牲畜的数量、草场的载畜程度以及草场的区域。

总之，游牧文化的本质特征和核心要素就是"移动"。"迁徙与流动是游牧文化生生不息的精神物质源泉，游牧生活全面塑造了游牧人的身体构造，心灵世界和文化模式，游牧人在马背上创造了帝国、军队、史诗和信仰，流动是游牧文化的核心价值。①"

二　游牧文化下藏族古代财产法的特点

法律总是与一定时间的人群和一定地点的文化相关，根植于特定时空的民族文化之中。孟德斯鸠说过："法律应该和国家的自然状态有关系；和寒、热、温的气候有关系；和土地的质量、形势与面积有关系；和农、猎、牧各种人民的生活方式有关系。法律应该和政制所能容忍的自由程度有关系；和居民的宗教、性癖、财富、人口、贸易、风俗、习惯相适应。最后，法律和法律之间也有关系，法律和它们的渊源，和立法者的目的，以及和作为法律建立的基础的事物的秩序也有关系。"② 法律只是赖以存在的文化的一部分，是一种相对的文化现象。作为一种地方性知识，法律显示出不同文化背景下的社会群体对法律的不同理解。正如吉尔兹所认为的：如同航海术、园艺、政治或诗歌，法学和民族志都是具有地方性意义的技艺，因为它们的运作所依凭的都是地方性知识。③ 游牧文化中，经常性的移动影响到藏族人民生活的物质文化、精神文化的各个层面，人的"衣食住行、婚丧嫁娶、宗教信仰、伦理道德以至工艺器皿、文化教育必须与其迁徙的生活相适应"④，藏族古代的财产观念和财产法也与"移动"息息相关，显示出浓郁的游牧文化特色。

（一）团体性主体是藏族财产法史的重要民事主体

团体性主体是藏族古代财产法中非常重要的民事主体类型。民主改

---

① 吉尔嘎拉：《游牧文明：传统与变迁》，博士论文，内蒙古大学，2008 年。
② ［法］孟德斯鸠：《论法的精神》，张雁深译，商务印书馆 1982 年版，第 7 页。
③ 参见梁治平《法律的文化解释》，三联书店 1998 年版，第 73 页。
④ 邢莉：《游牧中国》，新世界出版社 2006 年版，第 14—15 页。

革前，藏族社会的团体性财产主体主要包括部落、寺院和政府等，这些团体性的财产主体是藏族传统社会中重要的民事主体，从事着物权行为和借贷、买卖等各种民事活动，是藏族古代民事财产法律关系中重要的民事主体类型。

法人是西方传统民法的重要理论之一。具体概念的萌芽最早出现在罗马法中，法人概念则是由 13 世纪注释法学派提出来的。[①] 西方近代民法认为，法人主体资格的认定需从以下方面确定：第一，"法人者，团体人格也"[②]，即认为法人是具有独立人格的团体，具有独立的民事权利能力和行为能力，能够独立享受民事权利并承担民事义务，因而具有独立的民事主体资格，这是法人区别于非法人团体的特征。第二，法人的人格依托于财产而存在。任何一个团体都是人和财产的聚合体，因此，作为民事主体的法人必须有财产，否则就无法以自己的名义参与民事法律行为和财产流转，也无从享受财产权利并承担财产义务，更谈不上成为独立的权利主体。判断团体是否是法人最直观的标准就是团体是否有财产。

如果移植西方民法中"法人"的概念和理论，那么，判断藏族古代的部落、寺院和政府是否能为法人的标准，就是这些团体是否具有人格并具有属于团体的财产。学者们大都同意部落、寺院和政府是民主改革前西藏社会重要的民事主体，但是关于其是否具有法人资格，学者们有不同看法。徐晓光认为："吐蕃法没有自然人和法人的区分，但有团体和个人的划分。团体主要有王室、寺院和奴户等，个人则有赞普、官僚贵族、农民、手工业者等。"[③] 华热·多杰则认为，宗教组织不仅拥有财产，而且实际上已为宗教组织所掌握，因而宗教组织对此财产拥有所有权，也因此承担民事法律责任。前一种观点明确说明寺院、王室或政府没有法人资格，后一种观点则认为寺院具备财产、管理者、权利的享有和义务的承担等法人成立的基本要素，从而间接地认可寺院的法人资格。综上，如果能以团体的名义作出一定的法律行为，并能以团体财产享有权利和承担义务，则应当认定部落、寺院和政府等团体具有法人资格，否

---

① 周枏：《罗马法原论》，商务印书馆 1994 年版，第 270 页。
② 江平、赵旭东：《法人制度论》，中国政法大学出版社 1996 年版，第 1 页。
③ 徐晓光：《藏族法制史研究》，法律出版社 2001 年版，第 56—58 页。

则这些团体就不具备法人资格，仅为一般的团体组织。

部落是农牧民生活的基本组织，是重要的民事主体。在藏族社会日常民事活动中，常常出现以部落为单位进行牲畜买卖、借贷等民事活动。牲畜是部落公有的主要财产形式，如黑河宗罗马让学部落有部落公有的用于畜租的"其美"畜，购买这些牲畜的经济来源是通过收取过路商人的草钱来购买牲畜交给牧民放牧，部落收取一定的"其美"租，租额一般比噶厦低，每头牛每年收取酥油两克。黑河门堆部落也有部落公有的"其美"畜，租额是每头奶牛每年交酥油 2.5 克，每头驮牛每年交藏银 35 两，每只羊每年交酥油 7 娘噶，每只母山羊每年交酥油 5 娘噶。① 此外，部落头人还可以部落名义向寺院或政府进行借贷，并代表全体部落成员签订借贷契约，如（铁牛年 1901 年）"百姓向政府借贷所呈之契约"中就记载"从政府存放在各宗、豁的贷粮中，给所有冒烟户每人贷给口粮和种子粮 3 克"②，借贷人是江达宗全体百姓——所有冒烟户，代理人有格桑云登、达肖、彭康仲益·阿西、强佐丹增、强佐桑珠等部落头人、寺院堪布、领主代表等，目的是向政府借贷口粮和种子粮，还确定还债日期、借贷利息（本金粮十升）以及违约责任（听凭上官大人处罚）。部落可以对其获得的财产进行支配，如那曲宗阿巴部落的三名甲加（送信人）平时负责将部落的决定通知到户，因此每年部落会议通过九个达秀的负责收税的达秀阿妈各送一只大山羊、达宝各送一只小山羊、达秀下的牧户依牲畜多少交一定数量的酥油或糌粑等，这些实物由三人均分作为报酬。③ 此外，全体部落成员还可以以部落的名义向寺院提供宗教活动的费用，如拉卜楞寺的 23 个部落轮流以部落的名义，提供给寺院每年正月"毛兰姆法会"、七月大法会以及寺院大小活佛坐床典礼或圆寂超度的费用和一切开支，这项费用来自部落全体成员。④

寺院也是藏族古代重要的团体性主体。寺院占有大量的土地、牲畜和属民，贮存大量粮食、财物，通过参与商业贸易和借贷、放债以及畜

---

① 参见格勒、刘一民、张建世《藏北牧民——西藏那曲地区社会历史调查》，中国藏学出版社 2004 年版，第 144 页。

② 扎西旺都：《西藏历史档案公文选水晶明鉴》，民族出版社 1988 年版，第 12 页。

③ 参见张建世《民主改革前藏北那曲宗部落的组织管理》，《中国藏学》，1992 年特刊，第 33—44 页。

④ 洲塔：《甘肃藏族部落的社会与历史研究》，甘肃民族出版社 1996 年版，第 411 页。

租，成为民事法律关系中的财产主体。寺院财产包括土地（耕地和草场）、牲畜、房屋（寺院的经堂、廊厅和住房以及其他房产）、粮食、贵重物品及一般日常用品。需要注意的是，寺院并不是作为一个统一的民事主体进行民事活动，实际上，寺院内部的财产状况非常复杂，既有全寺公有财产，也有分属于各札仓的，还有属于活佛、堪布等高级僧侣和一般僧侣私人所有的，其中，全寺公有和各札仓公有的财产，只能以寺院或札仓名义进行使用、收益和处分。如拉卜楞寺除全寺公有财产外，下属的闻思、续部上院、续部下院、喜金刚、时轮等学院还各有公产，如闻思学院有公有财产有森林三处（分布于南夸龙哇、洒尕各尔、东龙沟德合毛宗）、土地数处（散布于夏河地区的福地沟、马莲滩、火尔卡加、龙格尔塘、江麻昂、日德合等地）、房屋一处（在上塔哇，约130间），基金及物资若干（银元2万元、酥油6万公斤、松茶10包、7500公斤及供饭基金元宝63个，等①。

　　政府。西藏历史上，作为民事主体的政府主要包括吐蕃王朝时期的吐蕃王室及各茹、分裂割据时期的各地方政权、元代以后的西藏地方政府。吐蕃王朝时期，王室代表国家，即中央政府，是全国最大的土地和草场的所有者，土地、草场的所有权归王室所有，王室享有对包括土地在内的国家财产占有、使用、收益以及处分的权利。以土地为例，王室有权对土地进行封赐，如《达札路恭记功碑》、敦煌文书等文献记载，王室可以将把土地封赐予各地方贵族，如囊日论赞"将念·几松之都尔瓦城及一千五百户奴户赏给娘·曾古"②。元明清以后的西藏地方政府也是重要的民事主体，拥有土地、牲畜和金银等财物，除维持日常开支，尚有一定数目的款（物）用于放贷、畜租等民事活动。政府直接管理的庄园称"雄谿"，政府可将这些土地租给农奴耕作。政府也可将粮食、藏银等借贷给部落或者贵族，民主改革前，以那曲地区为例，噶厦每年2—4月放款（物），由专人巡回办理具体借贷手续，同年8—10月收贷。由于这种借贷利率一般较低，一般百姓很难得到。政府占有的牲畜，通过"其美"（不生不死制）和"协"（有生有死制）等畜租形式租给牧民，由此获得租息。政府的收入用于支付所辖机构的经费和高级官吏的俸禄。

从以上论述可以看出，部落、寺院和政府是西藏财产法史上重要的团体性民事主体，不仅拥有独立的财产，可以以自己的名义从事借贷、畜租、买卖等民事法律行为，并根据民事法律关系的不同享有权利和承担义务，并承担民事法律责任。其中，吐蕃王室、西藏地方割据政权和西藏地方政府具有独立人格，可独立作为权利义务的主体从事借贷、买卖、租赁等法律行为。当然，由于政府和国家还同时享有处理政务、管理国家的公共权力，因此其进行民事法律行为时一般不强调严格的形式。而寺院则是以捐助财产为基础的民事法律主体，其民事主体资格主要体现为管理、使用和处分寺院的公有财产。因此，部落、寺院和政府是特殊的民事法律主体。

（二）不动产制度简略而动产制度较为发达

1. 相对于土地所有权而言，藏族古代财产法更注重土地的使用权和收益权

藏族游牧文化体系中，土地制度仍然是青藏高原最重要的民事财产制度，但是与罗马法和近代传统民法中完善的不动产制度为标志的物权制度相比，西藏古代财产法律制度正好与之相反，以土地为核心的不动产制度相对简单，而以牲畜为核心的动产制度规则体系则相对发达。

土地作为最基本的生产生活资料，是物权法的基本内容，也是财产制度的两大支柱内容之一。就物权来说，游牧社会中"移动权比居住权更加重要，而'所有权'实际上就是循环移动的权利"①。就土地而言，藏族游牧社会自古以来"居无恒所"、"无城郭常居耕田之业"、"各有分地，逐水草迁徙"，与农耕民族相比，强调的是移动的游牧生活中，注重随季节、逐水草的迁徙和移动。而游牧的基本生产生活资料——草场，由于青藏高原的高海拔、低气温等条件并不适于以持续、稳定的农业生产来获得足够的粮食，同时，由于草场的畜载量有限，为此，草场必须因游牧者随时转移畜群才能显示出其价值。每一块牧场的牧草是有限的，没有任何一块牧场能够长时间不间断地放牧，因此，只有规律的持续的

---

① ［美］拉铁木尔：《中国的亚洲内陆边疆》，唐晓峰译，江苏人民出版社2005年版，第44页。

移动才能满足游牧生产的需要，从这个意义上来说，单独的、稳定的牧场是没有价值的，只有不断移动牧场，游牧者才能最终实现牧场和畜群的所有权和使用权。通过移动，游牧生产才能达到既要合理利用草场、满足牲畜的生存需要，又要不断迁移、使草场牧草恢复，使牲畜得以繁衍、游牧经济得以为继的目的。

由于游牧文化的移动性，藏族古代财产法更注重土地的使用权而非所有权，表现在游牧者支配草场使用权的方式通过历史上形成的民事习惯来实现，具体而言，分为以下内容：

（1）注重草场使用权主要表现为按照轮牧习惯对草场进行使用和收益

轮牧，也称为划区轮牧，是将放牧草场分成若干季节牧场，再将每个季节牧场又分成若干轮牧小区，然后按一定次序逐区放牧、轮回利用。轮牧的时间和草场的放牧顺序都有严格的规定，这些规定是在长期游牧生产过程中探索和总结出来的，最终形成了有约束力的民事习惯，对部落内部和部落之间的轮牧活动进行规范。藏族地区大多实行"轮牧"，即把草场划为春、夏、秋、冬草场，在不同的季节，到不同的牧场放牧。藏族游牧的"有限的逐水草而牧"，是说每个部落的草场都大致按季节划分成片，有计划地组织放牧。草场宽裕的部落，把牧场分为四季牧场；畜多、草场紧缺的部落，则只分冬、夏草场；大多数地区分为冬、夏、秋三季草场。草场轮牧按气候变化进行，由冷渐暖、由低向高依次进行，"夏季放牧上高山，春秋返回山腰间，冬季赶畜去平川"、"夏天上山，人赶着雪跑；冬天下山，雪赶着人跑"。① 同时，牧场迁徙时间十分严格，各地根据当地的气候条件，大都有从历史上沿袭下来的固定迁徙时间：实行三季轮牧的地区，一般五月下旬至六月初迁入夏窝子，八月底至九月初迁入秋窝子，十月上旬迁入冬窝子。民主改革前，各部落在迁徙牧场前都要开会，由部落头人决定迁徙的具体时间，还要请僧人算卦择定吉日。虽然迁徙时间各自不同，但统一迁徙是各部落的牧业生产法规的基本原则，所有部落成员不得违反，如四川理塘毛娅地区的"十三禁令"规定，不准任意搬迁牧场，每年藏历五月十五日在土司、部落头人的统

① 格桑本、尕藏才旦：《青藏高原的游牧文化》，甘肃人民出版社2000年版，第63—64页。

一指挥下,牧民们才能搬到夏季牧场,必须统一行动,若提前1天或延后1天,每户罚带鞍驮牛1头或者藏洋5元,两天为10元,以此类推。①甘肃西藏的部落也规定,牧民搬迁牧场必须按照头人分配的范围和指定的时间进行,提前或延迟头人规定的日期都要罚"日秋"(帐房款)1头牛。② 轮牧的部落规范是藏族游牧社会分散经营利用草场的基本规则,草场属于部落共有,部落头人不能任意将本部落的草山转让或出售给其他部落,虽然草场名义上归中央政府所有、由西藏政府、寺院或土司占有,但草山仍然是由部落组织按照传统惯例通过轮牧实际使用,这一约定俗成的土地使用方式并不注重或强调土地的所有权,更多的是关注土地的使用权,这是藏民族不注重土地所有权观念、不划分土地所有权的重要原因。

(2) 部落间的草场划界和草场越界纠纷处理方式反映出部落土地共有观念

部落是使用草场的基本单位,每个部落都有一定的放牧范围,部落与部落之间的草场界限,往往以山脉、河流、马道、山沟、沼泽、垒石、沙滩等显著的标志作为划界依据。在每个特定的草场范围内,部落成员才能迁移和放牧。一个大的部落又常常分为若干小部落,每个小部落同样控制着一定地界的共有草场,各小部落的成员一般也不能随意逾界放牧,否则会受到处罚。如藏北地区的黑河宗北部地区,由于草场广阔、人烟稀少,部落之间只是划定了大致的草场范围,没有清晰的界限,如果一个部落的牧民到另一个部落的草场放牧,只要事先征得部落头人的同意即可,既不纳贡,也不交草税;而黑河宗南部地区草场较少,各部落间划定了明确的草场界限,规定不能相互越界放牧,如果要逾界放牧,在事先征得部落头人同意的基础上,还必须遵守其他约定俗成的各项规定,包括向部落头人备送一定的酥油、肉等礼品以及只能在指定的有限草场范围内放牧。③ 而四川理塘毛娅地区的部落法规则规定,各"加火"

---

① 参见张济民《渊源流近——藏族部落习惯法规及案例辑录》,青海人民出版社2002年版,第132—135页。

② 参见洲塔《甘肃藏族部落的社会与历史研究》,甘肃民族出版社1996年版,第418—419页。

③ 参见格勒、刘一民、张建世《藏北牧民——西藏那曲地区社会历史调查》,中国藏学出版社2004年版,第69—70页。

（百户长）只能在一定范围的牧场上居住、放牧，每三年当地的土司对属下的牲畜进行清点，之后，再根据牲畜数量调整各"加火"的牧场，各"加火"之间占有牧场的界限是十分严格的，不能相互越界放牧，否则要抓住越界牲畜割去尾巴，或告到土司处，由土司决定对越界放牧行为的处罚，一般情况下，1只羊越界罚藏洋1元，1头马或牛越界罚酥油5斤（藏秤），另外，如果有人故意越界放牧，要从严处罚。[①] 可见，当部落之间因草场越界使用发生纠纷时，部落作为民事财产主体、部落头人作为部落的代理人，由上一级领主裁决对越界纠纷进行处理，越界放牧者要受到草场所在部落全体成员的关注。在纠纷处理方式，使部落成员对本部落草场的共有特性的认可加强，强调的是部落对草场的实际占有权和支配权，最终目的是解决纠纷，而非划清所有权界限。

（3）部落内部成员的草场放牧较为宽松

各部落成员在本部落草场范围内放牧时，在部落共有草场使用权的前提下，各成员之间放牧的草场没有稳定、统一、清晰的界限，迁徙路线并不固定，路线和草场的选择直接与草场长势、气候条件等密切相关。如《藏北牧民》中就记载了牧民旺杰伦珠的放牧路线："十二月份走到了伯依查姆山下……在山南面住了两个月。在这两个月里，我们有时候七八天搬一次家，有时候半个月、一个月搬一次家。搬家的方向、地点不是事先安排好的，哪里草好些就往哪里搬，有时候又搬回了住过的地方。……我们家在伯依查姆山南面住过两个冬天，又在伯依查姆山东面住过七个冬天。"[②] 这段记载说明，部落成员只要不逾界放牧，部落内部并不清晰、明确地界定土地使用的界限，只有一个大致的范围，这段访谈中这个范围大致在伯依查姆山附近。同一块草场的使用往往按照先来后到的顺序使用，也可以几家共同使用，每户牧民并不认为自己所占有的草场只能自己使用。但是，由于部落头人的权力，部落头人所占有的土地往往产生排他性的使用权，即只有部落头人的牲畜才可以放牧，而其他牧民不准入内放牧。如藏北地区的安多多玛部落的五块草场（起柯

---

① 参见张济民《渊源流近——藏族部落习惯法法规及案例辑录》，青海人民出版社2002年版，第132—135页。

② 格桑本、尕藏才旦：《青藏高原的游牧文化》，甘肃人民出版社2000年版，第63—64页。

尔、西下尔答穷、古那、曲如数和混龙），只有特定的家族才能放牧，其占有者都曾担当过该部落的头人，其他人不得入内放牧。① 这种情况在安多地区也同样存在，甘南地区如果牧民越界放牧到头人使用的草场上，通常要没收越界的牲畜，畜主还要遭受打骂，严重的没收其三分之一或二分之一的财产，有时甚至视为反抗头人，要没收全部财产。② 再如果洛色达地区，"日廓"是游牧经济生活中的一个单位，指共同放牧畜群的人，每个日廓由3—5户帐篷人家组成，20—400个"日廓"可组成一个"措瓦"（意为较大的营地群体），每个措瓦"依据其领地的地方特征取名，如以当地的河流、山脉、某个地方命名，也有根据神话传说取名的。人们对本'措瓦'的土地有一种长期约定俗成的领地权利意识。每个'措瓦'对于作为自己的牧场的某些地域，明确地享有权利。年轻牧民负有更多的巡视和保护牧场的责任，若有外人或他人的牲畜闯入，便会引起争执，甚至导致大规模流血冲突，此类事件在今天仍时有发生。'措瓦'的任何成员都不得买、卖任何一片公有草场，不得将任何一片公有草场赠送他人。即使拟将部分草场租赁出去，也须征得全'措瓦'人的允许或得到头人的批准。"③ 这种部落内部的草场利用模式是部落土地共同使用权的典型特点，因此，对于游牧民来说，彼此之间草场的大致划分并没有所有权的意义，而是在对部落土地共同使用权的使用方式，而这种土地使用的观念成为部落成员普遍接受的事实和方法。

（4）国家土地所有权强调的是主权意义，而由实际占有者行使对土地的使用、收益和处分等权利

需要指出的是，从历史发展过程看，草场、土地分别实行过吐蕃王室、西藏地方政权以及中央王朝政权下的国家所有制，因此，牧民没有草场的所有权，但是由于游牧生活的实际情况，放牧过程中需要足够大的草场才能满足畜群的需要，因此，草场的国家所有制下的所有权只是形式上的，实质上由放牧者掌握一定范围草场的使用权和支配权。而半

---

① 参见格勒、刘一民、张建世《藏北牧民——西藏那曲地区社会历史调查》，中国藏学出版社2004年版，第116—117页。

② 参见洲塔《甘肃藏族部落的社会与历史研究》，甘肃民族出版社1996年版，第418—419页。

③ 格勒、［美］南希·列文：《瓦虚色达：东部西藏的一个游牧部落群体》，翟胜德译，《世界民族》1998年第2期。

农半牧区和农区的土地归领主占有、收益、支配甚至处分，在中央政权的土地国家所有权之下，使用者更多强调土地的使用和收益以及一定的支配权。

综上可见，与中原农耕文明以土地所有权为基准产生的发达的土地用益物权（如永佃权）和担保物权（如典权）制度相比，在游牧文化影响下，藏族历史上并不注重以土地为基准的物权制度，对土地的所有权、用益物权和担保物权制度也围绕着土地的使用和收益展开。相对而言，藏族古代财产法以土地为核心的不动产制度较为简单。

需要注意的是，藏族传统不动产制度的相对不发达并不说明藏族法文化不重视法律，相反，土地是西藏最主要的生产资料和财产形式，藏族传统生态观注重保护神山、圣水，注重草场、耕地、山林等土地植被的有效利用和有限利用，这些规范和习俗恰恰说明藏族古代财产法对土地的重视和珍惜，"他们利用土地作为牧场等等，土地上面养着畜群，而放牧的人民则以畜群为生，他们对待土地，就像对待自己的财产一样，虽然他们从未把这种财产稳定下来"。① 这应当是青藏高原特殊地理环境下游牧文化重视土地的另一种解读。

2. 围绕牲畜的使用和支配衍生出内容丰富、体系完整的动产制度

恩格斯认为，"游牧社会中牲畜占据了与人同等重要的地位"。② 史学领域和经济学领域对游牧社会的最根本的生产资料问题产生过激烈的争论：一种主张认为，游牧社会中土地依然是最主要的生产资料，另一种主张认为，在游牧社会中牲畜是最主要的生产资料。③ 这一争论恰恰说明，牲畜是重要的财产形式，牲畜这一特殊的财产在游牧文化中的重要性，即牲畜和畜群既是游牧社会中的基本生产资料又是基本生活资料。长期以来，藏民族形成了一种与家畜共生、与草原共存的生活方式，"人的移动是最重要的现象，人必须跟着移动的牲畜走"④。

以畜牧业生产技术为核心的游牧文化知识体系为藏族古代财产法的

---

① 杜荣坤：《论哈萨克族游牧宗法封建制》，《中央民族学院学报》1989 年第 1 期。

② 《马克思恩格斯全集》第 2 卷，人民出版社 1972 年版，第 216 页。

③ 额尔顿扎布、萨日娜：《蒙古族土地所有制特征研究》，辽宁民族出版社 2001 年版，第 67—68 页。

④ 刘瑞俊：《内蒙古草原地带游牧生计方式起源探索》，博士论文，中央民族大学，2010年。

产生和发展提供了丰厚的民俗基础和文化基础，"民法起源于或者说应该起源于民俗，民俗渐渐演化为民法，而民法具有国家强制力保障这一特征又别于民俗"①。民俗是人们处理日常事务、解决问题纠纷的群体方式，在各个文化时期，各个文化阶段，人类皆受各种民俗支配，而这些民俗是从人类产生的远古时代就已经产生并继承下来。游牧经济中的畜牧业知识体系一旦内化为文化内涵、成为稳定的民俗基础之后，这种民俗和文化就会源源不断地给调整游牧经济关系中最主要的藏族民事财产法提供制度资源。因此，围绕着流动、迁徙所包含的众多文化和知识，如不同地理条件、不同草场类型下牲畜的利用、选择，牲畜的生产、分配、交易，以及牲畜的畜租等习俗具备了法的认可和确认的基础，转变为藏族古代财产法的重要内容。

（1）藏族古代财产法非常重视牲畜的物权和债权保护

民法中，把牲畜视为财产、作为物权的客体的传统来自罗马法，而对近代民法影响最大的《法国民法典》和《德国民法典》都非常重视建立以牲畜为核心的动产制度，都规定对牲畜及畜群的所有权及用益物权制度。《德国民法典》试图将动物与"物"进行区别，将动物视为单独的物权客体："动物不是物。它们受特别法的保护，对动物使用有关为物所确定的有效规则"；同时，动物包括野生动物和家养动物，而牲畜和畜群当然地包括在"动物"这一特殊客体之内，这是因为将动物视为"同等生灵"②，"动物是人们生存环境的最主要的必要组成部分，其地位不可与其他的物相提并论"。③《法国民法典》允许在单独的牲畜及畜群之上设定用益物权，规定："如果用益权仅仅是对某个牲畜设立，在该牲畜死亡的情况下，用益权人并无任何过错时，无须以另外的牲畜替代返还，也无须作价赔偿"，还规定"如设立用益权的牲畜畜群因发生事故或疾病全部受到损失，且用益权人于其中并无过错，用益权人仅向所有权人如数返还畜皮或者赔偿返还之日估计的兽皮的价值"④，还专门设立"牲畜租养"制度，把它作为租赁契约的一种规定在民法典第八编第四章中，将

---

① 章礼强：《民俗与民法》，《民俗研究》2001年第1期。

② ［德］迪特尔·梅迪库斯：《德国民法总论》，邵建东译，法律出版社2000年版，第877页。

③ 转引自孙宪忠《德国当代物权法》，法律出版社1997年版，第5页。

④ 罗结珍：《法国民法典》，中国法制出版社1999年版，第184—185页。

牲畜和畜群视为租赁合同的标的物。《法国民法典》和《德国民法典》对畜牧制度的规定是源于其祖先的游牧文化，"从 8 世纪到 11 世纪，正宗草原文化的携带者游牧民族不停地渗入欧洲，使已经固定在土地上的日耳曼人一次再次地唤起对旧文化的温习和回归，这就使日耳曼人受草原文化传统影响的年月特别长"①。法国民法和德国民法中保留下来有关动物的规定源自流传于世的大量的畜牧民事习惯，虽然法定并未承认民事习惯的法源地位，但在具体条款中吸收了诸多习惯法要素。

　　藏族游牧文化将牲畜、畜群视为主要财产，把牲畜视为生存的根基之一，因此，藏族古代财产法也非常重视对牲畜的财产立法和财产保护。吐蕃王朝建立初期，松赞干布开始制定统一的成文法，包括法律二十条和基础三十六制等早期成文法典针对包括牲畜在内的财产提出基本的财产保护原则，即加倍赔偿盗窃侵权行为原则，因此，侵犯动产所有权的加倍赔偿原则成为西藏历代处理盗窃行为、保护动产所有权的基本原则，后世的西藏地方立法和部落习惯法都沿用着这一原则。此外，基础三十六制中"大权决断法"提道："婆罗门优巴坚借了一家主人的黄牛，交还时将牛赶到牛主人的院子里，什么也没说就回去了；牛的主人虽然看见牛被送回来了，却没有将其拴起来，因此，牛从后门走失了。二人向国王梅隆董申诉，请求判决，国王判决说：'婆罗门未说牛送回来了，要割舌头；牛主人看见了没有拴起来，应该断手！'以此为例，制定了双方皆受惩罚的'大权决断总法'。"② 这是典型的判例法，虽然"大权决断法"描述的是借用关系中动产的风险分担问题，即借用者和出借者共同造成动产灭失损害的情况下双方的责任分担问题。但是，这个案件中提到的标的物，是"牛"这一游牧社会最重要、最常见的生产资料和财产形式，当这一动产丢失后，造成了出借者财产的损失，因此国王根据双方各自的行为，判定对此结果造成损失的原因，最终按照双方的过错，各自承担责任。应当可以断定，在吐蕃王朝建立前，牲畜已经是最重要的财产形式之一，而且在民事活动中已经出现借用等法律关系，国王对因民事活动引起的纠纷进行裁定。虽然这个案例本身是通过判例确立国王的最高司法权，但是通过将牲畜作为最为大众所接受的财产类型进行阐释，

---

① 孟驰北：《草原文化与人类历史》，国际文化出版公司 1999 年版，第 825 页。

② 引自黄奋生《藏族史略》，民族出版社 1989 年版，第 71—72 页。

却真实地反映出藏族财产法对牲畜所有权保护的重视。吐蕃王朝崩溃后，对牲畜等动产进行调整的民事财产法律关系主要以部落习惯法和民事习惯进行规范，这种情况一直延续到民主改革前。教派时期，《十六法》、《十三法》、《十五法》等政府制定的成文法都有关于牲畜等动产制度的规范，除《盗窃追偿律》仍然规定对盗窃财产者进行惩罚性赔偿外，还规定了根据是否归还拾得的他人财物者给予相应奖惩的规定。① 此外，这些法典中都将牦牛、羊、黄牛等牲畜作为定价标准确立赔偿或惩罚的价格，如《十六法》规定"在门地方被杀死的中等官员，规定交付八十眼绿松石作为其命价，若以每一眼的价值为一头黄牛计算，应交付八十头黄牛"，"偷政府之牧群和北方民族之黑帐篷者，须用'松坠'方式惩处……无论丢失大小牲畜，都要按照牲畜之数量由盗窃者为诸发誓者发放三等份之礼品，第一份为全口牲畜，第二份为二岁犊，第三份为牛犊和羊"，还规定了根据是否归还拾得的他人财物者给予相应奖惩的规定。② 牲畜的所有权保护在藏族财产法中的细致规定，应当说是藏族游牧文化在藏族财产法的动产制度中的反映。

（2）藏族古代财产法的动产制度内容丰富、体系完整

与游牧生活的移动性相适应，藏族民事财产法围绕着游牧经济中最重要的财产——畜群展开，游牧社会以畜群为主要的财产形式，因此，建立在牲畜和其他一般财产之上的牲畜的管理、饲养、交易等动产制度相对较为完善和发达，而且自成体系。分述如下：

第一，牲畜的私人所有权。

在人类社会初期，采集和原始农业提供了比较可靠的生活来源，而捕鱼打猎等天然作业，因收获不稳定占次要地位。人类社会发展到父系社会时，牲畜的驯养和繁殖为人们创造了丰富的食物来源，因此，牲畜是游牧社会重要的物质基础，也是最重要的财产。野生动物被人类驯化后，人类与牲畜之间产生了以信任为基础的互动关系，即人类对牲畜的活动和采食取得有效的控制，从而取得处置牲畜的自主权，而牲畜则借助人类的智慧和经验获得比野生状态下更好的生存状态，如放牧者按一

---

① 周润年译，索朗班觉校：《西藏历代法规选编》，西藏人民出版社 1989 年版，第 59—60 页。

② 同上。

定的规律选好牲畜的往返道路、草场让牲畜自由采食。因此，在牲畜这一"活"的财产上，人类付出了一定的劳动和智慧，取得了对牲畜的所有权。同时，由于牲畜逐水草而食、人逐牲畜而生，人与牲畜共进共退、迁徙流动，所以，在藏族游牧文化中将牲畜视为"可以行走的财产"，还形成了"牲畜即为财富"的实物财富观。因此，对这种特殊的财产，藏族传统习惯法和成文法都十分注重确定明确的所有权，作为动产物权保护的基本规范。

西藏的大多数农民对自己耕种的土地只有使用权、没有所有权，而牧民大多数家庭都拥有属于自己所有的牲畜。在藏族游牧社会中，与土地、草场的国家所有权不同，藏族古代财产法确认了牲畜的私人所有权。如民主改革前，藏北宗的热西部落和查仁部落共有牦牛1512头、绵羊2308只、山羊248只、马57匹，按一匹马六头牛、一头牛十只绵羊、一只绵羊二只山羊折算，公可折为20972只绵羊，其中牧民私有牲畜占85.85%，折合绵羊平均每户约353只、每人55.7只；黑河宗罗马让学部落的牧民私有牲畜占全部落牲畜总数的88.1%，当雄宗的部落牧民私有牲畜占全部落牲畜总数的96%。[1] 同时，由于西藏传统社会各阶层政治地位不平等导致经济地位不平等，不同阶层牧民的牲畜数量有很大的差异，如青海上阿曲乎部落1950年以前共有133户，共有牲畜折合绵羊36384只，其中折羊1000只以上的只有5户，占部落总户数的3.7%，占有牲畜总数是全部落牲畜总数的47.2%，平均每户占有3433只；牲畜最多的是千户切本加家族，占有羊8700只、牛2100头、马800匹；而88户贫苦属民占总户数的66.3%，但牲畜只占总数的9.6%，其中有17户没有牲畜，36户每户平均占有牲畜13只绵羊；一般牧户30家，占总户数的22.5%，平均每户有牲畜折羊303只、每人折羊60只。[2] 牧民对自己所有的牲畜享有完全的所有权，即可以占有、使用、收益和处分，表现为牧民可以宰杀、买卖、馈赠、租让自己所有的牲畜，不需事先经过政府或贵族、寺院的同意。

此外，对牲畜还形成了特殊的物权变动原则，即通过在牲畜身上明

---

① 西藏少数民族社会历史调查组：《当雄宗调查报告》，中国社会科学院民族研究所，1964年。

② 青海省编写组：《青海省藏族蒙古族社会历史调查》，青海人民出版社1985年版。

确标记表明其所有权权属。民法中,物权变动时必须经过公示程序才能认可所有权的转移。一般情况下物权变动的公示方法有两种,不动产要以登记为要件,动产则以交付为要件。藏族古代财产法律制度中,特别强调牲畜的买卖以及在牲畜上设定他物权时,必须按照习惯法的要求进行公示,这与以土地为核心的民事财产法传统不同。牲畜是活物,可以自由走动,为保证这种特殊财产的所有权,牧民在牲畜身上明确标记,以防止与他人的牲畜混同,也便于走失后寻得。因此,给牲畜打上印记成为游牧社会牧业传统的重要技艺之一,而牲畜印记也就成为私有制产生之后转变为所有权的标志和区分牲畜的符号。

第二,牲畜所有权的保护主要体现为对盗窃行为的惩罚性赔偿。

藏族财产法对财产的保护分为积极的保护和消极的保护,对牲畜这一财产的保护,藏族古代财产法采取的是消极保护的方式,即通过对侵犯他人动产所有权的行为进行惩罚性赔偿,从而确认对牲畜所有权的认可和保护,而不是采用在法律中明文规定确认牲畜所有权的积极法律保护。

作为一种社会现象,惩罚性赔偿在人类文明的早期就已出现,世界各国的早期法律中都有相似的规定,公元前18世纪的《汉谟拉比法典》也规定:"倘为人放牧牛羊者不诚实,交换标记,或出卖牲口,则应受检举,彼应按其所盗窃之牛羊数,十倍偿还其主人。"[①] 另外,《旧约全书》记载,希伯来法规定,只有轻微的损害财产行为,如放火烧荒燃及他人家园、牲畜食他人田禾等才适用等量赔偿,在多数情况下则按复活法,支付数倍于损失的赔偿。[②] 古罗马的《十二铜表法》也规定,盗窃庄稼的未成年人的惩罚是鞭打和双倍的赔偿;陷害他人的盗窃要承担3倍的损害赔偿金;普通盗窃要承担2倍的损害赔偿。[③] 5—11世纪的日耳曼法中规定,不列颠的自由民盗窃另一自由民的财产的,须支付3倍于被盗物品价格的赔偿金,国王得到罚款或所有物品,若是奴隶盗窃,须支付2倍于被盗物品价格的赔偿金。[④] 霍贝尔在研究北吕宋岛的伊富高人时发

---

① 王立民:《古代东方法研究》,学林出版社1996年版,第253页。
② 王卫国:《过错责任原则:第二次勃兴》,中国法制出版社2000年版,第20页。
③ 同上。
④ 李秀清:《日耳曼法研究》,商务印书馆2005年版,第350—353页。

现，"如果偷东西的是卡登扬或图克莫阶层的话，不仅盗窃物必须归还物主，还要施以惩罚；对卡登扬阶层者来说，需要价值 4 倍于被盗物品的惩罚；对图克莫来说，价值相等就行，一个可怜的纳沃特沃特仅要求其物归原主"。① 中国古代的周厉王时期（公元前 857—前 841 年）《矢人盘》铭文也记载：矢氏侵扰散氏的地盘，造成损害，根据散氏的要求，矢氏拿出他的两块田作为赔偿。② 这些记载说明，在人类文明早期，法律对损害他人财产所有权的行为基本选择惩罚性赔偿作为财产保护的基本制度。从上述记载中可以看出，惩罚性赔偿虽然规定不一，但其本质基本一致，根据受害人所受的损害程度和侵害人的主观恶性，以惩罚侵害人、遏制类似行为的再次出现为目的，判决侵害人支付给受害人的补偿性赔偿金之外的金钱赔偿。

藏族古代财产法的动产消极保护主要体现在对牲畜等动产的惩罚性赔偿制度方面。松赞干布制定的法律二十条和基础三十六制中分别规定："偷盗者除追还原物外，加罚八倍"、"若偷盗三宝的财物，赔偿百倍；偷盗国王的财物，赔偿八十倍；偷盗百姓的财物，赔偿八倍"，③ 应当说，这一法律规定针对包括牲畜和一般财产在内的动产设定了最基本的财产保护，即保护动产的所有权不被侵犯，侵犯他人动产所有权的行为要受到 8—100 倍的处罚。可以推断，惩罚性赔偿制度来自藏族古代社会的财产保护习惯，松赞干布通过成文法的制定认可了这一制度，使其具有了最高的法律效力，成为之后藏族财产法保护动产所有权最基本的原则和指导思想，一直延续到民主改革前，甚至于今天藏族地区的习惯法仍在一定程度上采用这一原则。如 17 世纪初帕木竹巴政权制定的《十六法》的"盗窃追赔律"规定："盗窃赞普之财物等罚原物之万倍，偷至宝之财物罚八十倍，偷与己同等地位人之财物罚七到八倍或八到九倍不等，依退赃、科罪、赔新三法。"④ 与藏族历代成文法相同，藏族各地地方势力的地方性法规和部落习惯法等，也非常重视对牲畜等动产的保护。如西藏当雄宗的习惯法规定，"偷盗牲畜者除按价偿还失主外，偷 1 头牛罚银

---

① ［美］霍贝尔：《原始人的法——法律的动态比较研究》，严存生译，法律出版社 2006 年版，第 109—112 页。

② 胡留元：《从陕两金文看西周民法规范及事诉讼制度》，《考古与文物》1983 年第 6 期。

③ 引自黄奋生《藏族史略》，民族出版社 1985 年版，第 71—72 页。

④ 周润年译，索朗班觉校：《西藏历代法规选编》，西藏人民出版社 1989 年版，第 52 页。

50 两，偷 1 匹马罚银 250 两，偷 1 只羊罚银 10 两"。① 德格土司制定的 13 条法律规定："盗窃僧侣、官员的财物，按所偷价值 3—9 倍赔偿，并罚吊 1—9 次，罚鞭笞 100—900 下，刑罚轻重取决于赃物价值的多少；盗窃商人或普通人的财物，除退还原物即罚款 50 元外，另再赔钱 25 元。"② 民主改革前，西藏的部落习惯法仍然延续侵犯财产所有权行为的惩罚性赔偿原则，果洛地区的部落习惯法规定了"偷窃加倍还"的原则，将偷窃分为部内偷和部外偷，内外有别：部落内部的偷窃牲畜、财物的行为被视为道德低下，为官者要从重罚处，连本计十数倍赔偿；偷窃其他部落的牲畜、财物者，如暗中偷窃牛马，则罚赔一支枪或五两银，偷畜圈的牲畜，则罚赔一匹马或十两银。③

惩罚性赔偿作为藏族古代财产法的动产保护制度，并在西藏延续近 2000 年，其原因多种多样，既与西藏社会政教合一制度下的超级稳定性有关，也与藏族社会基本组织——部落的分散和自治有关。需要强调的是，由于藏族游牧社会以移动为基本特质，惩罚性赔偿可以即时交割、立即实现，因此，在无法停息的移动过程中，藏族社会始终通过成文法、习惯法来确认和强调这种动产保护制度，使其成为藏族古代财产法动产保护制度的显著特色。

第三，牲畜的用益权制度较为完善。

作为会走路的财产，以畜群为基础，藏族古代财产法对牲畜这一动产设立用益权制度，主要表现为藏族游牧社会中牧租制度的发达。

牲畜作为私人财产，由于牧民和各级领主所有的牲畜数量差异较大，而牲畜又可以移动，因此藏族传统社会形成、发展出较为完整的以牲畜为标的的牧租制度。牧租法律关系是在牧主和牧民之间产生的：拥有较多牲畜的牧主将牲畜出租给牲畜不足或没有牲畜的牧民，从而获得牧民上交的畜租；而牧民通过租赁牲畜获得少量的生活和生产资料，从而维系生存。民主改革前，租佃牲畜的现象在西藏极为普遍，如若尔盖多玛部落"一等户共有牛 1897 头，出租 1114 头，占其全部牛数的 60.3% 以

---

① 参见张济民《渊源流近——藏族部落习惯法法规及案例辑录》，青海人民出版社 2002 年版，第 109 页。

② 同上书，第 125—126 页。

③ 同上书，第 30 页。

上。全部落总户数 125 户中，佃牧即达 45 户，占总户数的 36%"，索格部落"一等户 9 户中，共出租牛 993 头，占其全部牲畜的 57.2%，佃户 49 户（均在四等户以下），佃牧牲畜是贫苦户自有牲畜的 2.23 倍"。① 四川甘孜租佃牲畜有三种情况："（1）租方为寺院，佃方为牧民；（2）租方为世俗牧主，佃方为牧民；（3）租佃双方都是牧民。前二种占绝大比重，后一种只是个别的。"② 青海阿曲乎部落"1947 年千户切本加有牲畜羊 11000 余只、牛 3000 多头、马 1000 多匹，最高出租过 7000 多只羊、2000 多头牛，解放前夕还出租羊 4000 多只、牛 1000 多头"。③ 果洛地区的部落将牧租关系称为"放收"，"所谓'放收'，即放出收回之租与贷，招来付出之酬劳"，部落习惯法规定："无论贫富高下，彼此租贷之约皆须遵守"④。可见，出租牲畜是藏族游牧部落租佃关系的主要内容，也是牧主对牧民进行剥削的主要方式。

围绕着牲畜的租赁，藏族古代财产法形成了比较完整的以牲畜租佃为主要内容的牲畜用益权制度，其内容包括：牲畜租佃"协"与"其美"两种形式及其牧租、风险承担等内容的不同，牲畜出租种类和年限的规定，牧租的租率和其他产品的分配，工役畜租，以及畜租租佃关系中的保证等内容。可见，相对于土地而言，藏族古代财产法形成了完整的牲畜的所有权、用益权制度。

第四，强调一般财产的便于携带和高附加值。

除牲畜、货币以外，常见的藏族一般财产包括：日常生活用品，包括食器、家具、衣物、地毯、饰品、工具、宗教用品等，如帐篷、氆氇、毛毡、毛毯、皮袄、皮靴、马鞍、酥油桶、背水桶、磨炒面的小石磨、等；饰品，如耳坠、戒指、项链、奶钩、刀具等；宗教用品，如酥油灯、净水壶、佛盒等。

人类最初发明的各种生活物品都具有实用的功能，如服装可以御寒、工具则便于生产，但随着时间的发展，这种功能逐渐衍生出美学价值和文化价值，成为与各民族的地理环境、生产与生活方式、文化传统、审

---

① 《四川省阿坝州藏族社会历史调查》，四川省社会科学院出版社 1985 年版，第 87、102—103 页。

② 《四川省甘孜州藏族社会历史调查》，四川省社会科学院出版社 1985 年版，第 25 页。

③ 《青海省藏族蒙古族社会历史调查》，青海人民出版社 1985 年版，第 12 页。

④ 张济民：《青海西藏部落习惯法资料集》，青海人民出版社 1993 年版，第 31 页。

美意识、价值观念等内容的反映。"实际上，每一个阶级，甚至每一个行业，都各有各的道德"，"一切以往的道德论，归根到底都是当时的社会经济状况的产物"①。而在藏族游牧生活中出现的各种财产，当然也与其文化观念和财产观念直接相关，特别强调一般财产的移动性。

移动是藏族传统游牧社会的生产方式，也是生活方式。从个人、家庭到部落、氏族，都要服从于游牧生活的要求，因此，游牧者赖以生存、发展的生活基础——畜群、帐篷、生活用品等必须便于移动和携带。因此，除牲畜、货币以外的一般财产，不仅能在日常生活中发挥实际的功用，而且还具备与游牧生活相适应的便于携带的特点。如藏式帐篷是牧民重要的生活场所和财产形式。《格萨尔王传》记载：

> 一时间搭起了 18 种颜色不同的帐篷……这些帐篷中间有一顶高大威严的帐篷，显得格外光辉灿烂，引人注目，它就是岭大王角如的神帐②。

牧区常见的帐篷主要有"黑帐"（牛毛帐篷）、"白帐"（羊毛帐篷）、"花帐"（厚布帐篷）和"布帐篷"等。帐篷在藏族传统文化中代表着财富和地位，不同的帐篷体现出贫富的不同，史诗中提到的彩色帐篷是地位和身份的象征，只有身份较高的人才能使用；而西藏常见的黑色牛毛帐篷和夏季简易的白色帐篷则是普通农牧民常用的。帐篷具有结实耐用、柔韧保暖、容易拆迁、便于驮运等特点，是"逐水草而居"的游牧生活中必备的生活资料，也是财富的表现形式，同时，更是一个"移动的家"。

此外，与游牧生活的移动性直接相关的还表现为一般财产的高附加值。除牲畜、货币以外的一般财产，特别是财富价值较高的动产，如首饰、服饰、日用品（如碗）等，是藏族人财产积累的重要途径。如藏式首饰常见的以黄金、白银、珊瑚、龙眼珠、琥珀、玛瑙、银元、海螺、贝壳等为材质等，藏式服饰以毛皮、貂皮、绸缎、金丝等制成，一

---

① 《马克思恩格斯选集》第 3 卷，人民出版社 1995 年版，第 134 页。

② 中国藏学研究中心社会经济研究所：《西藏家庭四十年变迁——西藏百户家庭调查报告》，中国藏学出版社 1996 年版，第 91 页。

套服饰配以完整的头饰、项链、耳环、奶钩等。藏族传统文化认为，贵重的首饰和华丽的服装是财富的象征。一般来说，经过若干代人的累积，一套藏族服饰和首饰的价格总额可达几十万元甚至几百万元。如此高昂的、便于随身携带的服饰和首饰本身就是一份重要的财产，是"移动的银行"。这说明，藏族民众累积财产的方式之一就是将财产置换为便于携带的昂贵、高附加值的物品，这一特点是与游牧生活的移动性相适应的。

（三）　凝滞的赔命价、赔血价

梅因指出，在人类的幼年时代，保护民众不受侵害的是"侵权行为法"而非"犯罪法"。① 随着社会发展，侵权责任法和刑法开始向不同方向发展，在社会功能上有了明确的分工：侵权责任法是私法，其主要功能是救济受害人，而刑法是公法，其主要功能是惩罚加害人。② 但是，从藏族古代侵权行为法的历史发展进程来看，青藏高原人类社会的产生至今最少已有 4000 年的历史，从藏族古代侵权行为法的产生到发展完善，从作为复仇的替代方式到形成详尽完善的侵权赔偿制度，以侵权损害赔偿为代表的藏族古代侵权行为法始终在广袤的藏区相沿适用，并未因为历史演进而走出自力救济、民事处罚的私法领域，迈入国家追究、刑事制裁的公法领域。直到今天，藏区仍然延续着以损害赔偿解决刑事案件的习俗。这一历史现象与历史法学所说的"侵权责任法与刑法的分野"无法重合，而藏族古代侵权行为法仿佛进入"凝滞"状态。

"凝滞"是藏族古代侵权行为法最显著的特点。其原因有以下几点：

第一，侵权损害赔偿习俗的影响。侵权损害赔偿是藏族古代侵权行为法的主要责任方式，不仅曾被松赞干布纳入成文法，也成为西藏地方政权和部落社会普遍认可和执行的法律规范，《十三法》、《十六法》、《十五法》等对杀人、伤害及盗窃以及其他侵权行为的处理一直沿用着松赞干布时期侵权损害赔偿的基本原则。在长期的历史发展中，损害赔偿逐渐成为一种习俗，得到藏族人民的认可，并形成独特的侵权行为赔偿观，"甲族之人杀乙族之人，乙族出兵以报之；而其出兵也，虚张声势，

---

① ［英］梅因：《古代法》，沈景一译，商务印书馆1959年版，第209页。

② 参见杨佳元《侵权行为损害赔偿责任研究》，元照出版社2007年版，第10页。

迟延不前，以待丙族之调停。苟甲族服罪、输财，则兵立罢"①，从而使其成为藏族传统法文化重要的特色之一。

　　第二，藏族传统法文化的宗教观的影响。藏民族全民信教，藏传佛教宣扬不杀生、慈悲为怀、众生平等、轮回报应的观念，民主改革前西藏实行政教合一的政治制度，佛教思想和宗教戒律通过施政逐步渗透到立法中。梅因认为，法典都是"宗教的、民事的和纯粹道德的法令的混合"、"法律与道德、宗教与法律的分离，只是属于精神发展的较后阶段"。② 而侵权损害赔偿制度与不杀生的佛教思想和戒律相符，政教合一的西藏地方政府颁布的训令、法旨认可和规定对侵权行为进行民事赔偿，而非刑法制裁，从而使宗教思想和戒律具备了法的效力，对僧众与民众日常生活中的侵权行为进行民事赔偿。

　　第三，藏族游牧社会的影响。游牧是藏族人民长久以来的一种生产方式和生存方式，青藏高原上的游牧民在长期的游牧生活中形成了独特的价值观、思维方式、行为准则和审美取向。游牧文化的特点之一就是分散、移动、逐水草而居，部落是西藏游牧社会的主要社会组织。吐蕃王朝时期，国家强盛、领土广大、组织完善，国家将侵权行为法纳入立法，而侵权行为法与刑法的分野开始出现，但是，吐蕃王朝的崩溃使已经建立的国家制度体系丧失支撑的核心力量，藏区重新走回各自分散发展的游牧社会，尽管西藏地方政权的制定法也有侵权行为法的内容，并对其内容不断补充和细化，但是，西藏社会没有再次形成强有力的统治力量，因此，侵权行为法无法走向与刑法的分野而始终停留在民事赔偿的"凝滞"状态。

　　第四，赔偿的泛化。由于损害赔偿的直接、便捷并符合佛教教义，赔偿方式在生命权、财产权以外的其他纠纷中也普遍适用。如离婚时对无过错方要进行赔偿，青海海南阿曲乎部落规定，如果丈夫提出离婚，财产一般归女方，头人要分得女方所获财产的一半，叫"毛角"；妻子提出离婚，走时什么也不给，女方退男方的彩礼，头人取一半，叫"吉祖

① 周希武：《玉树调查记》，青海人民出版社1986年版，第72页。
② 转引自［美］伯尔曼《法律与革命》，中国大百科全书出版社1993年版，第96页。

乎"①。再如打死狗要对狗主人进行赔偿等，海南阿曲乎部落规定，外来户打死当地户的一只狗，罚白洋100元；当地户打死当地户的一只狗，赔一头牦牳牛；打伤狗者，不论外来户和当地户，给狗主送哈达和酒，赔情道歉；如果被狗咬伤，由狗主念经，并负责治好。② 可见，藏族社会中，损害赔偿适用范围十分广泛，赔偿的观念也被普遍认可，这进一步促成了藏族古代侵权行为法的"凝滞"。《格萨尔》的记载充分说明了这一观点：

　　　　在这美丽草原上，
　　　　丛丛青草已结籽，弄撒要拿酥油赔。
　　　　草上露珠一滴滴，踩落要拿绸子赔。
　　　　草茎根根在喷香，折断要拿簪子赔。
　　　　百花盛开颤巍巍，撞花要拿松石赔。
　　　　溪水清清起涟漪，弄浑水头用奶赔。
　　　　树枝交蔽像拉手，折断树叶用马赔。
　　　　果实累累如垂珠，打落果子用羊赔。
　　　　石头砸破用铅粘，开辟道路用金赔。
　　　　吃草就要讨草价，饮水就要掏水税……③

　　第五，违反一般性民事救助义务适用损害赔偿是藏族游牧文化的自觉选择。敦煌发现的吐蕃藏文文献《敦煌古藏文写卷》P. T. 1071 号《狩猎伤人律》是吐蕃王朝中期重要的法律文献，其中，设"陷于牦牛身下是否相互救援与否的处置之法"，比照狩猎伤人的规定进行处置。其内容规定，任何人如果发现有人被牦牛伤害，必须对遭牦牛侵害的受害人进行救援，否则根据义务人和受害人命价的高低，对没有对受害人施以援手的人进行惩罚性赔偿，同时，还规定要给予救援者相应的奖励和荣誉。如："红铜告身以上，其本人及与其命价相同之人陷于牦牛身下，因大藏

---

① 中国少数民族自治地方概况丛刊：《青海省藏族蒙古族社会历史调查》，青海人民出版社1985年版，第27页。
② 同上。
③ 王兴先：《格萨尔文库》（第1卷第2册），甘肃民族出版社2000年版，第448页。

以下，平民百姓以上之人未救而被牦牛伤害致死，对其见死不救之惩罚为：给其挂狐皮，将懦夫处死了事。妻室与库物、牲畜、奴户就地留下。无子，则将其女、妻、库物、牲畜、奴户交与其父。无父，则将其女、妻、库物、牲畜、奴户交与其亲近兄弟。"①

《狩猎伤人律》的"陷于牦牛身下是否相互救援与否的处置之法"，其本质是对不确定的主体设立的一种特别义务，即任何发现他人受到牦牛侵害的人，都有义务对受害者进行救援，这与见义勇为不同，救助他人是法律预设的强制性责任，如果发现牦牛伤人的情况而不去救援，则认为不履行救助义务的人侵权，由此对受害方进行赔偿。这种法律预先设置的义务就是"一般民事性救助义务"。

所谓一般民事性救助义务，是指在他人面临危险或身处困境时，行为人应当对一个陌生人提供帮助，以使他人能够避免遭受人身损害。财产法中，"不作为不承担责任"是侵权法的一般原则，即行为人不主动行为一般不承担侵权损害赔偿。但是，这一原则也有例外，民法规定，如果不履行民事救助义务会引起侵权损害赔偿，即法律明文规定当特定情况发生时，行为人必须履行法律规定的救助义务，不履行该行为将被视为侵权，要进行损害赔偿。而一般性民事救助义务，就是救助义务是在非直接侵权人与受害人之间附加的义务。

针对是否应当在法律中确立一般民事性救助义务，学术界存在较大争议。有学者持否定意见，认为行为人仅在与受害人有特殊关系的情况下才负有救助的义务，对其他与自己无特殊关系的陌生人并不承担一般性救助义务，如 Holmes 认为，"如果一个人不是基于自愿而干预他人事务的话，则他完全有权旁观其邻居的财产被毁损或者……旁观其邻居因为自己不予救助而死亡……同样的理由亦适用于民事侵权责任"。② 也有学者对此持肯定态度，认为陌生人之间也应存在一般民事救助义务，如詹姆斯·巴尔·埃姆斯认为，"任何人，当其他人面临重大的死亡或严重的身体伤害危险时，如果他在对其本人根本不存在不方便之处时不去救助他人，他人因为其不作为而遭受死亡或严重的身体伤害的后果，即应在刑罚上承担刑事责任，也应对受到损害的一方或死亡一方的遗孀或其

---

① 王尧、陈践：《敦煌吐蕃文献选》，四川民族出版社 1983 年版，第 29 页。

② 转引自张民安《侵权法上的作为义务研究》，法律出版社 2010 年版，第 195 页。

子女承担损害赔偿责任"。① 可见，到目前为止，对是否应当在法律中确认一般民事性救助义务，学术界仍有根本分歧，而现有各国法典中也很少将其纳入其中。与之相反，吐蕃王朝中期《狩猎伤人律》的"陷于牦牛身下是否相互救援与否的处置之法"，虽然没有一般性民事救助义务的概念和理论，但已经将其纳入制定法之中，成为处理此类纠纷的基本法律制度。由于游牧文化中，牲畜特别是牦牛具有特殊性，不仅是主要的财产形式，同时牲畜有野性，人力不能完全控制，因此，吐蕃王室根据藏族游牧社会的实际需求而制定了既要保护牲畜这一特殊财产又要兼顾民事主体的人身安全的"陷于牦牛身下是否相互救援与否的处置之法"。

《狩猎伤人律》"陷于牦牛身下是否相互救援与否的处置之法"规定：第一，违反救助义务进行赔偿必须具备的条件，即特定危难情形的存在，只要发生牦牛伤人的情况，在场的任何人都应救助受害人；第二，不进行救援的人对受害方要进行赔偿，赔偿标准根据双方身份的高低各自不同；第三，对此类行为的免责事由，规定"一人陷于牦牛身下，一人为引开牦牛未成而被伤害致死时，死则死矣，救而未成，不必惩罚"②；第四，如果救助者死亡，无论被救方最终是否获救，被救助一方都应当给予救人者酬劳，"陷于牦牛身下，被牦牛伤害致死，救人者也被牦牛伤害致死，两人俱亡时，先陷于牦牛身下之一方作为酬答，给救人者送葬时，要照顾脸面，给予优厚物品。救人者被牦牛杀死，陷于牦牛身下者，被救未死，在给救人者送葬时，被救者要酬以自己身价相当的银两。若救人者被牦牛伤而未死，则以一定数量的银两酬之"。③ 对见义勇为者，《狩猎伤人赔偿律》规定，对于被救者是大尚论等人，"若从牦牛身下救人，被救者则以女儿赏之，无女则给妹，无女无妹则给银二百两"，对被救者是大尚论以下颇罗弥以上之人，"若从牦牛身下救人，被救者则以女儿或妹妹酬之，或赠银一百五十两亦可，二者只取其一"。④ 对检举人，一般用赔偿金或财物、牲畜的一半奖励告发者。

藏族财产法中对一般性民事救助义务损害赔偿的确立是游牧文化的

---

① James Barr Ames, Lawand Morals, 22Harv. L. Rev. 97，1908，p. 111.

② Ibid. .

③ 周润年译，索朗班觉校：《西藏历代法规选编》，西藏人民出版社 1989 年版，第 31 页。

④ 王尧、陈践：《敦煌吐蕃文献选》，四川民族出版社 1983 年版，第 27 页。

自觉选择。藏族游牧社会中，牦牛是野性很大的牲畜，放牧过程中经常
会因牦牛引发伤人事件，这是游牧生活中非常常见的情况，可以说放牧
牦牛和狩猎野牛是危险系数很高的高危行业。因此，对于这种常见的伤
害行为，见义勇为首先是出于道德的选择，勇于救助他人者会得到其他
社会成员的认可和赞誉。同时，吐蕃王朝将救助他人通过国家制定法确
认为一般性民事救助义务，其目的在于一方面通过立法对牦牛伤人的救
助行为进行鼓励，另一方面将见义勇为的道德选择变为逢危必救的法律
义务。可见，"陷于牦牛身下是否相互救援与否的处置之法"的立法目
的，是既要保护私有财产，又要兼顾人们的生命安全，通过国家制定法
确认牦牛伤人时人们的互相救援义务，违反这一义务要承担不作为行为
的法律后果，以解决游牧社会中最为常见的无加害方的侵权行为救济
问题。

（四）藏族古代契约种类丰富、契约制度较为发达

在长期历史发展中，藏族古代的契约法律关系相当发达，虽然没有
成文的系统的契约法，但这仅仅是由于法的表现形式不同带来的结果，
而在实际的经济生活和产品交换过程中，特别是针对牲畜这一重要的财
产形成了买卖、租赁、借用等多种形式的契约法律关系，形成较为丰富
的契约类型和发达的契约法律关系，从而成为藏族财产法的特点之一。

1. 契约种类非常丰富

藏族古代财产法中出现的契约种类非常丰富，有买卖、借贷、租赁、
雇用等众多形式，同时，西藏各地区、各部落、各寺院在长期的经济交
往和社会活动中形成了各有特色的规则、习惯，丰富多样，反映出契约
关系的复杂纷繁。西藏契约有书面和口头两种形式，契约类型主要有借
贷、雇用、交换与买卖。而契约本身、契约形式、各项契约要素以及契
约的担保（人保、物保）等，均趋完整、规范，并形成了一系列契约
原则。

民间借贷主要是金钱、实物，用于购置生产资料和生活用品，为部
落成员的生产生活提供方便。但贫寒的部落属民经常要向寺院上层和部
落头人借高利贷，遭受残酷剥削。雇用契约也主要发生在以牧主、地主、
部落首领、寺院及上层僧侣、差巴、商人为雇主和以流浪汉、各种工匠、
情况较差的差巴为雇工的雇用关系中，雇用手续比较简单，雇工种类很

多，有人工与畜工，长工与短工，计时工与计件工，工资多少不一。交换与买卖契约作为民事与经济活动在西藏普遍存在，但因地势高寒、交通不便和部落的封闭式统治，大部分牧业地区盛行以物易物的交换形式，农业区则以货币买卖为主。第四章已有论述，此处不再赘述。

2. 借贷契约形式多样、内容丰富

有息借贷契约是西藏传统社会经济生活中最为常见的契约类型。尽管借贷关系带有剥削性质，但借贷首先是为了经济调剂和补充，在西藏社会中发挥着重要的作用，甚至可将西藏经济称为"借贷经济"。[①]

借贷契约是债权人通过一定形式，将自己的钱（物）借给债务人，到期返还并支付利息的协议，是财产权的一种移转方式。借贷契约是藏族财产法中较为发达的契约形式之一，是民间互通有无的主要方式。

西藏藏语中有 བུ་ལོན། （债帐）、བུ་ལོན་གཏོང་། （放债）、བུ་ལོན་ལེན་པ། （举债）、བུ་འཛིན། （债券）、བུ་ལོན་ཆད། （欠债亏空）、བུ་ལོན་འདེད། （催债）、དོར་ཚབས་བུ་ལོན། （祖先债）、སྐྱེད་ཆེ་བུ་ལོན། （高利贷）、སྐྱེད་ཆུང་བུ་ལོན། （低利贷）等许多与借贷的词汇，反映出借贷行为是日常经济生活的常见现象，因此，借贷契约种类繁多、内容丰富。从松赞干布《法律二十条》就规定要"及时还债"，《敦煌吐蕃简牍综录》中就有许多关于借贷的简牍，还出现专门进行债务登记的木牍。[②]进入农奴社会后，借贷的情况更是日益增多，货币借贷更是成为西藏古代经济生活中非常普遍的现象，因此借贷契约不仅数量多，其契约格式也渐成惯例。

民主改革前，西藏地区有息借贷非常普遍，政府、寺院、领主甚至农牧民都可以成为出借人。民主改革前，西藏地方政府的多个机构都可以进行有息借贷，如"台布札勒空"（布施基金管理处）、"朱颇列空"、"拉恰、孜恰"、"扎西勒空"、各地方"基巧"（专署）、"宗"（县）政府等都可以提供有息借贷，并将借贷、收息视为各级机构和官员的行政职责之一，据 1955 年不完全统计，仅"朱颇列空"放出的粮债 697573克，1950 年"孜布"、"孜穷"的账本上记载共放债金 3038758 两，利息约占政府全年收入的 11.5%[③]。

---

① 参见丹增伦珠《近代西藏借贷制度研究》，中国藏学特刊，1992 年，第 82—88 页。

② 王尧、陈践：《吐蕃简牍综录》，文物出版社 1986 年版，第 39 页。

③ 《西藏自治区概况》，西藏人民出版社 1984 年版，第 284 页。

　　此外，借贷契约的种类非常丰富。从借贷内容看，可分为"贷款"与"借物"：贷款即借款人向贷款人借款，到期返还本金及利息；借物是借物人向出借人借用一定财物，如粮食、酥油、茶、盐、布匹、皮张、枪械弹药、牲畜等到期债务，无息或支付一定利息。从借贷的形式看，有"自愿借贷"和"强制借贷"两种：自愿借贷是在日常生活中，农牧民因种种原因而不得不向他人借贷，以作应急之用；强制借贷是以保卫部落安全为由购买枪械、马匹，以禳解灾难名义举办大型佛事活动，或以迎送著名活佛而摊派财物的强制性借贷，利息一般也较高。从借贷的手续看，有"抵押借贷"和"保人借贷"之别：如果超过借期，抵押的钱、物即归债主；也可以通过找保人作保的方式借贷。从债权人身份看，有"官方借贷"和"民间借贷"之分：民间借贷是西藏普遍流行的借贷形式，不论是农牧民之间，还是官宦与农牧民之间的借贷，均属于民间借贷之范畴；另外，民主改革前，西藏各地方政府每年拿出一定数量的款（物）用以借贷，这种借贷较民间借贷利息低，作为普通农牧民，往往与此无缘。从借贷的期限看，有"短期借贷"和"永久借贷"两种：一般情况下，只要债务人有条件，即可还清本息，终结债务关系；也有"只付利息，不还本金"的永久性借贷债务，子子孙孙，永无还清之日。从债务人的身份看，有"个体借贷"和"集体借贷"：西藏部落的借贷一般多发生在个体成员之间；但是，有的部落为了集体利益或开展一些群体活动，往往以部落群体的名义借贷。①

　　藏族传统观念中，对待债务的基本观点是"欠债还钱"。但是，由于借贷行为极为普遍，针对借贷的债务出现了特殊的破产形式。果洛地区形成了"吾兰道沫"，"ཨུ་ལན་འདོམ།"即债务清偿之宴会，也就是通过一种由若干相关人员参加的聚会，宣告破产，了结债务，是一种特殊的破产形式。藏语中，这个词有对债务人的怜悯、不屑的意思。果洛地区藏族举行"吾兰道沫"时，一般由债务人或债务人的亲朋通知债权人参加"吾兰道沫"，债务人要当众说明破产事由并发誓，接着举行"吾兰道沫"，即根据债务人财产的多少进行分割，一般没有具体的分配比例，大体依据债权人债权的多少进行分割，财产分割完毕即告破产，未能偿还的债务经过"吾兰道沫"后便被免除。举行"吾兰道沫"之前，其他社会成

① 详见丹增伦珠《近代西藏借贷制度研究》，《中国藏学》特刊，1992年，第82—88页。

员对债务人的经济情况已有大致了解，认可债务人确实无力偿还债务，只能走"吾兰道沫"之路。绝大部分的"吾兰道沫"者是普通的牧民，部落头人及有威望的人则很少，牧民们认为"吾兰道沫"者一般被认为信誉很低、社会影响不好。[①]

3. 动产的契约法律关系较为发达

公元6世纪左右，赞普达日念赞普确定度量衡，引入贸易，"将各河川地联合起来"并"确定了产物的价格"，[②] 之后，从吐蕃时期的成文法到17世纪的《十六法》、《十三法》等，法律都规定了动产买卖、租赁、租用等多种形式的契约关系。松赞干布制定的法律二十条规定"要如约还债"，说明至少此时不仅形成了契约之债，而且在吐蕃王朝国家制定法中也作出指导契约履行的基本原则。17世纪《十六法》的"平衡度量律"规定，买卖双方首先要确定在自愿的基础上进行公平交易。德格土司制定的"十三条法律"也规定："交易必须公平，若依仗权势，强行赚钱，将会受到舆论谴责。"

由于地理环境、气候条件的限制，西藏产品以牧业产品为主，品种较为单一，西藏与周边地区之间区域经济有较强的依赖性、互补性。因此，自古以来，西藏统治者非常重视与周边政权互通有无，藏族与周边地区的经济交流非常活跃：第一，基于游牧经济与农业经济之依存关系而产生的与普通民众日常消费紧密联系的原始商业形式在西藏内部占绝对优势，如西藏人大量消耗的茶叶通过汉地和西藏的茶马贸易运入，西藏本地毛制品、黄金、麝香等与汉地粮食和从尼泊尔进口的大米等的贸易；第二，由于地处西南边陲，与印度、尼泊尔、不丹、锡金等地区接壤，西藏成为交通孔道，跨区间的过境贸易和出口贸易非常发达，如来自境外的琥珀、珊瑚、珍珠、玻璃器皿、进口纺织品、进口皮货、刀具、鼻烟壶、香料、藏红花等运往西藏和汉地，来自汉地的金银丝织锦、普通丝绸、缎子、黑茶、烟草、银锭、水银、朱砂、瓷器、貂皮等以及产自西藏的麝香、皮毛、毛织品等，并运往西藏和尼泊尔、不丹、克什米尔、印度、孟加拉国、俄罗斯甚至巴黎和纽伦堡等，由此在拉

---

① 桑杰侃卓：《"吾兰道沫"：青海果洛藏族地区的一种特殊破产形式》，《攀登》2002年第6期。

② 雷格米：《中世纪的尼泊尔》，加尔各答：马霍帕迪亚出版社1965—1966年版。

萨、康定、西宁等形成了高度发达的城市商业，促进了汉地与国外商品的交流。需要注意的是，与西方早期文明基于生产和交换产生的高度发达的简单商品经济相比，西藏商业贸易主要是非生产性经营的商业行为，并不以产品生产为基础，其特点表现为：区域内由于地域经济的稀缺性，商业贸易主要以生活必需品交易为主；区域间则因区位优势，过境贸易非常发达，商人通过商业资本运转获得高额利润，在此基础上。因此，在商业文化影响下，契约制度也成为藏族传统民事财产法的重要内容。

西藏古代成文法规定了契约关系的基本准则，而契约的具体条款则由民间交易习惯决定。张晋藩先生认为，"中国古代的契约关系是较为发达的，形式多样，内容详备"，民事法律文书的约束力，对于中国古代社会财产关系的保护和经济秩序的维持，起了一定的积极作用。① 如敦煌吐蕃藏文文献 P. T. 1297 号《虎年借马契》就记载了吐蕃时期的马匹借用契约：

> 虎年冬，沙弥能兴从悉董部落高杨处购得马一匹，而马又被杨贲借回，定于兔年秋八月内将马送还沙弥能兴家中。于此期间，母马若有死亡、丢失，照赔母马一匹；此母马若怀小驹，立即交与能兴；该马若未发生死亡或丢失，亦于夏季内通知；如有马驹则付与相应酬金；母马不孕，则由杨贲说明。杨贲到时不送马来，或借故生变，着由保人……杨贲及腊当当依据文契所述行事，彼二人签字。论玉卜藏、论腊卜藏悉顿、赵悉诺贲、何登公中证人盖印。②

这件借马契约中并未说明借用马匹的利息，也是一件无偿借用契约。但是，这件契约的特别之处在于：

第一，该契约详细规定了借用物的风险责任承担问题。

该契约规定"于此期间，母马若有死亡、丢失，照赔母马一匹"，也就是说，在借用人借用期间，如果发生母马死亡或丢失的情况，则由借用人赔偿。

---

① 张晋藩：《论中国古代民法研究中的几个问题》，《政法论坛》1985 年第 5 期。
② 王尧、陈践：《敦煌古藏文文献探索集》，上海古籍出版社 2008 年版。

14 世纪中叶，帕木竹巴政权《十五法典》的"半夜前后律"就规定了借用契约的风险责任承担方法，"邻里间互相借用马、牛、驴，傍晚时还给了主人。如果该牲畜死于前半夜，损失由借用者负担；若牲畜先前有毛病，损失则由双方平均负担"。① 17 世纪藏巴汗噶玛丹迥旺布制定的《十六法》中，"半夜前后律"比较详细地规定了发生牲畜死亡后借用契约双方当事人之前的债的风险责任承担的规定："无论马、骡、牦牛等何种家畜被人所借，若牲畜死于借者之手，则要赔付赔偿金。所借牲畜若无病无伤归还后，过夜而死，主人则不可诿罪于借者。所借牲畜无病无伤归还后，若前半夜死亡，借者要付给主人赔偿金；若后半夜死亡，主人不得向借者讨取任何赔偿费。……因鞍疮等伤而造成牲畜死亡的，借者应根据鞍疮的大小给予部分赔偿。其他东西的借还方法，均可按照上述规定的办法处理。因集市上的饲料而造成牲畜死亡事故，要遵循地方传统法规判处。"②

第二，该契约规定了天然孳息的归属标准。

孳息是民事财产法律的概念，是指由原物所产生的额外收益。孳息分为天然孳息和法定孳息：天然孳息是依据物的自然性能或者物的变化规律而取得的收益，如母鸡生的蛋、牲畜下的幼崽、果树长出的果子、土地自然生长的粮食、草、树木等植物；法定孳息指由法律规定产生了从属关系，物主因出让所属物一定期限内的使用权而得到的收益，如存款得到的利息、出租房屋或物品得到的租金。

该契约约定，"于此期间……此母马若怀小驹，立即交与能兴……如有马驹则付与相应酬金"。马驹是母马的天然孳息，当借用人杨贲借用母马期间——虎年冬到兔年秋八月内，如果母马怀孕或者生有马驹，都可视为由原物产生了天然孳息，因此，契约明确规定，母马所产马驹属于原物的所有人，即沙弥能兴。对于杨贲照顾、管理小马驹的行为还规定要支付相应的报酬。可见，对牲畜的借用契约制度是较为完善的。

畜牧业的发展，也使牛畜交易非常频繁。吐蕃占领敦煌时期，可从以下两件契约看出牲畜的交易非常兴盛：

敦煌文献《未年（公元 803 年）尼明相卖牛契》

① 《西藏历代法规选编》，西藏人民出版社 1989 年版，第 46 页。
② 同上书，第 88 页。

黑特牛一头，三岁，并无印记。未年润十月廿五日，尼明相为无粮食及有债负，今将前件牛出卖与张抱玉。准作汉斗麦壹拾贰硕，粟贰硕。其牛及麦，即日交相分付了。如后有人称是寒道（盗）、识认者，一仰本主卖上好牛充替。立契后有人先悔者，罚麦三石入不悔人。恐人无信，故立此契为记。

麦主

牛主尼僧明相五十五

保人尼僧净情年十八

保人僧寅照

保人王忠敬年廿八

见人尼明兼①

《寅年（公元 822 年）令狐宠宠卖牛契》

紫犍牛壹头陆岁，并无印记。寅年正月廿日，令狐宠宠为无年粮种子，今将前件牛出买（卖）与同部落武光晖。断作麦汉斗壹拾玖硕。其牛及麦，当日交相付了，并无悬欠。如后牛若有人识认，称是寒盗，一仰主保知当，不杆卖（买）人之事。如立契后，在三日内，牛有宿疹，不食水草，一任却还本主。三日已外，依契为定，不许休悔。如先悔者，罚麦伍硕，入不悔人。恐人无信，故立私契。两共平章，书指为记。其壹拾玖硕麦，内粟叁硕。和

牛主令狐宠宠年廿九

兄和和年卅四

保人宗广年五十二

保人赵日进年卅五

保人令狐小郎年卅九②

① 唐耕耦、陆宏基：《敦煌社会经济文献真迹释录》第 2 辑，书目文献出版社 1986 年版，第 33—34 页。

② 同上。

这两件契约都是以牛作为标的签订的买卖契约，两件契约的写作格式基本相同，其基本条款包括：标的物的基本情况，如畜龄、毛色；买卖原因，如"无年粮种子"；交易价格，"麦汉斗壹拾玖硕"；交付方法，"当日交相付了"；契约担保责任"如后牛若有人识认，称是寒盗，一仰主保知当，不杆卖（买）人之事"；标的物风险承担"三日内，牛有宿疹，不食水草，一任却还本主。三日已外，依契为定，不许休悔"；立契书面格式，"恐人无信，故立私契。两共平章，书指为记"；违约责任，"立契后，在如先悔者，罚麦伍硕，入不悔人。其壹拾玖硕麦，内粟叁硕"；双方当事人及保人等签字画押，牛主、保人等。可见，牲畜买卖契约的发达也促使契约的格式和条款非常完整、契约制度非常成熟。

（五）藏族古代财产法的其他特点

1. 藏族古代财产法的形式多样性

首先体现在法律渊源的形式多样。藏族古代财产法的渊源包括以成文法形式出现的西藏古代各部法典、诏令、盟誓等，元、明、清各朝所制定、实施的治藏政策、法律，以及以习惯法形式出现的部落规约、宗教教法、乡规民约、风俗等纷繁多样的法律形式。直到近代以前，由于没有独立的财产法典，与藏族财产法相关的内容散见于各种形式的法律规范中。藏族古代制定法中对财产的规范，从吐蕃王朝早期制定的"法律二十条"、"基础三十六制"到元明清时期的《十五法典》、《十三法典》、《十六法典》，这些法典虽然采用诸法合体的立法模式，但每部法典中都设有专门规范民事财产法的章节，特别是针对民事侵权行为设定杀人命价律、盗窃追偿律等，以及设立处理民事财产纠纷的程序法，如《十六法典》中的听讼是非律规定财产纠纷的诉讼程序、证据规则等内容。同时，各类形式的习惯法也是藏族财产法的重要渊源，除了部落习惯法外，还有禁忌、民俗、礼仪以及有关财产法的格言、神话、故事等众多内容，如猴鸟的故事中对草山纠纷的起因、解决的过程、原则以及仪式等描述。因此，习惯法是社会生活中最广为适用的藏族财产法渊源。此外，由于藏族文化深受藏传佛教和苯教信仰影响，百姓全民信教，因此，教义、戒律、法旨等宗教规范也成为规范财产关系的重要形式，如达赖、帝师的法旨、训令等，对引导和规范藏族财产法起着一定的指导、规范作用。

藏族古代财产法的内容丰富多样，构成独具特色的财产法体系。藏族古代法律文献中虽无财产法一词，但关于契约、侵权、土地等内容的民事财产法律规范，或规定于历代法典当中，或自成律令条例，经历了从无到有、由简趋繁的发展过程。① 不同形式、不同效力的藏族古代财产法律规范中，既有"财货安分"、"及时偿债，称斗无欺"的财产法原则，也有对土地、草场、森林、山水、荒地的占有与经营、地租与土地赋税、债与契约、债权赔偿、财产纠纷处理和诉讼等具体制度。如藏北牧区安多部落习惯法对杀人命价、盗窃赔偿的规定较为详细，如盗窃一般人的赔偿原则是偷一赔二三，偷头人、喇嘛的赔偿原则是偷一赔十。总体而言，藏族古代财产法的内容仍是体系完整、内容丰富的。

2. 藏族古代财产法的简约性

尽管藏族古代财产法的形式渊源和内容组成形式多样、内容丰富，但是，由于藏族古代法律本身的局限性，藏族古代财产法仍然体现出简约的特性。尽管藏族古代财产法自成体系，从财产的主体、财产的所有和使用到财产的流转与支配等都有相应的规定，但是，总体而言，藏族古代调整财产关系的法律规范还是较为简略的。

由于藏族古代制定法采用诸法合体的法典编纂形式，就总体数量而言，藏族古代财产法在其中所占比例是有限的。诸法合体是世界各文明古代法典的主要特征，指在同一部法律中，既包括民法规范，又包括刑法规范；既包括实体法规范，又包括程序法规范，而未形成一部单一的法典。② 判定古代法的发展阶段的重要依据就是是否出现法律的部门化。由于藏族古代社会秩序的稳定性和发展的迟滞性，法律也体现出相应的特点，直到清末民国时期，仍未出现部门法的分立，也就是说，藏族古代制定法诸法合体的编辑体例一直延续至民主改革前。与之相适应，藏族古代制定法中的财产规范也始终未能与其他法律部门分离，未能发展能为独立的法律部门，而其内容也因此受到局限。需要指出的是，藏族法制史中，敦煌发现的法律文献"吐蕃三律"是专门调整某一方面法律关系的单行法规范，即针对狩猎伤人、纵犬伤人和盗窃行为造成的损害赔偿之债进行专门立法，反映出随着吐蕃王朝法律事务的增多，吐蕃王

---

① 张晋藩：《论中国古代民法研究中的几个问题》，《政法论坛》1985 年第 5 期。

② 徐晓光：《藏族法制史研究》，法律出版社 2001 年版，第 366—367 页。

室根据时势的发展也开始制定独立的调整某种法律关系的单行规范，但是，由于这种单独立法的发展趋势随着吐蕃王朝的土崩瓦解而中断，经过近400年的割据自立，再到教派统治时轻视世俗事务而不重视重新建立国家制定法传统，因而使藏族古代财产法独立发展的可能不复存在，而始终延续旧法既不可能发展出体系独立、制度完整的财产法典，也不可能在内容上出现质的飞跃。当然，这里所说的诸法合体，是指藏族古代制定法没有出现各部门法的单独立法，但是从藏族古代制定法的内容看，包括财产法在内的各部门法还是分门别类、自成一体的。如《十六法》中的财产规范主要集中在第九章"杀人命价律"、第十章"伤人抵罪律"和第十一章"盗窃追偿律"中。

　　藏族古代财产法的简约性还体现在法律规范的结构比较松散，逻辑并不紧密。以五世达赖喇嘛制定的《十五法》为例，其序言部分指出这部法律的立法原因、立法原则"盛行的好法律如丝帛之结细而柔软，又如金质牛轭重而有力"① 以及立法的宗旨"法王的预言如日升中天，光芒照耀地方官吏，臣民百姓如莲花盛开"②，但总体来看序言部分还是较为简略，其篇章体例的安排仍然延续了历史上已经颁布的"旧法典"的习惯。同时，《十五法》的杀人命价律、伤人赔偿律以及盗窃追偿律三个部分的基本内容是赔命价、赔血价和盗窃侵权赔偿制度，但从宏观角度看，该法涉及的民事财产内容仍然仅限于财产法中债权制度的侵权损害赔偿制度，而对债权制度的契约、物权制度（土地、草场、牲畜的所有权和用益物权）以及民事主体的权利义务等内容的规定仅散见于不同章节的个别条文中，因此，财产法法律规范的结构并不紧密，篇章安排的逻辑结构也不严格。

　　藏族古代财产法的内容较为简略。藏族古代财产法规范的调整重点主要集中在民事主体的差异、草山和牲畜的使用以及侵权损害赔偿制度等几个方面。如松赞干布的《法律二十条》中，涉及财产法的内容就有侵权损害赔偿的规定"杀人者偿命，斗争者罚金；偷盗者除追还原物外，加罚八倍"，另外，规定了契约法律行为的基本原则"要如约还债；要斗秤公平，不用伪度量衡"。此后的历代制定法都对侵权损害赔偿规定得较

---

① 《西藏历代法规选编》，西藏人民出版社1989年版，第87页。

② 同上。

为详细、充分，而对契约法律关系只规定原则"如约还债"，并不规定具体制度。五世达赖的《十三法》相对于之前的《十五法》、《十六法》较为进步，系统规定了杀人、伤人的损害赔偿数额因身份等级高低、伤势轻重而定，修订了创伤疗养费以及抵偿命价实物，如青稞、酥油、干肉、湿（鲜）肉，牛马的优劣、数量及折算标准等，补充了对持械行凶、动刀伤人及致人受伤而未及时抢救造成死亡一类案子的处罚和医疗费的规定，习惯法中的重点规范内容也是如此。但是，该法中对土地的所有和支配、契约的交易原则和风险承担等规定涉及较少。

　　3. 藏族古代财产法的延续性

　　从发展的历史过程来看，藏族古代财产法的法律渊源、法典体例、基本原则及内容组成前后相继，显示出强烈的延续性。吐蕃时期制定的《法律二十条》、《吐蕃三律》等制定法中确立的债权、物权等制度，经历了元末《十五法》、明末的《十六法》到清初的《十三法》，其基本原则和主要规范是一脉相承的，特别是元代的帕竹和清代的噶丹颇章政权制定的《法律十六条》和《法律十三条》仍然采用诸法合体的编纂形式，在律文来源、体系安排、表述方式、指导精神等方面，有明确的传承关系。这些制定法在藏族社会长期沿用、经久不衰，这种持久、稳定的法律逐步被藏族习惯法所吸收，并被纳入藏族的法律观念、意识、习惯和社会风尚中，成为藏族传统法律文化的重要内容，可见，"某些法律的概念之所以有它们现在的形式，这几乎完全归功于历史，除了将它们视为历史的产物之外，我们无法理解它们，这些原则的发展过程中历史的支配力，有可能超过逻辑的或纯粹理性的支配力"。[1]

　　民主改革前，西藏财产法规范的渊源并不仅限于噶厦政府颁布的成文法规范，而且包括"上起吐蕃王朝，下至20世纪50年代的一千多年间在西藏一直具有法律效力的诸成文法、习惯法的集合。这些法律是历史的形成的，他们在内容上基本是互补的，在实践中是并行不悖的"[2]。"藏族习惯法是在兼容并蓄的过程中形成的。在藏族习惯法中，既有藏民族原始习俗的成分，又有吐蕃王朝和西藏地方政权律令的内容，还包括

---

　　① ［美］卡多佐：《司法过程中的历史传统和社会学方法的作用》，《中外法学》1997年第6期。

　　② 陈光国：《民主改革前西藏法律规范述要》，《中国社会科学》1987年第6期。

历代中央王朝对少数民族地区政策的因素。"① 以藏北牧区为例，元末帕竹政权的《法律十五条》、五世达赖的《十三法》、《十六法》等成文法，以及噶厦政府布告中的"山林禁猎令"等律令，百姓和头人只知其名、不知其实，但是由于长期的影响和流传，这些成文法的基本精神及一些具体规范已经深入民间，转化为人们所遵守的行为规范和法律规范，尽管这些规范与原有的成文法已有差别，但仍然贯穿了成文法的基本精神和原则。如安多部落规定一个普通牧民命价为牦牛 100 头或羊 400 只，一位僧人命价为牦牛 200—300 头，这与《十三法》、《十六法》中按照身份等级的高低赔偿命价的规定基本一致，只是在具体赔偿方法和计算标准上有所差异。因此，尽管国家制定法和西藏地方政权的制定法效力最高，但是，在实际运行过程中，制定法提供了调整民事财产法律关系的基本原则和指导精神，而其他形式的法律规范则成为调整藏族古代财产法律关系的直接依据。由于部落的分散和部落组织的稳定性，藏族古代财产法的内容从产生之初一直延续到民主改革前，直到今天，藏族社会中仍然存在这种历史遗迹。

此外，各种形态的习惯法，包括部落习惯法、宗教禁忌和生活禁忌等，是对社会生活起到主要规范作用的法律渊源。与藏族古代成文法相反的是，与游牧生活息息相关的风俗、习惯、禁忌、部落习惯法等在规范和引导民众的法律行为中发挥了更为直接、有效的作用，而这些规范也在与生活同行的过程中不断继承和发展下去。

4. 藏族古代财产法的制定法与习惯法的同质性

由于民事财产法律关系是基于民间经济生活而产生的法律关系，其内容不仅以习惯法的形态对藏族人的日常生活、生产关系进行规范，也被纳入国家制定法，成为藏族古代成文法的重要内容之一。游牧文化对藏族财产法的形式渊源产生了直接的影响，即从内容上看，藏族财产法的制定法与习惯法具有同质性，虽然有地域差别，但其制定法和习惯法内容高度一致。

藏族游牧社会的分散、迁徙生活决定了游牧文化对藏族财产法律规范的制定标准是"简明易行"。"简明"强调各种形式的财产法律规范，内容简单明了、便于记忆和传播，程序直观简单、司法效率较高；"易

---

① 陈庆英：《藏族部落制度研究》，中国藏学出版社 2002 年版，第 210 页。

行"强调财产法律规范的内容易于理解，法律程序便于实际操作，注重实际效果，对司法活动的场所、机构都以简便为目的。因此，无论是吐蕃王朝时期王室、割据政权和西藏地方政府的制定法，还是各地区、各部落形成的习惯法，其内容都以简明易行为目的，不仅法律条文详细说明，法律内容清晰准确，而且在体例上多采用程序法与实体法合而为一的制定方式，以适应游牧社会的实际生活。

从藏族古代财产法的法律渊源可以看出，总体上看，成文法、制定法虽是国家或地方政府制定的法律规范，效力最高，但实际生活过程中，民事财产活动往往以习惯法、民间法为法律依据。吐蕃王朝时期，松赞干布统一青藏高原后将吐蕃本部的军队派驻到各个占领区，对当地的部落和人口进行编制重整，这一活动不仅使吐蕃王朝在青藏高原建立起全面的行政管理体制，而且使来自吐蕃本土的藏族先民和世居当地的部落百姓结合在一起，更重要的是将吐蕃王朝的政治制度、法律制度和文化制度带到了各占领区，对当地的政治、经济、文化、法律产生重大的影响。因此，西藏历史上的制定法从吐蕃王朝开始到甘丹颇章时期，法律的内容前后有很强的延续性，法律的形式也采纳实体法和程序法合一的体例，作为国家和政府制定的法律规范，具有最高的法律效力，对各地区的民事财产活动有原则性的指导意义。同时，各地区、各部落又有区域性的习俗和内部适用的习惯法，在部落的名义下对部落成员有直接的约束力，因而在民事财产活动中则成为直接的法律依据。

从内容上看，尽管存在地域的差异、地理的阻隔，但是，各地区、各部落的财产习惯法有较强的同质性。在内容方面，各地区藏族财产方面的习惯法基本一致，如保护草场、救助牲畜、借债还钱、严禁抢劫偷盗、赔命价等各地区基本一致，只是各地在实际操作中细节方面有所差异。财产纠纷的解决方式也大致相同，如出现牲畜、水源或草场纠纷时引发杀人或伤害结果，各地按习惯都以命价作为赔偿，一般由德高望重者出面，在杀人者和受害人亲属之间进行调解，说服双方商定命价，进而支付和接受赔偿以停止复仇活动。

这种情况与分散、移动的游牧生活是密切相关的，移动的经济形态严重制约了法律以文字形态制定、颁布和广泛传播，民事财产活动和民事财产纠纷无法通过政府、法院等权力机构和司法机构直接、快捷、有效地解决和管理，因此各部落、各地区的习惯法不仅内容简明扼要、程序便于操作，部落作为最直接的社会组织对相应的民事财产活动和民事财产纠纷有较强的处置力，因此，制定法和习惯法并存，而习惯法是实际规范民事财产活动最直接的法律渊源。

主要参考文献

1. 史籍

[1]《后汉书》。

[2]《尉缭子》。

[3]《旧唐书》。

[4]《新唐书》。

[5]《宋史》。

[6]《宋会要》。

[7]《元典章》。

[8]《元史》。

[9]《明史》。

[10]《酉阳杂俎续集》。

[11]《清代藏事辑要》。

[12]《清实录·雍正朝实录》。

[13]《册府元龟》。

[14]《续资治通鉴长编》。

[15]《西藏的观世音》。

[16]《米拉日巴传》。

[17]《萨迦格言》。

[18]《西藏王臣记》。

[19]《西藏王统记》。

2. 著作

［1］高扬瑜、郑杨：《法学大辞典》，中国政法大学出版社 1991 年版。

［2］魏振瀛、徐学鹿、郭明瑞：《北京大学法学百科全书·民法学·商法学》，北京大学出版社 2004 年版。

［3］王立民：《古代东方法研究》，学林出版社 1996 年版。

［4］王卫国：《过错责任原则：第二次勃兴》，中国法制出版社 2000 年版。

［5］李秀清：《日耳曼法研究》，商务印书馆 2005 年版。

［6］孙宪忠：《德国当代物权法》，法律出版社 1997 年版。

［7］罗结珍：《法国民法典》，中国法制出版社 1999 年版。

［8］江平、赵旭东：《法人制度论》，中国政法大学出版社 1996 年版。

［9］梁治平：《法律的文化解释》，三联书店 1998 年版。

［10］张新宝：《侵权责任法原理》，中国人民大学出版社 2005 年版。

［11］杨佳元：《侵权行为损害赔偿责任研究》，元照出版社 2007 年版。

［12］王泽鉴：《侵权行为法》，中国政法大学出版社 2001 年版。

［13］曾世雄：《损害赔偿法原理》，三民书局 1996 年版。

［14］张济民：《诸说求真——藏族部落习惯法专论》，青海人民出版社 2002 年版。

［15］杨立新：《侵权损害赔偿案件司法实务》，新时代出版社 1993 年版。

［16］佟柔：《中国民法》，法律出版社 1990 年版。

［17］江平：《罗马法基础》，中国政法大学出版社 1987 年版。

［18］王云霞等：《东方法概述》，法律出版社 1993 年版。

［19］周枏：《罗马法原论》，商务印书馆 1994 年版。

［20］梁慧星、陈华彬：《物权法》，法律出版社 2007 年版。

［21］叶孝信：《中国法制史》，北京大学出版社 1996 年版。

［22］钱明星：《物权法原理》，北京大学出版社 1994 年版。

［23］梁慧星、陈华彬：《物权法》，法律出版社 2007 年版。

［24］王利明：《物权法论》，中国政法大学出版社 2003 年版。

［25］王亚新：《明清时期的民事审判与民间契约》，法律出版社 1998 年版。

［26］王泽鉴：《民法物权·通则·所有权》，中国政法大学出版社 2001 年版。

［27］梁治平：《清代习惯法：社会与国家》，中国政法大学出版社 1996 年版。

［28］李功国：《民法本论》，兰州大学出版社 1998 年版。

［29］李双元、温斯扬：《比较民法学》，武汉大学出版社 1998 年版。

［30］佟柔：《民法原理》，法律出版社 1983 年版。

［31］孔庆明、胡留元、孙季平：《中国民法史》，吉林人民出版社 1996 年版。

［32］胡长青：《中国民法总论》，中国政法大学出版社 1997 年版。

［33］张民安：《侵权法上的作为义务研究》，法律出版社 2010 年版。

［34］额尔顿扎布、萨日娜：《蒙古族土地所有制特征研究》，辽宁民族出版社 2001 年版。

［35］徐晓光：《藏族法制史研究》，法律出版社 2001 年版。

［36］张济民：《寻根理枝——藏族部落习惯法通论》，青海人民出版社 2002 年版。

［37］张济民：《渊源流近——藏族部落习惯法法规及案例辑录》，青海人民出版社 2002 年版。

［38］张济民：《青海西藏部落习惯法资料集》，青海人民出版社 1993 年版。

［39］东嘎·洛桑赤烈：《论西藏政教合一制度》，中国社会科学院民族研究所。

［40］陈国光：《青海藏族史》，青海人民出版社 1984 年版。

［41］黄奋生：《藏族史略》，民族出版社 1985 年版。

［42］王辅仁、索文清：《藏族史要》，四川民族出版社 1982 年版。

［43］恰白·次旦平措：《西藏通史——松石宝串》，陈庆英等译，中国古籍出版社 1996 年版。

［44］陈庆英、高淑芬：《西藏通史》，中州古籍出版社 2003 年版。

［45］得荣·泽仁邓珠：《藏族通史》，西藏人民出版社 2001 年版。

［46］达仓宗巴·班觉桑布:《西藏史集》,陈庆英译,西藏人民出版社 1986 年版。

［47］巴俄·祖拉陈哇:《智者喜宴》,民族出版社 1986 年版。

［48］丹珠昂奔:《藏族文化发展史》下册,甘肃教育出版社 2001 年版。

［49］王森:《西藏佛教发展史略》,中国社会科学出版社 1987 年版。

［50］西藏自治区档案馆编:《西藏历史档案汇粹》,文物出版社 1995 年版。

［51］群宗:《拉达克王系》,西藏人民出版社 1989 年版。

［52］刘立千:《土观宗派源流》,西藏人民出版社 1984 年版。

［53］阿旺贡噶索南:《萨迦世系史》,陈庆英、高禾福、周润年译,西藏人民出版社 1989 年版。

［54］瑞贝坚:《智美更登》,青海民族出版社 1986 年版。

［55］王尧、陈践:《敦煌吐蕃历史文书》,民族出版社 1992 年版。

［56］王尧、陈践:《敦煌吐蕃文书论文集》,四川民族出版社 1988 年版。

［57］王尧、陈践:《敦煌古藏文礼仪问答写卷》,《藏族研究文集》第 2 期,中央民族学院藏族研究所,1984 年。

［58］王尧:《吐蕃金石录》,文物出版社 1982 年版。

［59］王尧、陈践:《敦煌吐蕃文献选》,四川民族出版社 1983 年版。

［60］王尧、陈践:《敦煌古藏文历史文书》,上海古籍出版社 2008 年版。

［61］王尧、陈践:《吐蕃简牍综录》,文物出版社 1986 年版。

［62］沙知:《敦煌契约文书辑校》,江苏古籍出版社 1998 年版。

［63］王辅仁、陈庆英:《蒙藏民族关系史略》,中国社会科学出版社 1985 年版。

［64］东嘎·洛桑赤烈:《论西藏政教合一制度》,民族出版社 1985 年版。

［65］丁汉儒:《藏传佛教源流及社会影响》,民族出版社 1999 年版。

［66］王忠:《新唐书吐蕃传笺证》,科学出版社 1958 年版。

［67］阿旺洛桑嘉措:《一世到四世达赖喇嘛传》,陈庆英、马连龙译,中国藏学出版社 2006 年版。

［68］多杰才旦：《西藏封建农奴制社会形态》，中国藏学出版社 2005 年版。

［69］张传玺：《中国古代史纲》，北京大学出版社 1985 年版。

［70］黄万纶：《西藏经济概论》，西藏人民出版社 1986 年版。

［71］牙含章：《达赖喇嘛传》，人民出版社 1984 年版。

［72］谢佐：《瞿昙寺》，青海人民出版社 1982 年版。

［73］大司徒·绛求坚赞、赞拉·阿旺：《朗氏家族史》，佘万治译，西藏人民出版社 2002 年版。

［74］侯外庐：《中国封建社会史论》，人民出版社 1979 年版。

［75］根敦群培：《白史》，中国藏学出版社 2012 年版。

［76］黄不凡、马德：《敦煌藏文吐蕃史译著》，甘肃教育出版社 2000 年版。

［77］范文澜：《中国通史》第四册，人民出版社 1949 年版。

［78］才让：《吐蕃史稿》，甘肃人民出版社 2010 年版。

［79］唐耕祸、陆宏基：《敦煌社会经济真迹文献释录》第 3 辑，全国图书馆文献缩微复制中心，1990 年。

［80］《英藏敦煌文献》第 13 册，四川人民出版社 1995 年版。

［81］黄布凡、马德：《敦煌藏文吐蕃史文献译注》，甘肃教育出版社 2000 年版。

［82］陈崇凯：《西藏地方经济史》，甘肃人民出版社 2008 年版。

［83］沙知：《敦煌契约文书辑校》，江苏古籍出版社 1998 年版。

［84］郝春文、赵贞：《英藏敦煌社会历史文献释录第 7 卷》，社会科学文献出版社 2010 年版。

［85］《西藏社会历史藏文档案资料译文集、法旨、摄政颁令类》，中国藏学出版社 1997 年版。

［86］《西藏社会历史藏文档案资料评文集》，中国藏学出版社 1997 年版。

［87］周润年译，索朗班觉校：《西藏历代法规选编》，西藏人民出版社 1989 年版。

［88］杨士宏：《藏族传统法律文化研究》，甘肃人民出版社 2004 年版。

［89］洲塔：《甘肃藏族部落的社会与历史研究》，甘肃人民出版社

1994 年版。

［90］贾春增：《民族社会学》，中央民族大学出版社 1996 年版。

［91］马丽华：《老拉萨——圣城暮色》，江苏美术出版社 2002 年版。

［92］班钦索南查巴：《新红史》，西藏人民出版社 1984 年版。

［93］杨士宏：《安木多东部藏族历史文化研究》，民族出版社 2009 年版。

［94］扎西旺都：《西藏历史档案公文选水晶明鉴》，民族出版社 1988 年版。

［95］周希武：《玉树调查记》，青海人民出版社 1986 年版。

［96］丹珠昂奔：《藏族文化发展史》，甘肃教育出版社 2000 年版。

［97］齐木德道尔吉、徐杰舜：《游牧文化与农耕文化》，黑龙江人民出版社 2010 年版。

［98］王明珂：《游牧者的抉择：面对汉帝国的北亚游牧部族》，广西师范大学出版社 2008 年版。

［99］邢莉：《游牧中国》，新世界出版社 2006 年版。

［100］格桑本、尕藏才旦：《青藏高原的游牧文化》，甘肃人民出版社 2000 年版。

［101］孟驰北：《草原文化与人类历史》，国际文化出版公司 1999 年版。

［102］中国藏学研究中心社会经济研究所：《西藏家庭四十年变迁——西藏百户家庭调查报告》，中国藏学出版社 1996 年版。

［103］王兴先：《格萨尔文库》（第 1 卷第 2 册），甘肃民族出版社 2000 年版。

［104］格勒、刘一民、张建世：《藏北牧民——西藏那曲地区社会历史调查》，中国藏学出版社 2004 年版。

［105］格勒：《藏学·人类学论文集》，中国藏学出版社 2008 年版。

［106］《藏族社会历史调查》，西藏人民出版社 1987 年版。

［107］《四川省甘孜州藏族社会历史调查》，四川省社会科学院出版社 1985 年版。

［108］《青海省藏族蒙古族社会历史调查》，青海人民出版社 1985 年版。

［109］《西藏自治区概况》，西藏人民出版社 1984 年版。

3. 译著

[1]《马克思恩格斯全集》第 45 卷，人民出版社 1972 年版。

[2] [美] 吉尔兹：《地方性知识》，王海龙译，中央编译出版社 2000 年版。

[3] [日] 千叶正士：《法律多元——从日本法律文化迈向一般理论》，强世功等译，中国政法大学出版社 1997 年版。

[4] [意] 桑德罗·斯奇巴尼：《民法大全选译·正义和法》，黄风译，中国政法大学出版社 1992 年版。

[5] [英] 巴里·尼古拉斯：《罗马法概论》，黄风译，法律出版社 2000 年版。

[6] [日] 我妻荣：《民法大意》，许介麟译，岩波书店 1971 年版。

[7] [德] 卡尔·拉伦茨：《德国民法通论》，邵建东译，法律出版社 2001 年版。

[8] [英] F. H. 劳森、B. 拉登：《财产法》，中国大百科全书出版社 1998 年版。

[9] [美] 霍姆斯：《法律的生命在于经验——霍姆斯法学文集》，明辉译，清华大学出版社 2007 年版。

[10] [美] 伯尔曼：《法律与革命》，中国大百科全书出版社 1993 年版。

[11] [美] E. 博登海默：《法理学—法哲学及其方法》，邓正来译，中国政法大学出版社 1999 年版。

[12] [法] 布尔努瓦：《西藏的黄金和银币：历史、传说与演变》，耿昇译，中国藏学出版社 1999 年版。

[13] [日] 池田温：《中国古代籍帐研究》，中华书局 1984 年版。

[14] [英] F. W. 托玛斯：《敦煌西域古藏文社会历史文献》，刘忠、杨铭译，民族出版社 2003 年版。

[15] [日] 谷川道雄：《试论中国古代社会的基本构造》，载张国刚《中国社会历史评论》第 4 卷，商务印书馆 2002 年版。

[16] [英] 理查德·琼斯：《论财富的分配和赋税的来源》，于树生译，商务印书馆 1994 年版。

[17] [意] 彼德罗·彭梵得：《罗马法教科书》，黄风译，中国政法

大学出版社 1992 年版。

[18]［美］D. 布迪、C. 莫里斯：《中华帝国的法律》，朱勇译，江苏人民出版社 1998 年版。

[19]［德］萨维尼：《论立法与法学的当代使命》，许章润译，中国法制出版社 2001 年版。

[20]［法］童丕：《敦煌的借贷：中国中古时期的物质生活与社会》，余欣、陈建伟译，中华书局 2003 年版。

[21]［法］拉法格：《思想起源论》，王子野译，三联书店 1963 年版。

[22]［英］梅因：《古代法》，沈景一译，商务印书馆 1959 年版。

[23]［美］卡拉斯科：《西藏的土地与政体》，陈永国译，西藏社会科学院、西藏学汉文文献编辑室，1985 年。

[24]［法］孟德斯鸠：《论法的精神》，张雁深译，商务印书馆 1982 年版。

[25]［美］拉铁木尔：《中国的亚洲内陆边疆》，唐晓峰译，江苏人民出版社 2005 年版。

[26]［德］迪特尔·梅迪库斯：《德国民法总论》，邵建东译，法律出版社 2000 年版。

[27]［美］霍贝尔：《原始人的法——法律的动态比较研究》，严存生译，法律出版社 2006 年版。

4. 期刊

[1] 陶钟灵、杜文忠：《"送法进城"：中国法律现代化的价值取向——"2003 年中国民族法文化与现代法治精神研讨会"观点综述》，《贵州财经学院学报》2004 年第 4 期。

[2] 徐晓光：《中国多元法文化的历史与现实》，《贵州民族学院学报》（哲学社会科学版）2002 年第 1 期。

[3] 马长山：《中国法制进路的根本面向与社会根基——对市民社会理论法治观质疑的简要回应》，《法律科学》2003 年第 6 期。

[4] 俞可平：《马克思的市民社会理论及其历史》，《中国社会科学》1993 年第 4 期。

[5] 陈涛、高在敏：《中国古代侵权法例论要》，《法学研究》1995

年第 2 期。

　　［6］何峰：《五世达赖喇嘛〈十三法〉探析》，《政治学研究》2004
年第 4 期。

　　［7］徐静莉：《试论唐代的侵权民事责任——以唐律动物致害责任为
典型》，《中山大学学报》（社会科学版）2006 年第 3 期。

　　［8］明辉：《游牧部落习俗对正统律典制度之冲击与融合——从古代
损害赔偿制度之建构透视中国法律文化传统》，《政法论坛》2010 年第
1 期。

　　［9］张群：《论元朝烧埋银的起源》，《历史教学》2002 年第 12 期。

　　［10］索端智：《关于"赔命价"与现行法律相协调的探讨》，《青海
民族研究》1993 年第 1 期。

　　［11］华热·多杰：《浅谈藏族习惯法中"命价"的意义及其适用原
则》，《青海民族研究》1993 年第 1 期。

　　［12］益西加措：《元朝以前藏族的新闻与新闻传播》，《西藏研究》
1989 年第 1 期。

　　［13］索南才让：《吐蕃几位赞普的死因探析》，《青海民族学院学
报》（社会科学版）2006 年第 3 期。

　　［14］陈家琎：《旧西藏的高利贷》，中国藏学 1992 年特刊。

　　［15］邓建鹏：《私有制与所有权——古代中国土地权利状态的法理
分析》，《中外法学》2005 年第 2 期。

　　［16］陈庆英：《土地面积的丈量单位：突—吐蕃时期的土地制度浅
析》，《青海民族学院学报》1982 年第 2 期。

　　［17］次旺：《从吐蕃墓葬的动物丧葬习俗探吐蕃王朝时期的畜牧
业》，《西藏大学学报》，2003 年。

　　［18］贾晞儒：《试论西藏部落习惯法的文化成因及其改革》，《攀
登》1997 年第 2 期。

　　［19］陈玮：《青海藏族游牧部落社会习惯法的调查》，《中国藏学》
1992 年第 3 期。

　　［20］何峰：《论藏族部落的赔偿制度》，《青海民族学院学报》1996
年第 4 期。

　　［21］华热·多杰：《藏族部落纠纷解决制度探析》，《青海民族学院
学报》1999 年第 3 期。

〔22〕后宏伟、刘艺工：《藏族习惯法中的神明裁判探析》，《西藏研究》2010 年第 5 期。

〔23〕后宏伟：《藏族习惯法中的调解纠纷解决机制探析》，《北方民族大学学报》（哲学社会科学版）2011 年第 3 期。

〔24〕彭毛卓玛、更太嘉：《藏族部落习惯法中的财产继承权问题探析》，《西藏民族学院学报》（哲学社会科学版）2008 年第 3 期。

〔25〕汤惠生：《西藏青铜时代的社会经济类型及相关问题》，《清华大学学报》（哲学社会科学版）2012 年第 1 期。

〔26〕陆离：《吐蕃三法考——兼论〈贤愚经〉，传入吐蕃的时间》，《西藏研究》2004 年第 4 期。

〔27〕徐晓光、路宝均：《论吐蕃法律的文化特色》，《重庆教育学院学报》2000 年第 2 期。

〔28〕端智嘉：《吐蕃时期的行政区划与官僚制度》，佐戈·卡尔译，《西北民族大学学报》（哲学社会科学版）2005 年第 6 期。

〔29〕何峰：《论吐蕃赞普继承制度》，《西北民族研究》2007 年第 1 期。

〔30〕杨铭：《吐蕃统治都善再探》，《西域研究》2005 年第 2 期。

〔31〕杨铭：《新刊西域古藏文写本所见的吐蕃官吏研究》，《中国藏学》2006 年第 3 期。

〔32〕陈楠：《吐蕃职官制度考论》，《中国藏学》1988 年第 2 期。

〔33〕华热·多杰：《中国历史上各宗教组织的财产所有权状况——宗教组织财产所有权性质研究之二》，《青海民族研究》2006 年第 2 期。

〔34〕白文固：《明清以来青海喇嘛教寺院经济发展概述》，《青海社会科学》1995 年第 2 期。

〔35〕扎呷：《论西藏昌都传统的社会分层》，《西藏民族学院学报》2000 年第 9 期。

〔36〕才旦扎西：《初论吐蕃王朝时期的土地所有制》，《西藏研究》1993 年第 3 期。

〔37〕益西加措：《元朝以前藏族的新闻与新闻传播》，《西藏研究》1989 年第 1 期。

〔38〕南文渊：《藏族牧民游牧生活考察》，《青海民族研究》1999 年第 1 期。

［39］尹志强：《侵权行为法的社会功能》，《政法论坛》2007 年第 5 期。

［40］南文渊：《藏族牧民游牧生活考察》，《青海民族研究》1999 年第 1 期。

［41］张建世：《民主改革前藏北那曲宗部落的组织管理》，《中国藏学》，1992 年特刊。

［42］章礼强：《民俗与民法》，《民俗研究》2001 年第 1 期。

［43］桑杰侃卓：《"吾兰道沫"：青海果洛藏族地区的一种特殊破产形式》，《攀登》2002 年第 6 期。

［44］张晋藩：《论中国古代民法研究中的几个问题》，《政法论坛》1985 年第 5 期。

5. 外文文献

［1］Jean L. Cohen and Andrew Arato, *Civil Society and Political Theory*, The MIT Press, 1994.

［2］James Barr Ames, Law and Morals, *Harvard Law Review* 97, 1908.

［3］Sevyan Vainshtein, *Nomads of South Siberia：The Pastoral Economics of Tuva*, Cambridge University Press, 1980.

［4］山本达朗、池田温, *Tun – huang and Turfan Documents Concerning Social and Economic History*, Volume 3, 东洋文库, 1987.

［5］Rebecca Redwood, *The Colden Yoke：The Legal Cosmology of Buddhist Tibet*, Cornell University Press, 1995.

［6］Melvyn C. Goldstein, *A History of Modern Tibet, 1913 – 1951：The Demise of the Lamaist State*, *University of California Press*, 1989.

后　记

　　只要存在私有财产，人类社会就存在各具特色的财产规范和法律文化传统。藏族古代财产法是中国传统法文化和藏族传统法文化的重要组成部分，同时，青藏高原特有地理环境和人文传统造就了别具一格的藏族古代财产法，因此，怀着对藏族传统法文化的兴趣和喜爱，我开启了藏族财产法史的研究之门。

　　早在公元六七世纪吐蕃王朝时期的《法律二十条》、《六大法典》和《三十六制》以及敦煌出土的《吐蕃三律》等成文法中，就已有关于土地、牧场、牲畜等财产归属、使用，买卖、借贷契约，"如期还债"和"斗秤公平"等交易原则，财产侵权赔偿，盗窃追偿、财产纠纷处理与诉讼等一系列独具特色的藏族民事财产法律规范与制度。此后，藏族社会虽历经风雨，但是，以土地、牧场、牲畜等财产的占有、使用、收益、处分为核心的法律、规范、戒律、习惯等仍然不断发展，显示出勃勃生机。藏族社会不同历史阶段的国家制定法、地方性法规、部落习惯法及乡规俗例中有大量涉及民事财产方面的内容，这些内容形成了藏族古代财产法的民事主体制度、物权制度、债权制度、侵权责任制度等法律制度。面对如此丰富而多样的素材，犹如面对着一个取之不尽的宝藏，渴望全部纳入怀中，但是限于语言、文字及研究水平等原因，我知道，这个想法仅仅是一个远大的理想，而我目前所能做到的，就如我的恩师洲塔教授所说的"只能从金羊毛口袋里揪出几缕"，只能面对着宏大而丰富的藏族古代财产法规范及传统法文化望洋兴叹，错漏之处还请各位前辈、同仁包涵。

　　首先，本书的主要内容在于论述藏族古代财产法的流变与渊源，从史前时期藏族社会私有财产的出现和财产规范的萌芽到吐蕃王朝时期财产法的初创，再到分裂割据时期财产法的发展以及教派时期财产法的成熟四个阶段，对藏族古代财产法的两大法律渊源——藏族古代成文法、习惯法中财产方面的法律规范进行阐述。本书还叙述了藏族古代财产法的主体及财产的分类，阐释和分析了吐蕃王朝时期和西藏农奴制社会时期不同的财产法主体，并对土地、牲畜、奴隶和其他财产等财产的种类和特点进行叙述和分析。本书叙述的重点是财产法的两大组成部分——藏族古代的物权制度和债权制度。在分析和叙述藏族古代物权制度时，本书对藏族古代的物权种类、各种财产的所有权及其演变过程、藏族古代用益物权和担保物权进行介绍和分析。藏族古代债权制度的讨论分为两大部分：一是藏族古代侵权行为之债，其中对西藏古代债权制度的发展、债的分类等问题进行阐述，阐释了藏族古代侵权行为法的历史发展历程、藏族古代侵权行为之债的构成要件和归责原则、种类、损害赔偿及免责事由等；二是藏族古代契约之债，分析了藏族古代的契约之债的种类及特点，并对买卖契约、借贷契约、借用契约、雇佣契约、互易契约、其他契约及契约的担保等问题进行分析。此外，本书还阐释了藏族古代财产法的特点及影响因素，特别是藏族游牧文化及其移动性和游牧生计方式对藏族古代财产法的主体、物权、债权等制度产生的影响，并对藏族古代财产法作为藏族古代法制组成部分的一般特点进行讨论。

　　其次，本书的完成是对我博士学习的总结和检验。在本书的写作过程中，不仅参考了众多学者、前辈的研究成果，还得到了许多人的帮助和支持，对此要表达我真诚的谢意。首先要感谢我的导师洲塔教授，自始至终本书的写作得到他的悉心指导和热诚关怀，我无法忘记的是导师的谆谆教诲、一起调研的时光、师母的美味佳肴，正是他精勤不辍、不断探索的精神使我能够坚持完成博士阶段艰苦的学习和论文的完成。我还要感谢读博期间给我指导和帮助的各位老师，杨建新先生、王希隆教授、高永久教授、赵利生教授、武沐教授、徐黎丽教授、宗喀教授、杨文炯教授、李静教授、闫丽娟教授、切排教授等，各位老师风格各异的课堂讲授、充满真知灼见的思想火花使我受益匪浅，各位老师为本书的完成提供了宝贵的意见和建议，使我的论文得以顺利完成，再次表示深深的感谢。同时，李功国教授在论文的思路设计、资料收集及调研等方面为我提供全力支持，还为我解答写作中遇到的各种法理问题，在此我诚心致谢。此外，伊西旺姆老师为我查阅资料提供便利，王爱荣老师在教务方面全力支持，巨晶师妹帮助我找寻资料，同窗拉姆、师兄端智帮我翻译藏文，特别是同窗好友彭毛卓玛，她不仅与我一同前往青海果洛州、海南州、黄南州等地区进行调研，还为调研提供了诸多便利，至今我常常想起我们的调研时光，以及在甘南调研时为我提供资料和便利的甘南甘加乡乡长、夏河县法院和夏河县政法委以及马振华书记，没有各位朋友的支持和帮助，我一个人不可能完成这本著作，对此，我要致上深深的谢意。此外，我还要感谢兰州大学西北少数民族中心为我提供了博士学习的平台和机会，陪伴我度过了我人生中一个非常重要、非常美好的阶段，我对此充满感激、无法忘怀！此外，还要感谢兰州大学法学院的刘志坚教授工作和学习期间始终如一的支持和鼓励，胡珀副教授给予我民商法学知识的解答以及各位同事的支持，感谢兰州大学法学院对本书慷慨的资助！最后，我要感谢的是我的父亲、母亲、丈夫和儿子，父母的辛劳和丈夫的宽容使我没有后顾之忧，儿子虽有不满但仍非常懂事，你们的理解和支持是我前进的动力，没有你们的支持和鼓励，我不可能完成这项庞大的工程，也非常抱歉因为求学而增加了年迈父母的负担，再次感谢你们的爱和支持！

韩雪梅

2013 年 10 月 21 日于兰州大学